本书得到以下课题资助：

◆ 浙江省社科规划课题"多重协同视角下大城小镇互促共进机制及对策研究——以长三角地区为例"(课题编号：20XSNH23YB)

◆ 浙江省社联研究课题"新型城市化背景下的金义都市新区建设对策研究"(课题编号：2012XSN096)

◆ 金华市社科联重点课题（课题编号：ZD2021032）

区域协同发展机制与路径研究

以金义都市区为例

章胜峰　著

ZHEJIANG UNIVERSITY PRESS

浙江大学出版社

序

　　2020年12月，在第五届浙江省社会科学界学术年会——"长三角一体化与区域治理现代化"高层论坛上，由浙江大学长三角一体化研究中心评选出的首篇优秀论文的作者、中共金华市委党校副教授章胜峰老师邀请我给他的著作写序。金华是我的老家，长期以来我一直关注着家乡的经济发展和城市化进程，我也想通过他的著作对金华发展情况做深入了解。章胜峰老师是金华市政府研究室的特约研究员、金华电视台的特约评论员，属于区域与城市经济的研究者。

　　改革开放40多年来，我国城镇化取得了举世瞩目的成就，当前，中心城市和城市群正成为承载发展要素的主要空间形式，而优化国土空间布局，推进区域协调发展和新型城镇化也成为我国"十四五"规划的重要战略举措。习近平同志在金华调研时曾指出，"金华的中心城市形态是组团式城市群形态"，"浙中城市群建设，不仅是金华的大事，也是优化全省空间布局的大事"。浙江于1998年在全国率先实施城市化发展战略，2006年又在全国率先走大中小城市和小城镇协调发展、城乡互促共进的新型城市化道路，2013年提出培育发展杭州、宁波、温州、金义四大都市区，实现城市化由城市群向都市区迈进，2019年开始全方位全领域接轨上海融入长三角，构建金南翼，2020年中国浙江自由贸易区实施范围由舟山区域，扩展到杭州、宁波、金义等三个片区，新增加了约120平方公里，金华也有了约36平方公里的自贸试验区，在自贸区建设推进过程中，理论研究需要跟进。

　　章胜峰老师2010年开始用经济学的方法研究金华的城市化，主持完成了浙江省社科规划一般课题等11项课题，写出了《区域协同发展机制与路径研究——以金义都市区为例》这部书稿。我读了以后，感到本书以金华为例研究了区域城市化的背景、历程、主要内容、理论和实践依据等问题，对金华"十二五"期间开展金义都市新区建设，"十三五"期间实施都市区共建共融共享共赢发展战略，"十四五"期间即将进行的长三角金南翼构建、金义新区和中国浙江自贸区金义片区建设进行了研究,为金华政界决策提供了参考。章胜峰老师作为一名经济理论工作者和政策研究者,立足金华发展,亲身参与改革实践,本书展示的区域发展研究取得的进展,与他30多年扎根金华这片市场经济和民间创新的沃土分不开。

我希望章胜峰老师能立足家乡,坚持学术研究与政策研究相结合,在社会主义经济理论与城市化实践的研究上取得新成果。

浙江大学副校长　黄先海

2021年5月

前　言

　　继工业化、市场化之后,城镇化正在成为中国现代社会发展的主动力之一。城镇化是生产力发展的必然规律,是工业化、信息化、现代化的重要载体和推进器,是解决"三农"问题的基本路径。中共十九大报告在实施区域协调发展战略中提出,要以城市群为主体构建大中小城市和小城镇协调发展的城镇格局,加快农业转移人口市民化。十九届四中全会报告提出要"提高中心城市和城市群综合承载和资源优化配置能力",以优化政府组织结构和行政区划设置。十九届五中全会强调"健全区域协调发展体制机制,完善新型城镇化战略,构建高质量发展的国土空间布局和支撑体系",进而构建国土空间开发保护新格局,推动区域协调发展,推进以人为核心的新型城镇化。当前我国正通过"化地"走向"化人"、"兴城"走向"兴业"、"单一"走向"集群"、"二元"走向"一体"、"生产"转向"生态"、"粗放"走向"精致",选择适合的动力机制、平衡机制与发展路径,推进城镇化由传统走向新型,实现区域协同发展。

　　长期以来,长三角南翼的浙江,由于大城市发育不足,城镇体系不尽合理,而今正通过培育都市区来优化城镇空间结构。浙中的金华属于地处沿海的内陆地区,兼具内地与沿海的双重特征,其城镇化发展折射出浙江乃至全国城镇化的历程。改革开放以来,浙江的城镇化经历了小城镇、城市开发区、城市群和都市区建设四阶段。首先在农业家庭联产承包责任制的基础上,利用农村资源和剩余劳动力发展乡镇企业,建设小城镇,逐步形成了散布式发展的县域城镇化。1998年,在全国率先实施城市化发展战略,出现了城镇间较弱联系的城市群。2006年,在全国率先走"资源节约、环境友好、经济高效、社会和谐、大中小城市和小城镇协调发展,城乡互促共进的新型城市化道路",促进环杭州湾、温台、浙中三大城市群的物流、人流、资金流。2013年,浙江新型城市化发展规划提出培育发展杭州、宁波、温州、金华—义乌四大都市区(本书中简称金义都市区),促使城市化由城市群向更注重一体化规划建设的都市区迈进。2020 年,中共浙江省委《关于制定浙江省国民经济和社会发展第十四个五年规划和二〇三五年远景目标的建议》提出,着力以大湾区大通道大花园大都市区建设为主平台优化省域空间布局,坚持陆海统筹、深化山海协作,形成"一湾引领、两翼提升、四极辐射、全域美丽"的总体格局,大力推进杭州、宁波、温州、金义四大都市区建设,提升长三角世界级城市群中的功能地位。金义都市区作为浙中地区新型城镇化载体,近年来,承载建设国际贸易综合改革试验区、中国浙江自贸区金义片区的国家战略,开展省级金义新区建设,以全域城市化为目标,推动城乡生产生活方式趋同化,基础设施配置均衡化,公共产品提供均等化,生产要素流动无障碍化,在农业人口转移、土地利用效率提升、城镇空间布局优化、生态智慧品牌创建、城镇规划建设管理等方面形成了自己的特色。

在农业转移人口市民化中注重维护农民权益。城镇化首先是人口城镇化,即农村人口转移至城市,提高城镇化率的同时提高人的素质。区域面积约 10 万平方公里的浙江和 1.09 万平方公里的金华均有 30％左右的宜居空间,改革开放初期浙江人口近 4000 万、金华人口近 400 万,每平方公里宜居空间的人口高达 1000 多人,为全国最高。在这种高密度的人口条件下,金华以至浙江的多数地区均有较好的发展条件,自 1985 年以来,浙江农民的人均纯收入一直处于全国各省区之首,城乡发展差距和居民收入差距在全国各省区最小,2020 年城乡居民收入比为 1.96：1。进入 21 世纪,我国户籍在农村、常住在城镇的半城镇化人口增多,城镇化质量和进程受到严重影响,并引发了一系列社会问题。2002 年习近平同志来金华调研时指出,"要放开城市准入条件,方便农民进城","同时,千万不要急着收回他在农村的土地,不要急着拆他在农村的房子"。农民市民化是一个长期的过程,它不仅仅是非农就业问题,还有一个"养成教育问题","许多传统的观念、习惯和生活方式,都是从小养成的,不可能一进城一下子就改变了"。"要仔细研究引导农民进城的办法,让农民这边进得来,那边回得去,来去自由,左右逢源,有进取之路,无后顾之忧。"随着新型城镇化战略的实施,2006 年浙江在全国率先走大中小城市和小城镇协调发展,城乡互促共进的新型城市化道路。2013 年,党的十八届三中全会提出,"要创新人口管理,全面放开建制镇和小城市落户限制,有序放开中等城市落户限制,合理确定大城市落户条件,严格控制特大城市人口规模"。同年,中央城镇化工作会议提出,"推进农业转移人口市民化要坚持自愿、分类、有序,充分尊重农民意愿,因地制宜制定具体办法"。2019年12月,中共中央办公厅、国务院办公厅印发《关于促进劳动力和人才社会性流动体制机制改革的意见》,提出全面取消城区常住人口在300万以下的城市落户限制,放宽常住人口在300万~500万的大城市落户条件,以此增强中心城市和城市群等经济发展优势区域的经济和人口承载能力。城区常住人口在300万以下的金义都市区即按自愿有序的原则,推进农民市民化。

在提高土地利用效率中注重产业与城镇融合发展。2000—2017年,我国城镇建成区面积从22439平方公里扩张到56225平方公里,增长了约150%,同期城镇人口数量从45906万人上升到81347万人,只增长了约77%,土地城镇化快于人口城镇化。因此需要按工业化和城镇化良性互动、城镇化和农业现代化相互协调的要求,从严合理供给城市建设用地,严格控制新城区建设,切实提高中心城市和城市群综合承载和资源优化配置能力,提升城市土地利用率和建设管理水平,推动产业和城镇融合的高效集约发展。学界对发达国家城镇化与产业发展的变动趋势分析得出结论,工业化和城镇化初期,随着生产力发展,各地GDP总产出中,农业所占比重日益下降,工业和建筑业所占比重不断上升;当城镇化率达到70%时将进入后工业社会,服务业占比超过工业成为都市区经济的主导,其产值占GDP的"大头",相应的,就业人口也占据了社会总人口的"大头"。2020年金华的城镇化率达到68.2%,城镇建成区面积达到387平方公里,形成了以金义主轴线、浦江义乌东阳磐安发展带和金华兰溪永康武义发展带(简称"一轴两带")城市组团格局,正依据规划推进县域经济向都市区经济转型。深入研究享誉全球的义乌商贸和颇具地方特色的永康五金、东阳影视、兰溪纺织、武义温泉旅游、浦江水晶等优势产业集群的升级问题,探讨如何营造氛围、搭建平台、整合产业链,提升传统产业附加值,导入新兴产业并与传统产业形成良性互动,推进现有产业门类与外来潜力产业链接,推进产业与城镇融合发展意义重大。

在区域统筹中优化城镇空间布局与形态。区域的空间布局既反映了人口聚集的空间分布,又反映了对产业发展的空间引导,更反映了以人口—产业联结为基础的区域经济增长极对经济、社会、自然的多方面影响。城镇化是人口的空间集聚,更是对产业发展空间布局及所需条件满足上的一种长远规划和战略思考。由于资源禀赋和历史传统不同,各地城镇化道路表现出一定的差异性。由于市场化、国际化、信息化和工业化的发展,城镇的空间布局与形态也呈现出一些新特征。2013年，中央城镇化工作会议提出，"要体现尊重自然、顺应自然、天人合一的理念，依托现有山水脉络等独特风光，让城市融入大自然，让居民望得见山、看得见水、记得住乡愁；要融入现代元素，更要保护和弘扬传统优秀文化，延续城市历史文脉"。金义都市区是浙江接轨上海、融入长三角、参与全球竞争的四大都市区之一，加快其统筹培育和一体化发展，可增强金华集聚高端要素、发展高端产业的功能，带动浙江中西部地区发展。金华按照"统一规划、协调推进"的要求，加快推进金义一体化和全域同城化发展；按照"同城效应、融为一体"的要求，加快推进交通网络构筑和公共服务一体化；按照"特色鲜明、错位多样"的要求，突出各县、市、区特色，健全协同推进机制，建设宜居、宜业、宜游的都市区。

在城乡一体发展中推进公共服务均等化。新型城镇化的重要任务是建立以工促农、以城带乡、工农互惠、城乡一体的新型工农城乡关系。城乡一体化，不仅要注意保留村庄原始风貌，慎砍树、不填湖、少拆房，尽可能在原有村庄形态上改善居民生活条件，而且要"稳步推进城镇基本公共服务常住人口全覆盖，把进城落户农民完全纳入城镇住房和社会保障体系，在农村参加的养老保险和医疗保险规范接入城镇社保体系"。要缩小城乡间生产生活水平差距，以城乡发展规划引导区域基础设施、资源配置、产业布局、生态建设、社会管理和公共服务等领域的一体化；要通过户籍制度、土地制度的改革创新，实现城乡教育、医疗、就业、社保等基本公共服务的均等化，让城乡居民公平地共享现代化的成果。2015年，金华通过户籍制度改革推进区域公共服务均等化，改革以"农村利益可保留、城镇利益可享受"为基本原则，以"条块结合、以块为主"为基本方式推进，取消"农业"与"非农业"户口性质，实行城乡统一的户口登记制度，逐步剥离依附在户口性质上的城乡差别公共政策，逐步实现城镇基本公共服务常住人口全覆盖，通过零门槛的进城落户，让新老居民在充满希望的城市里有尊严地生活。

在城镇化规划建设管理中强调生态化和地域特色的品牌化。2013年，中央城镇化工作会议提出"要加强城镇化宏观管理，制定实施好国家新型城镇化规划"，《国家新型城镇化规划（2014—2020年）》明确了我国向以人为核心的新型城镇化转型的路径和目标；2015年，中央城市工作会议提出，城市工作是一项系统工程，要坚持以人民为中心，以人民群众的新期待为城市工作的出发点和落脚点，"坚持集约发展，框定总量、限定容量、盘活存量、做优增量、提高质量,立足国情,尊重自然、顺应自然、保护自然,改善城市生态环境,在统筹上下功夫,在重点上求突破,着力提高城市发展持续性、宜居性"。金华利用"三面环山夹一川、盆地错落涵三江"的独特生态地理资源,积极完善生态系统和环境设施,创建山水相依、林园共秀的生态型城市群,加快标志性工程"高铁＋城际铁路＋地铁"轨道上都市区建设,美化区域生产生活环境,实现生态效益与经济效益的互利双赢;尊重历史沿革与时代要求,充分发挥金华人民的聪明才智,进行区域文化的挖掘和培育,促进形成独特的、富有魅力的城市品牌和地域标识,提高城市群的知名度,消除"千城一面"的痼疾。

随着新型城镇化路径的逐渐明晰,我们要抓住城镇化带来人口集中、产业集聚的巨大发展机遇,积极应对人口、空间、生态环境布局,以及资金筹集和可持续发展的挑战,有序推进户籍管理、土地管理、社会保障、财税金融、行政管理制度改革,统筹谋划人口城镇化和土地城镇化。人口城镇化从两方面入手,一方面大力发展都市区,发挥都市核心区的规模效应和辐射作用,带动周边地区发展,加快重点区域的一体化建设;另一方面推动都市核心区与周边中小城市和中心村的协同发展,创造条件进行"村改居",鼓励更多人就地城镇化。土地城镇化强调谋定而后动,逐渐赋予农民更多的财产权利。2015 年 3 月,义乌作为我国农村土地制度改革 33 个试点县(市、区)之一,暂时调整实施《土地管理法》和《城市房地产管理法》关于农村土地管理制度的有关规定,进行农村宅基地所有权、资格权和使用权"三权分置"和农村集体经营性建设用地入市制度改革,为《土地管理法》和《物权法》等相关法律法规修订探索和积累经验。2020 年,随着新《土地管理法》的实施,金华推广义乌"三块地"试点经验,实现农村集体经营性建设用地与国有土地同等入市、同权同价。

与西方国家按工业化、城镇化、农业现代化、信息化顺序"串联式"发展路径不同,改革开放 40 多年来,我国经历了"四化"的"并联式"发展过程,城镇化是农民变市民,"四化"并联,城乡一体发展的桥梁。2015 年 12 月 20 日习近平总书记在中央城市工作会议上指出,农村工作和城市工作是各级党委工作的两大阵地,两者相辅相成,缺一不可。"三农"工作是全党工作重中之重,城市工作在党和国家工作全局中举足轻重。2020 年 10 月,党的十九届五中全会强调,要"优化行政区划设置,发挥中心城市和城市群带动作用,建设现代化都市圈"。地方都市圈(区)大多在省域内形成,浙江的四大都市区坚持以创新、协调、绿色、开放、共享的发展理念引领，以人的城镇化为核心，着力构建政府、企业、个人共同参与的城镇化成本分担机制，充分发挥民间资本在城镇基础设施建设中的作用，完善城镇化发展的动力机制与平衡机制，促进各具特色的新型城镇化持续健康发展。

目　录

第一章　区域协同发展研究概述

诺贝尔经济学奖得主米尔顿·弗里德曼将城市化定义为:人口和非农业活动在规模不同的城市环境中的地域集中过程,城市景观的地域推进过程,城市文化、城市生活方式和价值观在农村的地域扩散过程。中国社会科学院出版的《城市经济学》一书将城市化定义为"人类进入工业社会时代,社会经济发展开始了农业活动比重下降而非农业活动的比重逐渐上升的过程"。这两个定义表明城市化是社会主导性产业活动转变带来的人口从乡村向城市聚合,以及人们生产生活方式和价值观转变的过程。城市化理论先由地理学家从空间和区域的角度进行探索,后来有经济学家加入,开始从经济学角度探讨空间要素结构、转移及自身变化的方式,从而开创了用空间经济学方法来研究城市的思路。国外学者杜能、韦伯、克里斯塔勒率先从区位角度对个体城市规模扩展问题展开论述,进而发展到对城市群的研究,并从微观角度的多个侧面对影响城市产生和发展过程的因素进行分析。国内学者许学强、杨吾扬、潘家华、姚士谋、顾朝林、方创琳等从空间分布角度对我国单个城市及城市群发展的规律进行了深入论证,他们的著述对国人研究城市问题具有启示作用。

第一节　城镇化与区域协同发展理论

党的十八大报告指出:"坚持走中国特色新型工业化、信息化、城镇化、农业现代化道路,推动信息化和工业化深度融合、工业化和城镇化良性互动、城镇化和农业现代化同步发展。""科学规划城市群规模和布局,增强中小城市和小城镇产业发展、公共服务、吸纳就业、人口集聚功能。"这表明我国的科学发展之路由工业化、信息化、城镇化、市场化、国际化"五化"协调发展调整为"四化"同步发展,其中城镇化发展的着眼点在于科学地规划城市等级规模和合理地进行空间布局。党的十九大提出实施"以城市群为主体构建大中小城市和小城镇协调发展的城镇格局,加快农业转移人口市民化"的区域协调发展战略。改革开放以来,我国形成了以西部大开发、东北振兴、中部崛起和东部率先发展的"四大板块"19个国家级城市群的区域总体发展格局,协调发展的城镇格局既要全国一盘棋顶层设计,又要各城市群统筹谋划。

浙江金华地处长三角南翼,是长三角城市群的 27 个中心城市之一。习近平同志主政浙江时曾指出,金华"以组团式城市群为主要形态的浙中中心城市已形成雏形,但要真正把金华建成中心城市,任务还相当艰巨"。将浙中城市群建设成"带动金华乃至浙江中西部地区经济社会发展的增长极","不仅是金华的大事,也是优化全省城市空间的大事","要充分借鉴国外城市群发展的经验,积极探索和把握城市群发展的规律,以体制创新来解决多个行政主体共建城市群过程中的矛盾与问题,以机制创新来探索城市群建设的有效载体和举措,创造性地开展工作"。可见,浙中城市群组团式发展是事关金华乃至浙江中西部发展的重大时代命题,是事关 705 万金华人的大事,是一项需要进行重大体制机制创新的复杂系统工程。金华作为长三角南翼的中心城市,如何以"一轴两带"建设为核心,推进县域经济向都市区经济转型发展呢?这是一个重大的时代课题。由农村工业化和县域经济主导的城镇化向城市群都市区经济主导的城市化转型,既是浙中地区优化空间结构、推进经济转型升级的内在需要,也是长三角南翼的浙江通过四大都市区建设,构建高质量发展的国土空间布局和支撑体系的具体实践。自1991 年提出浙中城市群概念以来,金华在城市群规划、城市间功能定位、特色产业发展、基础设施建设和社会管理服务等方面的协调沟通上做了大量有益的尝试,但与杭州、宁波、温州等都市区相比,金义都市区无论是一体化程度还是综合竞争力都存在明显的差距。因此,需要研究城市群与都市区发展的一般规律,从中发现共性问题和难点问题,探索浙中地区由县域经济向城市群都市区经济转型发展的机制与路径。

一、城镇化以及相关理论: 从单个城市到城市群协同发展

(一)城镇化概念以及我国新型城镇化

城镇化是农村人口向城市转移、集中及由此引起的产业、就业结构非农

化重组的一系列制度变迁的过程。弗里德曼对城市化的定义及城市化过程的解释得到社会广泛认同。它揭示了城镇化的本质与特征,即农村人口向城镇集中,农业活动向非农业活动转换,乡村生活方式向城镇生活方式转变,城镇地域扩大。

新中国成立 70 多年来,我国城镇化大致经历了 1949—1978 年的曲折发展、1979—2011 年的快速发展、2012 年至今的高质量发展三个阶段,形成了城镇化道路理论的三种代表性流派,即小城镇模式、大城市模式、多元化模式,各派学者各执一端,很难形成一致的观点。现阶段,我国城镇化面临的问题已经不再是优先发展大城市还是优先发展小城镇的道路选择问题,而是大中小城市与小城镇如何高质量协调发展的问题。21 世纪的中国,城市群成了城镇化的主体形态,党的十七大报告指出,"要遵循市场经济规律,突破行政区划界限,形成若干带动力强、联系紧密的经济圈和经济带……以增强综合承载能力为重点,以特大城市为依托,形成辐射作用大的城市群,培育新的经济增长极"。党的十八大报告提出,要"科学规划城市群规模和布局,增强中小城市和小城镇产业发展、公共服务、吸纳就业、人口集聚功能"。党的十九大强调构建大中小城市和小城镇协调发展的城镇格局,十九届四中全会强调"提高中心城市和城市群综合承载和资源优化配置能力",十九届五中全会强调"健全区域协调发展体制机制,完善新型城镇化战略,构建高质量发展的国土空间布局和支撑体系"。随着国家城市群战略和创新、协调、绿色、开放、共享新发展理念的确立,我国城镇化进入高质量发展的新阶段,城镇化理论研究的重点转为以人为核心的大中小城市与小城镇协调发展的研究,研究如何实现发展目的宗旨从以物为本向以人为本转变,发展方针方式由优先发展向统筹发展转变、由外延发展向内涵发展转变,城乡关系处理从城乡分割向城乡一体转变。

(二)城镇化的相关理论

1.结构转换理论

以美国经济学家钱纳里为代表的结构学派研究表明,随着人均收入水平的提高,经济结构在一定发展阶段上确实表现出一定的规律性变化。产业结构按从农业到第二产业,再到第三产业的顺序渐次推进,与此相应的就业结构也发生了变化。国民经济中农业份额不断下降,工业和服务业不断上升,这种经济结构转换的完成,绝大部分发生在工业化后期。工业化是城镇化的原始推动力,产生和推动了城镇化,工业化发展带来的资源和要素向城镇集中,通过空间聚集效应推动了城镇经济增长和规模扩张。城镇化的发展又拉动农村发展,推动城乡一体化和整个经济增长。产业结构转换、就业结构转换与城市化水平提升的一致性是经济规律作用的结果,城市化发展会通过空间地理上的展开而形成城市带,逐步将城乡之间连接成一体化的发展格局。

2.人口迁移理论

按刘易斯两部门模型,发展中国家存在城市工业部门和农村农业部门,城市化在空间上表现为农村人口向城市迁移。由于农村存在大量剩余劳动力和隐蔽性失业,农业中劳动力的边际生产力几乎为零,农村劳动力从农业部门流出会使留在农业部门劳动力的边际产出提高,当农业部门的工资水平提高到与城市部门的工资水平相等时,农村劳动力就不再向城市流动。根据刘易斯两部门模型,农村劳动力迁移有两个转折点:一个是农村剩余劳动力从无限供给转变为有限剩余的转折点;另一个是农村剩余劳动力从有限剩余转变为被完全吸收的转折点。当第二个转折点出现时,城乡工资收入差距会消失。英国经济学家罗宾逊从数学上证明,当城市人口比重达到50%之后,总体收入的不平等程度会出现下降。2009年,我国城乡收入比3.33:1,为历史最高。2010年,常住人口城市化率达到50%,此后,城乡收入比逐年下降。

3.城市发展理论

现代意义的城市化是伴随工业化而来的,工业化发展速度决定城镇化的进展程度。然而,各国应该选择什么样的城市化道路,大中小城市和小城镇应如何协调发展等问题,一直处于争论和探索中。受经济发展水平、政治利益团体、历史文化差异及宗教民族传统等因素的影响,不同利益团体具有不同的城镇价值观,因此有不同的城镇化道路选择,国家在各类城市的协调发展上也没有统一的标准。就发达国家的城市化发展进程来看,大致可分三个阶段:一是城市化阶段。劳动力从农村迁移到城市中,在工业部门快速成长,城市中心人口增加,外围人口减少。二是城市郊区化阶段。随着交通设施改善,服务业扩张,制造业开始移出市中心,市民逐渐移居郊区。城市中心人口减少,但城市地区总人口仍缓慢增长。三是后城市化阶段。郊区不断拥挤,城市中心以外的卫星城镇发展,城市地区人口减少。后两个阶段的人口迁移表现为"逆城市化",即城市市区人口向郊区迁移,大城市人口向卫星城迁移。"逆城市化"不是农村化,而是城市化发展的新阶段,是人口向环境优美、地价房租便宜的郊区或卫星城迁移的更高层次的城市化。

4.城市群与都市区理论

新古典经济学认为,城市的起源和发展是分工演进的结果。随着分工的深入发展,城市间会形成一种最优的分层结构,这是在市场作用下分工与交易之间博弈的结果,也是城市群、都市区等空间组织形态出现的内在逻辑。城市群也就是西方学者所称的城市体系,包括了城市、城镇及其外围的城市区域。作为区域发展中心的城市,通过极化效应吸引了大量的产业和人口集聚,使社会经济获得快速发展。城市规模扩大、经济实力增强后,其对周边地区产生辐射带动效应,逐步形成了城市群或都市区。城市群是以中心城市为核心向周围辐射构成的多个城镇的集合体,是区域城市化的主体形态,它的形成是经济发展和产业布局的客观反映。都市区是城市化的高级形态,它比城市群更强调区域内部的一体化规划与建设。在全球化过程中,国家之间的竞争逐步演变为以城市群都市区为核心的区域之间的竞争。新型城镇化是区域城市化发展的城市群和城市区域化布局的都市区的结合,国家级都市圈(城市群)通常跨省域呈现,地方都市圈(都市区)一般在省域内有多个。城市群都市区既是人口居住密集区,也是支撑区域经济发展,参与国际竞争的核心区。

1983年开始,我国学界进行城市群基础研究,为国家的城市体系空间布局服务。21世纪更多学科的研究者开始关注城市群和都市区建设研究,并主张以城市群为主体推进新型城市化。我国都市圈形成机制复杂,地理位置与长期的经济社会发展使城市群内部各城镇间形成了建设性战略伙伴关系。战略意味着长期稳定,伙伴关系意味着各城镇之间既有竞争,也有合作。当前,我国城市群都市区研究正从各地实际出发,进行理论和方法的创新。

5.绿色城市理论

关于绿色城市的研究可追溯到19世纪末。霍华德首次提出田园城市概念,它是一种兼有城市和乡村优点的理想城市,绿色城市理论认为城市达到一定规模后应建设新的城区来容纳新的产业和人口,城区之间设置永久的绿带,用便捷的公交加强联系,通过改变物质环境缓解社会问题,推动社会变革,形成由多个田园城市构成的区域社会城市。这对后来的卫星城理论(R. Unwin,1922)、有机疏散理论(E. Saarinen,1942)有启蒙作用,对英、美、德、日等国的新城运动有广泛影响。《雅典宪章》(1933)强调城市建设理性主义,主张通过处理好居住、工作、游憩和交通的功能关系,利用交通和建筑技术解决城市面临的问题从而实现有序发展。《马丘比丘宪章》(1977)通过对城市化引起环境污染、资源枯竭的反思,嵌入人本主义思想,强调客观理性对待人的需要,注重对环境和资源的有效保护和合理利用。罗马俱乐部(1972)纲领性文件《增长的极限》警告,人类社会的资源总量是有限的,当总量达到"增长的极限"时人类就不可自救。世界环境与卫生委员会(1987)认为,生态持续是基础,经济持续是条件,社会持续是目的,三者相辅相成才能实现持续发展。1999年的《北京宪章》分析了城市发展面临的诸如"大自然的报复""混乱的城市化""建筑魂的失色"等挑战,从政治、经济、社会、技术、文化、美学各方面综合考虑,提出整合的解决办法,更注重城市规划、设计、建筑艺术的知识内涵,注重建设可持续发展的公平的人居环境。2004年9月全球"E100圆桌会议"发表《知识城市宣言》指出,城市应强化"以知识为基础的发展"。学界从田园城市到知识城市的探索,逐步形成较为丰富的绿色城市理论,为以生态智慧为特征的绿色城市研究打下了理论基础。

二、城镇化的普遍规律:全球化背景下的城镇区域发展新趋势

自奴隶社会出现城市以来,城市的发展和城市人口的增加极其缓慢。直到1800年,全世界的城市人口只占总人口的3%。中国是有5000多年文明史的大国,根据相关研究结论,1750年中国工业产量占世界总产量的32.8%。康熙年间(1662—1722),全世界超过50万人口的大城市有10个,其中中国占了6个,分别是北京、扬州、苏州、南京、杭州、广州,另外4个是伦敦、巴黎、江户、伊斯坦布尔。直到1820年,中国的经济总量仍占世界的32.9%。但是,当今世界,城市综合实力的排序是纽约、东京、洛杉矶、伦敦、巴黎、芝加哥、休斯敦等,此后才轮到我国的上海、北京等城市。

近代随着工业革命的掀起,机器大工业、社会化大生产和资本主义生产方式的发展,许多新兴的工商业城市开始涌现,城市人口迅速增长。1900年城市人口所占比例为13.6%,1950年为28.2%,1980年为41.3%,2008年超过50%。城镇化是人类进步发展的必然过程,是人类社会结构变革的一个重要线索,是实现现代化目标的主要动力。纵观世界城市化进程,英国是

城市化的先行者。紧随其后的是由民营企业推动、市场机制主导的法国、美国式的城市化。接着是日本、德国等,它们的城市化由行政权力主导,同时发挥市场机制的基础性作用。离我们距离最近的是韩国,它在城市化进程中避免了农村非洲化城市欧洲化的"拉美陷阱"和被称为贫困空间移动的"非洲灾难"。联合国前助理秘书长恩道曾指出,城市化极有可能是无可比拟的光明之所在,也有可能是前所未有的灾难之凶兆,未来取决于我们今天的所作所为。城市化进程中如何避开陷阱,避免灾难,走向光明,后人应该以史为鉴。

对世界各国城市化历程的探索,我们可得出以下规律性认识。

(1)城市化与经济发展水平紧密相关。1957 年,美国经济学家钱纳里对世界各国的人均国内生产总值和城市化水平进行统计分析,发现两者之间存在正相关关系,即人均国内生产总值越高,城市化水平也就越高。工业化率与城市化率两条曲线几乎是平行上升的。

(2)城市化发展呈现 S 形增长曲线。美国城市地理学家诺瑟姆对发达国家城市化发展历史轨迹进行研究,将城市化进程分为按照 S 形曲线增长的三个阶段。城市人口占总人口比重在 30% 以下为初期阶段,工业提供的就业机会和农业释放的剩余劳动力均有限,城市化发展缓慢。城市人口占总人口比重在 30%~70% 为中期阶段,农业劳动生产率大幅提高,工业快速发展为大批农业剩余劳动力提供就业机会,城市化发展加速。城市人口占总人口比重在 70%~90% 为后期阶段,农业转移人口减少,城市化发展趋于平缓,经济发展由工业经济向服务经济转变,城市化发展的重点是提升质量。另外,由于科技进步速度加快,以及人们对城市化发展规律认识的深化,发展中国家的城市化呈现出后发加速的特征。

(3)全球化、信息化对城市发展的影响日益显著。20 世纪 70 年代以来,不断加速的经济全球化对世界城镇体系产生了巨大影响。一是城镇体系的空间结构呈现出由"产业链"向"价值链"转变的特征。发达国家的特大城市由于掌握产品标准的制定权和技术的不断创新,它们处于经济活动"价值链"的高端,主导着全球区域的经济发展;发展中国家的城市处于经济活动"技术链"和"价值链"低端,成为发达国家的出口加工基地,被称为"世界工厂",处于产业链的低端。二是在经济全球化背景下,城市群日益纳入全球经济网络,大都市区成为所在国家参与全球竞争的战略节点。三是信息化加剧了世界城镇体系的"极化"过程。发达的信息技术使经济活动在空间上分离,强化了少数城市在全球或区域网络中的信息枢纽地位,它们操控着各种资源的时空配置。

(4)城乡关系成为城镇化进程中的主要矛盾。由于工业比农业先走上现代,形成了现代工业和传统农业并存的二元经济结构;由于公共资源优先配置给效用高的城市,城乡二元社会结构呈现出公共事业和公共服务的差距;由于城市对生产要素的集聚效应,城市的生产生活条件比农村优越,大量的劳动力和资金从农村流入城市。这在拉美国家造成乡村凋敝和大量城市贫民窟的出现,影响了城市化质量。

(5)市场主导与政府引导有机结合。英美等市场主导型的城市化模式,其城市规模、布局、功能演进和产业分工多为市场选择和作用的结果。但在城镇化过程中政府要及时加以引导,防止城市低密度蔓延和无序建设而引发空间和社会结构性问题。日本、德国在发挥市场机制作用的同时,政府通过法律规范、规划约束、加快基础设施建设等措施发挥调控作用,城市化取得了较好效果。

(6)通过制度创新推进城市化。城市化进程本身就是各种相关制度创新的过程,如要维护由乡村向城市迁移人口的权益,就需要有法律保障。制度创新不足会拖延城市化的进程,如法国的小农经济制度延缓了农业劳动力转移和城市化进程。

三、协同发展视角下的城镇化: 由县域城市化走向城市区域化

改革开放40多年来,我国的城镇化率由1978年的17.9%提高到2020年的63.89%,城镇化速度达到年均1.04百分点,21世纪的前19年,更是达到了年均1.3百分点。这样的高速度一方面是大城市的本能贡献,另一方面是小城镇的蓬勃发展。中国用40多年时间快速走过了发达国家百余年的城镇化历程,会遇到许多问题,如大城市农村转移人口难以市民化,小城镇资源利用效率低,又如有的城镇因规划建设不尽合理而损失无形价值、荒废禀赋、损毁历史建筑和自然景观等。面对这些现象,有人戏称,城市让生活更糟糕。那么,城市怎样才能让生活更美好呢?从不同的学科视角对不同区域、不同阶段的城镇化进行分析,可有不同的解释。就人口学视野而言,在人口向城市集中的过程中,国家严格控制建成区面积的超大城市,其人口却在快速集聚,如上海仅2020年就增加了60万常住人口,总人口达2487万人,加剧了超大城市的拥堵。而迫切希望集聚人口的许多中等城市,

如金华,人口集中缓慢,年均仅增加 16 万人,新建住房的空置率高。发展潜力大的特大城市,近年来人口集聚很快,如杭州 2020 年人口增加了 157 万人。就经济学视野而言,城市化过程既涉及发展经济学要解决的生产活动由农业向二、三产业转换,农民向市民身份转换等问题;又涉及产业经济学要解决的,如何提高城市生产要素的投入产出比、如何优化产业布局与组织结构等问题,金华等地现代产业如何集群与优化是迫切需要研究的问题。就地理学视野而言,随着城市景观的地域推进,传统的乡村空间的都市特征正在加速形成,各地的都市新区都面临如何打造既保有田园生态特征,又追求现代都市风格的田园智城的问题。就社会学视野而言,都市区应探索农民从传统农业向二、三产业和现代农业的职业转换提升过程中,如何实现生产方式、生活方式和价值观念的转变,进而促使城乡社会同质化和区域社会文明提高。尽管从不同学科出发对城镇化的认识不同,但从传统的县域城镇化向现代的全域都市化转型,进行城市的区域化布局需要协调协同。

　　传统城市化以单个城市为主体,注重城市优质资源的集聚和规模扩大。新型城镇化以城市群为主体,强调中心城市与中小城镇互促共进,突出区域协同发展,要求都市服务功能跨行政区共同规划和培育,追求整体利益最大化,要求城市间有明确分工和紧密的经济、社会联系,要求不同层级的政府、市场和社会明确区域发展的共同导向,建立良好的协同关系,促使地区间的竞争更加规范有效,产生更多的正能量,走向城市的区域化布局。在工业化、信息化、城镇化和农业现代化快速发展的背景下,浙中地区呈现出具有县域特色城镇化与都市核心区高端化发展两种态势。一方面,在空间形态上,浙中城市群和金义都市区作为浙江省新的经济增长极,正在吸引人口、资本、技术等要素,都市区和城市群的规模边界在不断外延和膨胀,经济发展的活力在增强。另一方面,在功能关系上,浙中地区正处于从以县域为主体向以都市区为主体开展竞争合作的演变,区域关系仍显得竞争有余、合作不足。受行政区经济的制约,浙中各城镇间的战略联盟尚未达成,在基础设施建设、行业布局协调、经济能量集聚、产业结构和空间网络优化等方面都存在着许多矛盾和问题,需要用区域协同理论探究金华大城小镇互促共进的历程,走好城镇化、产业现代化、社会文化发展多赢之路。

　　在城市化进程中,中心城市与周边城镇间由于集聚效应和辐射效应的双重作用,形成了都市区。都市区是城市化的高级阶段,它以特大城市为核心,辐射带动周边城市和乡镇,形成优势功能复合区,它比城市群更强调区域内部的一体化规划,强调协同建设区域内部的交通道路、产业平台、居住小区、学校医院等,通过资源集约利用达到人口集中、功能集成和一体化发展。特别是在金融、教育、科技、信息、专业服务等领域,都市区比城市群更强调城市能级提升和服务功能的培育健全。金义都市区要处理好金华、义乌两城功能定位的差异化,寻找两城合作建设所需的向心力,通过金义合力建设新区的体制机制创新,在金义一体化基础上实现全域同城化。

第二节　研究思路、方法、内容

本书在综述评价相关理论研究及国内外经验的基础上,以区域协同发展理论为指导,以浙江金华为案例,对改革开放以来区域人口、产业与城市功能的静态格局与动态变迁进行分析,深入探索经济、社会、环境方面差异与趋同的内在机理。然后,探讨都市区空间结构演变的特征与规律,揭示都市区的区域特色、发展动力、建设路径和机制,构建协同发展的分析框架。最后,提炼出都市区经济社会协同发展的规律性认识,并提出相应的政策建议。

研究方法:(1)多学科综合分析。区域空间演化的动态性及其过程中各利益主体之间关系的复杂性,决定了我们要用多学科组合的方式对区域演化过程进行全面系统的综合分析,以获得区域空间发展的规律性认识。因此,人口学、区域经济学、制度经济学、管理学和社会学的分析方法均被用于都市区协同发展的研究。(2)静态分析与动态分析相结合。通过对城市群功能定位、产业发展、基础设施和社会管理等特点的静态分析,说明各种相关因素的相互关系、作用机制和均衡状态;以金义都市区为案例,采用静态、动态分析相结合的方法,对浙中区域空间演化的时空规律进行全方位探索,揭示金华与义乌聚合发展,各县市融合发展路径,阐明都市区的长期运动状态、发展趋势和规律。(3)历史分析与现实比较相结合。以政府与市场的关系为纽带,运用纵向的历史分析和不同地域之间横向比较相结合的研究方法,研究浙中城市群如何通过分工协作,逐步形成特色化县城和高端化都市核心区;如何搭建公共服务平台,健全协调机制,破解"囚徒困境",实现各城镇利益"帕累托改进",推进区域协调发展。

全书共分十章,以金义都市区为案例,通过探索促进区域协同发展的动力机制与平衡机制,对相关问题进行系统的分析研究,提出相应理论观点和政策主张。

第三节　理论创新与实践意义

当前,城市群已成为我国城镇化的主体形态,城镇化由传统走向新型,需要对其协同发展的机制与路径进行研究。本书以长三角地区 27 个中心城市之一的金华为案例,探讨其如何通过都市区培育,促使区域整体协调协同发展,形成竞争合力,在长三角金南翼的构建中发挥应有作用。从理论创新角度看,通过研究城市群都市区建设的内在动因、路径和模式,提高人们对城市群的认识和研究水平,为都市区一体化发展提供理论指导;通过案例分析,研究国内外城市群与都市区发展的一般规律,揭示浙中城市群与金义都市区发展的内在动因、矛盾困难和基本思路;通过深入研究金义都市区协调发展的机理与机制,形成符合金华市情的城市化理论与公共政策体系。因此,它将丰富新型城市化建设理论,对区域小型城市群与都市区建设理论研究有借鉴作用。就实际应用价值来看,金华属地处沿海的内陆地区,具有内地与沿海的双重特征,通过金华各地单个城市的无序发展到城市群都市区有序一体化发展的具体模式研究,提出城市群都市区发展的总体目标、实现机制与路径构想;提出浙中城市群和金义都市区的合作机制与管理模式,给出清晰的、有针对性的政策建议。这对城市群与都市区建设有一定的实用价值和普遍意义,能为其他后发地区的城镇化提供理论支撑和经验借鉴。

党的十九届五中全会:在百年未有之大变局下,向高质量发展迈进,要保持战略定力,树立底线思维,准确识变、科学应变、主动求变,在危机中育先机,于变局中开新局。

乔尔·科特金:人类最伟大的成就始终是她所缔造的城市。城市代表了我们作为一个物种具有想象力的恢宏巨作,证实我们具有能够以最深远而持久的方式重塑自然的能力。

第二章　城市群发展与都市区建设

　　城市群都市区是城镇化发展的高级阶段。自工业革命以来,欧美发达国家的城镇化探索从未停歇,其城镇化道路值得借鉴。特别是德国小城镇发展的经验,美国的基础设施建设,日本的产业政策,英、法等国的社会福利机制和统筹城乡发展等推进城镇化进程的措施,均可供浙江三大城市群和四大都市区建设借鉴和扬弃。国内外著名都市区发展既有共性问题又有不同之处,总结归纳它们的成功经验,可给我们以启发。

第一节　城市群建设背景、历程与趋势

一、背景

　　尽管最早城市的出现可追溯到 1 万年前,但现代意义的城市发展还是在 18 世纪工业革命之后。工业革命推动了人口集聚和现代城市的发展,其中英、美、德、法等工业强国的城市化取得了长足发展。而城市群——在经济上紧密联系,功能上分工合作,交通上连为一体,并通过规划、基础设施建设共同构成具有各地区域特色的都市生活空间网络——则是在 100 多年前开始进入学者的研究视界的。1898 年,英国城市学家霍华德出版《明天:通往真正改革的和平之路》一书,他认为城市不能无限制蔓延,在达到一定规模后就应该建设新的城市来容纳新增的产业和人口,城市与城市之间设置永久的绿带或农业带,同时用便捷的公共交通来加强彼此的联系。他主张将城市周边地区的城镇纳入城市规划范围,把城市和乡村的改造作为一个统一的问题来处理,并提出城镇集群的概念。此后,其追随者恩维及美国规划建筑师惠依顿对城镇集群与田园城市建设理论进行了进一步发展。

　　在工业化兴起的 1750 年,人类的城市化水平仅为 3% 左右,全球城市人

口约 250 万人,到 2010 年全球城市化率超过 50%。分析这 260 年的城市化发展史,从 1750—1950 年,世界城市化率由 3% 提高到 29.2%,此间最大的成就是欧美少数国家完成了城市化历史任务,成为发达国家。1950 年,英国城市化率达 82%,美国为 64%。二战后期,为迅速恢复被战争破坏的生产生活秩序,英国首相丘吉尔责令洛德·里斯着手研究战后重建问题。1943 年,英国城镇和国家规划部成立;1946 年,英国议会通过了《新城法》(New Town Act),这是战后议会通过的最早的城市建设法规之一,第二年又颁布了《城乡规划法》,明确了编制开发规划的规定,两部城市规划法案为英国的新城建设提供了法律保障,促进了战后重建和新城运动飞速发展。从二战结束至今,发达国家靠第三产业推动城市化的高级化,新兴工业国靠工业化推动城市化,广大发展中国家也积极参与世界城市化并发挥着越来越大的作用。2010 年世界城市化率超过 50%,人类开始走向城市时代。

二、历程

18 世纪中叶开始的工业革命,使机器大生产取代了手工生产,工业生产的集中促进了城市化发展。西方发达国家的城镇化大致经历了三个阶段:

一是城镇化的初级阶段。进入 19 世纪以后,发达国家的城镇化明显加快,村镇发展为小城市,小城市发展为大中城市,城市人口迅速增加。其中英国城镇化进程最早,从工业革命开始到 1851 年,英国城市人口超过总人口的 50%。美国在 1860—1920 年城镇化进程加快,1860 年其城市人口占比不到 20%,到 1920 年城市人口占比超过了 50%,开始向高度城镇化发展。日本 1920 年城市人口占总人口比重为 18%,到二战后的 1955 年其城市人口比重上升到 58%。在城镇化的初级阶段,城镇的扩大主要是在城市近郊建设以居住为主要职能的新城区,与中心城市存在紧密的依附关系。

二是城镇化的高级阶段。英国从 1851 年开始进入高度城镇化阶段,到 1921 年其城镇化水平达到 77.2%,1998 年为 89%,其中伦敦大约有 700 万人口。2000 年,美国和加拿大城市人口占总人口的比重均为 77.0%;日本城市人口比重为 79.0%,东京自 1970 年以来一直是世界人口最多的城市,1994 年东京总人口为 2650 万人。在高度城镇化阶段,随着大量工商业服务设施的配套建设,新城区具有了产业、居住、娱乐综合化的功能,成为中产阶级工作、生活和居住的理想场所,与中心城区仍有非常紧密的联系和依赖。

三是城乡一体化阶段。20 世纪 60 年代开始,在发达国家城镇化进程中,出现了逆城镇化(郊区化)现象,人口由中心城市大量向郊区乡村迁移,大城市的中心区人口减少,大量人口集聚在大城市的边缘地带,大量工业企业迁往中小城市及乡村地区。中小城市人口迅速增加,城市化区域不断扩大。逆城市化现象的成因:一是由于交通、通信特别是网络技术的快速发展,发达国家的产业结构发生重大变化,进入了信息社会,郊区卫星城的产业高端化、功能多元化趋势增强,成为城市扩展进程中新的集聚中心和新的经济增长极。二是由于城市中心区人口与产业过度集聚,造成拥挤和环境恶化,城市白领和一些企事业单位都乐意搬到生活条件较好的郊区。逆城镇化不是反城镇化,而是城镇的区域化、高度化,是城乡一体的区域现代化。

从国内城镇化历程看,新中国成立到改革开放前,由于种种原因我国的城镇化进程缓慢,1949 年城镇化率为 10.6%,到 1978 年城镇化率仅为 17.9%。改革开放以来,我国开始走一条类似欧美在 18、19 世纪所采取的城镇化道路。城市开发建设大致经历了以下四个阶段:一是 1978—1992 年的小城镇优先发展与特区建设阶段。由于乡镇企业的异军突起,农民离土不离乡,进厂不进城,就地转移就业,各地小城镇迅猛发展。20 世纪 80 年代国家采取了"控制大城市规模,合理发展中等城市,积极发展小城市"的城市化方针,由于严格控制大城市规模,中小城市获得快速发展。同时,国家开始兴办深圳、汕头、厦门、珠海等 4 个经济特区和 12 个沿海经济技术开发区。这些城市凭借外向型发展的战略定位和国家赋予的特优政策迅速崛起,为我国其他地区的城市化提供了典范。在此阶段,我国城镇人口数量由 1978 年的 1.72 亿人增加到 1992 年的 3.22 亿人,城镇化率从 17.92% 上升到 27.46%,共增加了 9.54 百分点,年均提高 0.68%。二是 1993—2001 年的新区开发与城镇化加速阶段。90 年代各市县相继成立经济开发区,促使分散在各地的民营企业向工业园区集中,进行城市新区建设。随着社会主义市场经济体系的逐步建立,我国实施以轻工业为重点的工业化战略和由中心城市带动的区域发展战略,工业化快速增长,城镇化进入加速阶段。在此阶段,我国城镇人口数量由 1993 年的 3.31 亿人增加到 2001 年的 4.8 亿人,城镇化率从 27.99% 上升到 37.66%,共增加了 9.67 百分点,年均提高 1.21%。到 2000 年,我国设市城市由 193 个增至 663 个,建制镇由 10609 个增至 20312 个,增加迅速。特别是沿海城市成为城市化发展的重点,浦东新区借鉴深圳等地的成功经验,充分发挥独特优势,不断发展壮大,很快就成为带动长三角经济发展的新龙头。三是 2002—2011 年的大中小城市与小城镇协调发展阶段。2002年开始,基于区域经济协调发展的宏观背景,我国城镇建设亟须与产业结构、环境保护、绿色发展相适应,走可持续的城镇化协调发展之路,城镇化表现出小城镇规模扩大与城市群发展的特征。此阶段,我国城镇人口数量由2002年的5.02亿人增加到2011年的6.91亿人,城镇化率从39.09%上升到51.27%,共增加了12.18百分点,年均提高1.35%。四是2012年至今的城镇化高质量发展阶段。2012年后,在传统的高投资、低价值链加工等经济增长模式失灵及经济增速放缓的背景下,中国经济面临着从以数量和规模的快速扩张为显著特征的经济增长模式向以注重质量为突出特征的高质量发展模式转变,该特征表现为户籍人口城镇化率的快速提高与城镇化率增速的逐步放缓。一方面,高质量发展提高了户籍人口的城镇化率,加快了以农民工市民化为核心的城镇化步伐。2012年,常住人口与户籍人口两种口径下的城镇化率之间存在着高达17.1%的差距;进入高质量发展之后,2017年差距降到16.2%。另一方面,城镇化率也开始呈现增速减缓的趋势。2012—2020年,我国的城镇化率从52.57%增加到63.89%,年均提升1.26%,低于2002—2011年的年均提高1.31%的发展水平,城镇化呈现出速度放缓、质量上升的态势。

上述国内外城市化的几个不同阶段,有着不同的历史背景,但都具有全局性、战略性、导向性和示范性,是国民经济统筹协调发展的战略部署。

三、趋势

随着经济全球化浪潮对城市和区域发展提出的新要求,各地城市化发展出现了一些新趋势:一是大城市化和城市群的地位将更加突出。大城市群或都市连绵区成为全球竞争的重要空间单元,如果以人口规模100万人以上的城市人口占城市总人口的比重来衡量城市人口的集中程度,中国、印度、日本等人口密度高的国家呈强集中趋势,美国、巴西、墨西哥、阿根廷等美洲国家呈中度集中趋势,人口密度较低的欧洲国家呈较弱集中趋势。从单个大城市发展来看,进入21世纪,上述国家的大城市规模均表现出扩大趋势。据联合国经济及社会理事会研究,未来将会有更多的城市人口居住在50万以上人口的大城市,尤其是500万以上人口的城市占比将有一个较大提高。随着大城市的不断扩大,在都市区或城市群多中心重构的背景下,发展城市新的区域核心作为战略平台来承载重大项目和高新产业,使城市之间的边缘逐渐靠近,最终连成一片,形成巨大的城市群或都市连绵区。二是城市将进一步向低碳生态型发展。在生态文明建设的背景下,城市要实行低碳生产和消费,发展低碳经济。建设低碳生态型城市必须走紧凑型的城市发展道路,在经济快速发展的同时,城市的能源消耗和二氧化碳的排放要处于较低水平,且形成良性的可持续的能源生态体系,使城市的增长集约、资源节约、宜居度高,形成能使经济、环境、社会等诸方面平衡发展的城市空间模式。同时建设高效、低污染的立体型城市交通,发展公共交通和轨道交通,提高城市交通的效率,在激烈的区域竞争中,提升城市群竞争力。三是城市管理走向人本化、法制化、数字化和智慧化。与城市规划、建设、运行相关联的城市经济、基础设施建设、生态环境和社会公共事务的管理要体现人本化,即满足人的生产生活需要,依靠人、围绕人、为了人,以人的全面发展为目标,充分考虑人的需要。要体现法制化,城市政府本身像一个法人,应以法律形式规定执行机构的权限,要提高市民依法有序参与城市管理的水平,促进城市良性发展。要体现数字化和智慧化,数字信息要透明、开放、共享,建立良好的城市治理结构,减少城市各阶层间的分隔。西方发达国家的城市管理趋势是建立大都市管理机构,形成地方政府自治与大都市联合政府双重机构,智慧城市与管理成为潮流。今后发展中国家的城市建设,除了建设住宅小区解决居住问题外,要更加注重城区产业空间转移和新型产业体系构建,通过城市群和都市核心区生态智慧城区建设和人本化、法制化、智慧化管理来提升区域综合竞争力。

第二节　都市区建设典型案例

一、国外城市化与都市区建设案例

二战以后,由于经济发展、技术进步和战后重建家园的渴望,发达国家普遍进入经济发展和城市化全面加快的"黄金时期",伦敦、巴黎、纽约、东京等大都市区建设都获得蓬勃发展,其城市空间结构逐步从单一中心向多中心转变,新城区内涵也不断拓展,不仅是一个相对独立的自平衡社区,而是成为新的产业基地和新的重要增长极。

（一）英国的城市化与都市区建设

英国是第一个实现工业化、城市化的西方发达国家。其城市化进程具有原创性意义，其成功经验和失败教训对后来者有示范和警示作用。英国1750年的城市化率为17％，1851年达到54％，实现了初步城市化；1901年城市化率达到77％，实现了高度城市化。在150年的城市化历程中，英国创造了世界城市化的五个第一：第一个制定了《城市规划法》，第一个建立了"田园城市"，第一个实行了城市社会保障体系，第一个建设了"卫星城"，第一个实现了郊区城市化。英国城市化的特色是以伦敦为代表，由众多城镇组团生长的田园城市。按照霍华德的构想，伦敦的理想形态应该被分为众多田园城市组团，组团与组团间由高速铁路相连，每个组团拥有独立的政治权，并且自给自足，大城市不再拥挤又充满污染，而是疏密有致、城田相间，最终组合为大型的社会城市。二战后经济报复性增长及经济结构的重大转变，伦敦都市区开始进行新城建设。英国的新城建设历经了三个发展阶段。第一阶段为1946—1950年。《新城法》出台后的短短5年间，英国规划了14个城市新区，其中有8个建在伦敦周围，一是为了疏解伦敦过于拥挤的人口，建立汉莫尔、斯蒂文里奇等新区；二是为了促进区域经济发展，建立彼得里、埃克里夫等新区。这一阶段由于缺乏开发经验，新区建设缺乏人气，缺乏生机和活力。第二阶段为1955—1966年。新城规模比上一阶段有所扩大，人口密度也有所提高，开始重视改善公共交通等基础设施建设，并把新城作为经济增长极带动区域经济发展。但由于地理位置选取不当，新城在空间上过分依赖中心城市，难有进一步拓展。第三阶段为1967年至今。这一阶段英国城市新区建设逐步走向成熟，注重从居住、就业、教育、消费、娱乐等方面不断完善城市功能，普遍建成规模较大的增长极核心城市，其中密尔顿·凯恩斯新城就是最为典型的例子。

案例一：密尔顿·凯恩斯新城

1967年开始规划设计的密尔顿·凯恩斯新城是英国最晚建设、规模最大的新城开发项目，距伦敦有一个小时车程，由三个小镇组团而建。该城原有人口4万人，1970年规划人口规模25万人。1980年，该城兴建了火车站和美国式购物中心，每周能吸引60万人次前来购物；此后，又新建剧院、人工滑雪场，举办建筑展览会，使城市更具活力。新城建成区总面积达 88.8 平方公里。

1. 成功之处

一是新城规划不仅是建设的蓝图,更是一个能够随着需求变化灵活调整的战略框架。二是创造了良好的人居环境和充沛的开放空间,为人口和产业集聚提供便利:一方面注重居住用地和就业用地相互配套,合理分布交通流量,以适应就业岗位分散的现状;另一方面,通过混合居住消除社会隔离。三是政府设立新城开发公司,提供良好的社会服务,促进居民迁入及国外公司进驻,培育新居民间的社会网络,使其尽快适应新环境。四是新城建设开发公司以规划为指导,修建道路,划分工业区,修建长期出租的厂房,组织有效的交通及公共设施建设。五是采取多种措施保证住宅持续多样化供给,吸引人口与产业进入,促进人口与就业的平衡。

2. 存在的主要问题

一是企业规模小,竞争激烈,生存压力大。二是总体密度偏低,私人汽车的普及及网格布局的模式使新城的住宅同质化、低密度化。三是早期进驻居民的受教育水平相对较低。四是新城开发公司的财务亏空较大。

(二)法国的城市化与都市区建设

法国的城市化始于 19 世纪 30 年代,由于乡村保守、封闭,农民的流动性小,法国没有形成人口由乡村向城市大规模迁移的浪潮,城市化进程较为平缓,直到 1931 年城市化水平才超过 50%,实现了初级城市化。法国城市化与工业化关系较为均衡,城市体系分布中除了巴黎一个特大城市外,其余为均衡分布的中小城市。二战结束后,法国城市化水平由 1946 年的 53.2% 提高到 2005 年的 76.7%,实现了高度城市化。城市人口主要分布在中小城市,中小城市增速较快,城市化呈现出分散化和均衡化的特点。

20 世纪 60 年代后期,巴黎出现了城市向外扩展和中心城区人口密度下降的趋势,经济活动和住房分布呈离心式发展,城市中心区人口开始出现负增长,城市边缘区人口增长迅速,城市之间走向均衡发展。1965 年 6 月,《巴黎地区国土开发与城市规划指导纲要(1965—2000)》出台,摒弃了在一个地区修建单一中心的传统理念,代之以规划一个新的多中心布局的区域,并提出"保护旧市区、重建副中心、发展新城区、爱护自然村"的方针,在巴黎南北两边 20 公里范围内建设 8 座 30 万～100 万人口的新城。1969 年,该规划进行了修正,将原有 8 座新城合并为 5 座,即塞尔基-蓬图瓦兹新城、马恩-拉瓦莱新城、圣康旦-伊弗里尼新城、埃夫利新城和默伦-塞纳尔新城,构成了东南—西北平行发展的走廊。法国吸取了英国卫星城建设的经验教训,大胆创新,在新城开发中独辟蹊径,抛弃了伦敦在城市周围建立绿带以阻止城市发展的做法,把新城作为整个大都市区的磁石,产生一种可与巴黎抗衡的力量,促进巴黎大都市区均衡发展。在规划建设中体现了以下几个特点:一是规模大,人口规划达 20 万～30 万人,用地都在 1 万公顷(100 平方公里)左右,比同类国家的新城规模要大得多。二是建设周期较短,不像英国那样在空地上建设,而是充分利用城镇原有基础。三是城市功能定位为综合型,法国通过新城法案,实施优惠政策吸引市区的二、三产业到新城落户,使新城 60%～80% 的居民能就地工作,并且建成与老城同等水平的文化生活服务设施,以加快人口集聚。

案例二:马恩-拉瓦莱新城

1969 年始建的马恩-拉瓦莱是巴黎东部发展最快、最成功的一个新城。1972 年马恩-拉瓦莱国土开发公共机构,全面负责新城建设,新城各分区分期建设,不同时期的建筑有不同的功能特色。

第一分区建于 20 世纪 70 年代初,是新城城市中心所在地,如今已形成一定规模,是巴黎地区第三个重要的就业中心。

第二分区在 20 世纪 70 年代中期动工建设,该分区在 4 个城市分区中新建住宅的增长速度最快。随着巴黎地区社会经济的发展变化,一些新型城市功能空间出现,如成立于 1983 年的迪斯卡科学城,顺应了国际上创建科技中心的发展潮流,填补了巴黎东部地区没有从事高等教育培训和基础应用研究的专业机构的空白,吸引了 10 余所欧洲著名高校和科研机构及近 200 家企业的研发部门在此安家落户,从事建筑、电子和信息等方面的科学研究,提升了巴黎东部地区的发展质量,使马恩-拉瓦莱新城成为具有国际影响力的科研和培训中心。

第三分区建设始于 1985 年,依托原有市镇,由住宅、商务办公和产业开发等几大功能区组成,主要职能是接纳以知识经济为特征的新型企业,以适应 20 世纪 80 年代以来巴黎地区经济社会发展向后工业化过渡的趋势。

第四分区以建设巴黎迪士尼主题公园为契机,致力于发展第三产业,共同投资、分期建设具有国际影响力,集旅游、娱乐、商务、居住为一体的城市综合体,实现从单纯的新城到欧洲中心的角色转变。1992 年,巴黎迪士尼乐园开放,当年来自世界各地的游客达 1200 万人次,带动了巴黎地区旅游业、服务业的发展。

(三)德国的城市化与都市区建设

德国工业革命始于 19 世纪三四十年代,1871—1910 年德国通过引进英国、法国的先进科技,经济突飞猛进,赶上英国,超过法国,经济社会结构由落后的农业国转变为先进的工业国。其城市化呈现出起步晚、发展快的特征,城市化率由 1871 年的 36.1%,提高到 1910 年的 60%,实现了初步城市化。二战以后,德国进入高度城市化阶段,城市化水平由 1950 年的 64.7% 提高到 2005 年的 75.2%。此间,德国由集中型城市向分散型城市发展,大城市发展速度放慢,小城镇蓬勃发展起来,城市人口在中小城市分布的比重逐渐提高。据 1985 年的统计,联邦德国有 1007 万人生活在 50 万人口以上的大城市中,仅占全国总人口的 16.4%;3750 万人居住在 10 万人口以下的小市镇中,占全国总人口的 61.4%。在大城市增速放缓、中小城市迅速发展的进程中,德国的城市体系规模结构,职能分类及空间结构都发生了变化,城乡之间、大小城市之间、区域之间的差距逐步缩小。随着现代交通网络和信息传播系统的广泛应用,大城市在区位及物质技术方面的优势明显减弱,大城市与小城市的居民收入差距缩小,公共服务趋于均等。两德统一以来,拥有 35.7 万平方公里国土面积、8200 万人口的德国,是欧洲人口最密集的国家之一,大城市占全国总人口比重趋于下降,各等级城市间比例趋于合理,城市的空间分布更为均衡。

目前,德国城市化率超过了 90%,城市布局的特色是以中小城市为主的都市圈。2010 年底,德国有 2062 个城市和村镇,其中超过 100 万人口的城市有柏林、汉堡、慕尼黑 3 个,10 万～100 万人口的城市有科隆、波恩等 79 个,其余都是 2000～10 万人口的中小城镇,它们承载了德国 60% 以上的人口。德国城市间交通网络强大,交通拥堵、高房价、垃圾围城等"城市病"现象较少。

(四)美国的城市化与都市区建设

美国于 1776 年建国,1861—1865 年南北战争后出现产业革命的高潮。1790 年,美国城市化率仅有 5%,随着欧洲大量专业技术人员和工人移民到美国,美国的工业化飞速发展,城市化加快,到 1920 年美国的城市化率为 50.9%,城市人口超过农业人口。20 世纪初,美国取代欧洲强国成为世界经济发展的中心,其城市化发展的新特征反映了世界城市化的新趋势。2005 年,美国城市化率达到 80.8%,城市人口的分布趋于分散化。美国城市化有两个显著特征,即大都市区化和城市人口郊区化。

大都市区是一个大的城市核心及与其有着密切经济社会联系的具有一体化倾向的邻近地区的组合体,它是国际上进行城市统计和研究的基本地域单元。大都市区组合成大都市连绵带,各大都市区在连绵带中承担不同的功能,具有各自的特色,而整个大都市连绵带保持着整体功能的完整性,是多种城市功能的复合体。大都市连绵带是一个国家经济较为发达的城市化区域,它在区域发展中处于核心地位,并对区域经济、社会、文化等产生多方面的影响,如美国以纽约、波士顿、华盛顿为核心的东北部大西洋沿岸大都市连绵带。

郊区化又称"逆城市化",是指市区人口向郊区迁移或大城市人口向卫星城市迁移的倾向,是人口和企事业单位向空间潜力大、生态环境好和经营成本低的郊区迁移。美国郊区人口从 1950 年的 402 万人(人口占比 26.7%)增加到 2000 年的 1.4 亿人(人口占比 49.8%),新增城市人口的 77% 住在郊区。二战后,人们生活水平的提高、价值观念的转变、小汽车的普及、高速公路网的形成及联邦和地方政府的政策导向等因素,推动了美国城市郊区化快速发展,战后美国是一个典型的郊区化国家。首先是城市居住功能郊区化,即 20 世纪 40 年代后期,居民开始把住宅建到城市郊外;其次是郊区工业、购物中心大规模化,即六七十年代,在大城市郊外建造了许多大规模的购物中心;最后是边缘城市化,即在原有的城市周边郊区形成具备就业场所、购物、娱乐等城市功能的新城镇。郊区不仅是中心城区的"卧城",而且具备了类似中心城市的功能,高层办公楼和公寓在郊区出现。但郊区化在改善美国城市人口和经济布局的同时,也造成了城市的过度蔓延,土地粗放利用,加大了城市基础设施的配套成本,使集聚经济效益下降。另外,还在一定程度上造成中心城市的衰退,如底特律自 1950 年以来,城市人口减少了 50% 以上。为控制城市盲目向郊区扩展,1968 年美国国会通过《新城市开发法》,批准第一批建设 63 个较大规模的新城。特别是 80 年代末极具影响力的"新城市主义"开始在美国兴起,新城的自立程度越来越大,已不是城市边缘扩展的松散形态,而是变成具有城市综合功能的就业与生活中心。80 年代以来,随着石油价格上升,通勤成本增加,中心城市环境改善,一些郊区居民重回城市中心,形成"再城市化"潮流。

案例三:里斯顿新城

里斯顿位于华盛顿以西 35 公里,占地约 4 平方公里,1962 年开始开发,经过 40 多年的建设,已成为美国最成功的新城。现常住人口 6.5 万人,城内就业率超过 50%。新城中心区包括 12 个街区,分别承担区域性就业、居住和娱乐等不同功能。

它的成功主要在于:

首先,高科技产业的发展和里斯顿建设所带来的高素质人口集聚形成互动,形成了产业和人口不断升级的良性循环。

其次,便捷的交通、靠近世界最大的信息技术购买商——美国政府及高素质的人口导致了高科技产业集聚。

再次,通过对区划法的革新、布局的合理规划,实现了城市的活力、便利、现代化与乡村的开阔、淳朴、自然的有机结合。

最后,PRC 区划法的应用使得里斯顿通过局部提高开发强度,保留大量的开放空间和待发展用地,为新城的可持续发展预留了足够的空间。

(五)日本的城市化与新城建设

日本的城市化始于明治维新时期,1898 年日本城市化率为 11.75%,1960 年为 43.7%。20 世纪 60 年代以来,日本的工业化与城镇化进入快速发展的黄金时期,其城市化由近城蔓延和同心圆式辐射为主,形成了独特的圈层状大都市区空间结构,即大都市圈。70 年代初,东京、大阪、名古屋三大都市圈进入结构性调整和优化发展时期,主导产业转向知识密集型,人口以近距离流动和都市圈之间的相互流动为主,区域结构趋向均衡化。如东京在 70 年代完成了由制造业中心向服务业中心的转变,制造业在规模上依然保持领先,但其内涵已向高效、智能和信息服务转变。80年代后,由于大城市过于拥挤,人口开始向三大都市圈之外的区域性中心城市转移,到1996年,日本城市化率为78%。后因大都市圈外的住宅区开发,日本大量市内人口转移到市郊,城乡界限开始变得模糊。2008年,日本城市化率为86.3%,其城市化新动向是世界一线城市东京持续增长,区域性城市发展停滞,地方城市衰退,郊区化终结。

日本新城建设始于20世纪50年代,由于经济高速增长导致住宅需求高涨,从大阪府千里新城和东京都多摩新城建设开始,逐渐扩展到全国各地。在国土规划和大都市圈规划的指引下,日本建成了一大批新城,如横滨北面的港北新城、名古屋以北的高芷寺新城等。80年代以来,日本规划专家提出建立功能互补的地域一体化空间联合体和实现一定地域范围内功能自立化的设想,并于1986年提出建设东京外围"业务核城市"的构想,欲以"业务核城市"为中心形成自立化城市圈,以此改变东京单中心的地域结构,构筑多核多圈域的城市地域结构,如东京六本木新城。

案例四:东京六本木新城

六本木地区位于东京都核心区西南,是外国使馆集聚区域之一。由森株式会社开发建设的六本木新城建筑群,总占地面积11.6公顷,由办公楼、住宅楼、高级宾馆、朝日电视台及商场组成,总建筑面积约72.4万平方米。其土地收购、拆迁、规划及建设完成历时17年。

六本木新城建筑群的特点是结合地形自然高差,通过坡道、连廊、平台、庭院、地下空间等组成立体化、多层次、大规模的公共活动空间。通过商业、办公、居住、宾馆等多功能综合开发,建设多样性的城市活动空间。新城分为三个区域:高达54层的森塔楼为核心区,通过商业空间、榉树坂大道、毛利庭园和朝日电视台,将办公、购物、博物馆、影院、300间客房的君悦酒店和森艺术中心等贯穿起来;新城入口的北区,通过66广场将地铁车站、美容中心、商业和教育设施等多功能贯穿于一体;南区则有4栋840单元的住宅,办公楼和书店、超市等提供生活配套。

新城的开发贯彻落实"城市复兴新政策",森株式会社的社长森稳认为,东京作为国际大都市的吸引力在衰退,需要通过将现有的土地所有体系重新划分和建造高层的方法,把东京建设成一个在局部更集中、环境更美好的城市。"城市复兴新政策"主要内容是通过提供更多的城市空间和节约更多的私人时间来营造更丰富的城市生活。新城充分利用城市的竖向空间,将居住、办公和必要的配套设施整合在一起进行综合性开发,以节约私人时间。针对城市水平扩展而导致的通勤麻烦和交通拥堵,新城一方面通过改善公路设施来减少交通堵塞;另一方面推广功能集中的城市模式,在市中心建造住宅,同办公场所拉近距离。

东京六本木新城提供了一种未来城市复兴的方式,成为未来城市建设的一个典范。

二、国内都市区建设实践

我国城市群都市区建设采用新城建设与旧城改造相结合的方式推进,起步于 1980 年成立的深圳特区,后由南向北推进,取得了显著成绩,发挥了重要作用,积累了许多成功经验与失败教训。

(一)珠三角深圳特区建设

深圳特区于 1980 年成立,是一座因改革开放而生长起来的新城。建区之初,深圳率先打破大锅饭,实现"基本工资＋绩效资金"的薪酬模式,释放了创造活力,解放了生产力。深圳的重要发展经验是"敢闯"和"包容",作为一个移民城市,其城市文化体现出强大的包容性。深圳把创新提到城市发展战略的高度,构建覆盖各领域的创新政策体系,形成了以企业为主体的创新体系、完善的创新生态环境和雄厚的创新人才队伍,诞生了华为、中兴、腾讯、比亚迪等具有行业领袖地位的本土企业。截至 2016 年底,深圳拥有专业技术技能人才 452 万人,占常住人口的 38%,深圳大学城拥有清华大学研究生院、北京大学研究生院、中山大学深圳校区、哈尔滨工业大学深圳校区、深圳北理莫斯科大学等多所大学。2020 年,深圳常住人口达 1756 万人,比2010 年增加了 720 万人。

深圳特区利用自身条件走出了一条既有深圳特色又引领全国对外开放合作的新路。一是积极发挥区位和政策优势,融入泛珠三角区域,以开放促发展,形成区域资源整合和优势互补。二是善于搭建合作平台。2010 年 8月,成立前海深港现代服务业合作区,成为特区中的特区。2015 年,前海深港现代服务业合作区被"一带一路"倡议定位为重要节点,被纳入国家自贸区发展战略,合作区由此成为叠加国家三大战略的阵地。

（二）长三角浦东新区建设

1990 年，党中央国务院提出了"开发浦东、振兴上海、服务全国、面向世界"的开发方针，明确了"一个作用、三个区"的功能定位："一个作用"是指在树立和落实科学发展观、构建社会主义和谐社会、实施建设"四个中心"国家战略中发挥示范带动作用；"三个区"是指努力成为改革开放先行先试区、自主创新示范引领区、现代服务业核心集聚区，标志着浦东开发开放进入了新阶段。

浦东建设真正实现了全球化视野、国际化发展。邓小平曾说："浦东面对的是太平洋，是欧美，是全世界。"在开发之初，浦东就以经济全球化的视野和先进的国际标准来规划建设，参考国际惯例和规则，建立平等规范、公平透明的市场准入标准，在全球范围内集聚技术、资本、智力等资源。目前，浦东新区已建成外向型、多功能、现代化的新城区框架，已成为"中国改革开放的窗口"和"上海现代化建设的缩影"。浦东新区的开发始终作为国家战略，其整体功能不断得到提升，特别是上海建设国际航运中心、国际金融中心的核心要素都位于新区内。浦东新区还聚集了先进临港工业、制造业、高新技术产业、生产性服务业等现代产业。同时，它也是重要的人才培养基地，目前区内设有多所国家级、省市级重点高校，这些高校为浦东新区的发展提供了众多高素质人才。2010 年上海世博会 5.28 平方公里场馆区的 3/4 位于浦东，世博会的成功举办，体现了浦东新区管理、建设、人文精神的高水准。浦东新区在 30 多年的发展中，地区生产总值从 1990 年的 60 亿元上升到 2019 年的 12734 亿元。以先进制造业和现代服务业为主导的新型产业体系得到进一步完善，工业总产值约占全市的 1/4，第三产业增加值占生产总值超过 60%，其增长极作用进一步凸显。

（三）其他省级新区

杭州钱塘新区、郑州郑东新区与西安浐灞生态区多方借智进行高起点规划编制。钱塘新区规划定位为开辟钱塘江时代、带动钱塘江两岸开发的城市经济发展新增长点，未来杭州行政、经济、文化活动中心和现代大都市形象的标志。郑东新区规划设计向全球招标，日本建筑大师黑川纪章中标的规划设计，融合了"生态城市""环形城市""人居城市"等先进概念，在世界建筑师联盟年会上荣获"城市规划设计杰出奖"。西安浐灞生态区花了 8 年时间,依托大项目带动,建起区域新商圈,建立欧亚经济论坛会址、商务中心、世博园、丝绸之路国际贸易区等项目,使西安新城成为带动当地经济社会文化更加快速发展的重要力量。

以长株潭为核心的湖南八市(长沙、株洲、湘潭、岳阳、常德、益阳、衡阳、娄底),在区域产业结构中合理定位、整合资源,优势互补,组建试验区投融资平台,实现长沙、株洲、湘潭三市交易同城化、贷款一体化。西安西咸新区产业体系与西安、咸阳两市现有产业实现错位发展,组团之间实现互补。其中沣渭新区重点发展高技术产业、现代服务业、生物和环保产业;泾渭新区重点发展临空产业、生态文化产业和现代制造产业。

三、国内外都市区建设的经验总结

国内外都市区建设大多通过旧城改造和新城建设来推进,旧城改造其实也是城市在旧址上的新建,新城建设与旧城改造两手抓的城市化,有许多经验值得总结。

(一)明确规划目标是前提

规划是新区开发建设的龙头和指南,立意高、气魄大、重创新、谋长远、可操作的发展战略规划,其质量取决于定位是否符合区块实际。西方都市新城建设,一方面是适应城市郊区化发展规律的必然选择,另一方面也是为了促进城市空间结构协调和功能配置更趋合理的政府行为。因此每一座新城的规划建设,政府对其都有明确的功能定位和建设目标。我国通过新城建设与旧城改造两手抓,明确都市区功能定位,着力建设区域经济增长极。按照整体性、有序性原则,从都市区或城市群全局出发,统筹制订具有长远指导意义的新区建设和旧城改造规划。同时根据实际发展需要和财力,选择合适的开发规模和建设进度,分阶段加以推进,既不贻误时机,也不急躁冒进。

(二)合理法规政策是基础

政策在新城建设中具有重要的基础性作用。为保障新城建设顺利进行,西方各国政府在通过制定法律条文确保政策连贯性的同时,出台了特殊优惠政策加以重点扶持。例如在土地政策方面,英国制定了土地强制征用的法律政策,即地方政府有权征用城镇或乡村的土地用于行动地区的发展,可以强行要求土地所有者出让土地;法国实行土地银行储备、预留建设区制度;美国实行法定土地征用权政策;日本实行较为灵活的保留区和规划控制区政策。国内各都市新区也都通过积极向上争取财政、税收、用地、人才等各方面的特殊优惠政策,从而在短时期内取得超常规的跨越式发展。

(三)投资模式多元是核心

国内外新城建设经验充分表明,新城建设是一项需要巨额资金的系统工程,能否成功筹集足够的建设资金并选择正确的开发模式是新城建设成败的核心问题。目前各国新城建设资金筹集和开发模式具有明显的多元化特征:政府是新城建设成本的主要承担者,但为减轻政府负担,国内外新城建设都积极拓展民间投资渠道,鼓励和吸引民间资本进入。如在伦敦密尔顿·凯恩斯新城开发成本中,中央政府直接投资占49%,地方政府投资占21%,私人投资占30%;而日本更是明确规定中央政府、地方政府和开发商各出资1/3。目前新城开发模式主要有三种:一是以政府为主体、事业化运作的开发模式,以伦敦为代表;二是政府控股、企业化经营的开发模式,以巴黎为代表;三是以私人开发商为主体、政府政策倾斜的开发模式,以东京为代表。

(四)集聚产业人口是关键

能否快速集聚高端产业和高素质人口是新区建设发展的关键,否则就会像鄂尔多斯新城一样,哪怕建成了也仍只会是一座"空城"或"鬼城"。国外新城无不在集聚产业和吸引人口方面下足"本钱":伦敦初期采取开发简单廉价住宅、住宅供暖免费等措施;法国明确规定新城与母城间的距离(20～40公里)、配套大型公共设施等措施;日本一方面提高中心城区的土地价格,限制新建工厂和大学,另一方面全面配套新城的生活设施,创造与中心城区相当甚至更加优越的工作和居住条件,吸引人口和产业进入。

(五)创新体制机制是保证

重庆两江新区的快速发展,主要得益于其"1+3""3托1"的管理体制和"管委会＋集团"的扁平化快速运行机制。从国内外新区开发建设实践看,其管理体制的改革方向都是精简管理机构,缩短办事流程,提高办事效率;同时还需不断创新新区规划建设、招商引资、城市管理等各环节的运行机制,努力形成既分线作战又互动协作、既高效顺畅又规范和谐的良好格局。

第三节　吸取国内外经验,推进浙江都市区建设

城市群成为我国城市化的主体形态,目前,我国有 19 个国家级城市群,浙江地处我国最大城市群——长三角城市群的南翼,省域内四大都市区是发展的主动力。浙江需要吸取国内外城市群都市区建设的经验教训,顺势而为,应势而谋,于变局中开新局。

一、国家层面的新情况、新问题

从国家层面看,我国区域发展出现了以下新情况、新问题:一是区域经济发展分化态势明显。进入 21 世纪,我国经济重心进一步南移,2018 年北方经济总量占全国的 38.5%,比 2012 年下降 4.3 百分点。二是发展动力极化现象突出。经济和人口向大城市及城市群集聚的趋势明显。北京、上海、广州、深圳等特大城市发展优势不断增强,杭州、南京、武汉、郑州、成都、西安等大城发展势头较好,形成推动高质量发展的区域增长极。三是部分区域发展呈现弱化态势。东北、西北发展相对滞后。2012 年至 2018 年,东北经济总量占全国的比重从 8.7% 下降到 6.2%,常住人口减少 137 万人,多数是年轻人和科技人才。一些资源枯竭型城市、传统工矿区城市发展活力不足。

为此,需要提高中心城市和城市群等优势地区的综合承载能力和资源优化配置能力。通过体制机制改革,提高其对人口、产业、资金的吸纳能力,促进各类要素合理流动及向中心城市和城市群高效集聚。需要赋予中心城市更大的资源配置权,提高其在城市群的中心地位,更大限度地发挥辐射带动作用。一是提高中心城市科技研发水平,增加产业附加值,培育发展龙头企业,提升中心城市产业层次。二是提高中心城市综合发展质量,改善生态环境和生活环境,提高公共服务供给能力和水平。三是深化中心城市同周边区域间在基础设施、环保、产业等方面的合作,形成高效连接的城市群网络、联防联治的环保体制和呈梯度有序分布的产业链分工合作机制。需要通过优化行政区划设置打破区域行政壁垒。2011 年以来,合肥、成都、西安

和济南先后通过行政区划调整,纳入原属范围以外的部分区域,消除阻碍区域一体化障碍,拓展中心城市发展空间,优化中心城市和城市群功能布局,增强其辐射带动作用,推动整个区域经济融合发展。

二、浙江省层面的新情况、新问题

从浙江省层面看,省域内部发展出现了一些新情况、新问题。2019年2月,浙江省政府发布都市区建设新战略,提出建设长三角世界级城市群一体化发展金南翼的目标,打造参与全球竞争主阵地、长三角高质量发展示范区、浙江现代化发展引领极。计划到2022年,大都市核心区GDP总量全省占比达78%以上,常住人口总量占比达72%以上,第三产业增加值占GDP比重达60%,人才总量超过1000万人,城市轨道交通总里程达到850公里以上,城市智慧大脑服务面积覆盖率达到30%以上。到2035年,四大都市区全面建成充满活力的创新之城、闻名国际的开放之城、互联畅通的便捷之城、包容共享的宜居之城、绿色低碳的花园之城、安全高效的智慧之城、魅力幸福的人文之城。目前浙江省内部发展出现分化现象,以四大都市区为例,杭州、宁波正在大力培育国家中心城市,浙北浙东发展强化;温州、金义都市区所在的浙南浙西发展弱化。

杭州都市区正以数字经济为特色,发挥独特韵味、别样精彩世界名城的辐射作用,重点打造杭州城西科创大走廊、钱塘江金融港湾、沿湾智造大走廊等功能平台。2007年,杭州以西湖为中心,以180公里为半径,建设包含杭嘉湖绍四市的都市经济圈;2011年,更名为杭州都市圈,实施"规划共绘、设施共联、市场共构、产业共兴、品牌共推、环境共保、社会共享、机制共创"的一体化发展。2018年10月,杭州将都市圈定位为世界级大湾区核心增长极,规划新增衢州、黄山两市,辐射宣城、上饶、景德镇三市,面积达9.36万平方公里。最值得一提的是,之江实验室落户未来科技城,西湖大学的高等研究院和阿里达摩院面向全球招募科学家。2020年,杭州常住人口为1193万人,比2010年增加了323万人。

宁波都市区正在建设以开放创新为特色的国际港口名城,重点打造义甬舟开放大通道、北翼产业制造大走廊、甬江科创大走廊、环象山港—三门港—台州湾海洋经济平台等功能平台。1994年,宁波成立浙东经济合作区,但未编制都市经济圈规划,未出台政策文件。2001年,浙江省政府提出建设宁波大都市区,范围包括宁波市区、鄞县(现鄞州区)、舟山市区、奉化市。2006年,浙江省"十一五"规划设定宁波都市经济圈由宁波、舟山、台州、绍兴、嘉兴五市共建。2011年"十二五"规划都市经济圈升为都市区。2016年,长三角城市群规划的宁波都市圈,包括宁波、舟山、台州三市,核心区覆盖三市主城区,定位全球一流的现代化综合枢纽港、国际航运服务基地、国际贸易物流中心。它是义甬舟大通道和湾区大通道的交会点,拥有国家级新区和自贸区。2019年,宁波GDP为10745亿元,全国排名第十五位,获批国家自主创新示范区,浙江大学宁波科创中心(宁波校区)落地。2020年宁波常住人口达940万人,比2010年增加了约180万人。

温州都市区正在建设以国际时尚智造为特色的中国民营经济之都,重点打造环大罗山科创走廊,沿海先进智造产业带、西部生态休闲产业带、世界华商综合发展试验区等功能平台。

1993年,温州是一个"呈组团式发展的城市区域",2000年进行都市区规划,2006年习近平在浙江省城市工作会议上提出,温台城市群正在加快区域经济一体化,加快建设温州大都市区,全面提升浙南地区的发展水平。2014年8月,温州提出构建以温瑞平原一体化为主中心,以乐清和平苍(平阳—苍南)为副中心,以永嘉、文成、泰顺为山区发展带动极,以中心镇为重要节点的"一主两副三极多点"大都市区布局。温州区域辐射能力减弱,表现为2010年温州常住人口比宁波多214万人,2019年仅多76万人,温州与宁波的人才资源总数2010年分别为89.52万人与90.30万人,2018年分别为180.0万人与220.0万人。2010年温州龙湾机场客流量为532.6万人次,宁波栎社机场为450.0万人次,宁波比温州少了82.6万人次;2019年,宁波机场客流量为1241万人次,温州机场客流量1229人次,宁波比温州多了13万人次。2016年,长三角城市群规划将温州剔除,将台州融入宁波都市圈。2018年,温州都市区规划将核心区扩大到除文成、泰顺外的所有区域,但都市圈只包括温州市域和青田。2019年,台州提出"接轨大上海,融入宁波都市圈",不再提温台城市群建设。2019年,温州人均GDP全省倒数第二,重要性下降。但与金华比,温州的整体认同感强,市区实力比金华强,如2018年温州百强企业中市区有57家、瑞安有15家、乐清有12家。2020年,温州常住人口为957万人,比2010年增加了45万人。

金义都市区正以丝路开放、世界小商品之都、国际影视文化之都为特色,打造金义科创廊道、义乌跨境电子商务园区、金义国际陆港新区和快递物流中心、金义综合保税区、横店影视产业集聚区等功能平台。1991年,金华提出建设浙江中部城市群,带动整个经济建设。1995 年,以浙中城市群组合形式建中心城市。2000 年,提出培育以金华市区为内核,义乌、东阳、永康、兰溪为紧密层,周边中心镇共同组成的中心城市。进入 21 世纪,金义都市区因省级赋能少、谋划水平低、竞争力弱、创新基础差,集聚辐射能力缩小。如原属浙中城市群协调区的龙游,2018 年不再提融入金义都市区,只提加快筹建杭州研发飞地。2020 年,金华常住人口为 705 万人,比 2010 年增加了 169 万人,但人均 GDP 列全省倒数第二。

三、先进地区都市区建设经验总结

学习借鉴先进地区都市区建设经验,有助于推进区域协同发展。横向看,吸取国内外先进地区城市群都市区建设的经验,要在规划之初对城市病做好防范;纵向看,从区域实际出发,不能"运动式"地搞城市化,而要注重都市区可持续发展、区域空间布局优化、城市公共服务能力和治理能力提升。近 10 年来浙江人口向四大区集聚速度加快。都市区建设应该吸收和借鉴英国"田园城市"模式,因地制宜,实现组团式发展,按产城融合发展、城市高效管理的要求,打造新的经济增长极,走绿色生态可持续发展之路。

一要注重规划引领,打造公园城市。城市发展要根据人的需要来综合考虑规模和宜居程度的关系,在城市生活质量上下功夫,建造公园里的城市。都市区的规划定位,必须以宽阔的视野和宏大的气魄,打造公园城市。通过自然田园与科技智慧的有机结合,实现"田园"与"都市"的紧密融合,构建具有开放的空间结构和科学的组团分布、城乡统筹一体化发展和生产生活信息化运行的新型城市形态。浙江四大都市区建设应从各地实际出发,高度重视保护自然资源和生态环境。规划建设要保护人与自然和谐的环境,创建客流集聚的新商圈。尽量保护原有的地形地貌,因地制宜、顺势而为,严格保护新区内外的原有生态、动植物多样性和生态群稳定性,积极打造"城在田中、田在城中、城田交融"的低碳生态环保、宜居宜业宜游的公园城市,促进人与自然的和谐发展。要以提升城市能级为考量的前提,科学编制规划,同时注重规划引领,提升建设品质。

二要注重资源整合,探索新型开发模式。资源整合对城市群向更注重一体化规划建设的都市区转型作用巨大,都市区建设有助于各地通过制度一体化,探索新型开发模式,推进规划共绘、产业共链、城乡共筹、交通共网、信息共享、金融共城、市场共体、科技共兴、环保共治和生态共建。有助于各地借助政策激励和行政推力,探索新型合作机制及相应的协作平台和协同机制,调动各方面积极性,在都市区共建中充分发挥市场在资源配置和利益平衡中的基础性作用,实现优势互补、资源共用、利益共享。

三要注重产业错位发展和人才集聚。都市区在产业选择过程中既立足于利用现有条件和优势,又考虑与周边城市的竞合关系,注重错位发展。无论是高端制造业还是现代服务业,都市区的产业布局都应尽量避免与其他地区产业同构。苏州工业园区围绕"建设具有国际影响力的科技新硅谷",出台企业培育、科技投融资、产业发展、产学研合作、人才发展、自主创新等方面的数十个政策文件,科技投入力量不断加大,其研究与试验经费占 GDP 比重达 4.6%。无锡创新用人机制,实行政府部门、社区工作人员"雇员制",为有能力的人提供合适的舞台,对特优人才在同工同酬基础上实行协议工资制,将人才的能力、业绩与其薪酬挂钩,力求"优才优价"。浙江的都市区要通过出台完善的政策体系、引导企业加大研究与试验经费的投入,配套科技创新软环境,建立适宜人才成长的体制机制,集聚高端产业和高级人才,力争使都市区成为科技研发与创新的高地。

四要注重机制创新,集聚高端产业人才。著名都市区的经济奇迹,其内在实质在于管理体制机制的不断创新变革。杭州钱江新城实行区政府与新城管委会合二为一的管理体制,采用"政府主导、企业主体、市场化动作"的开发模式,减少管理层次和审批环节,提高办事效率。金义新区建设紧紧围绕打造"田园智城"这个战略目标,立足错位竞争、协同发展的战略部署,着眼大力发展先进制造业、现代服务业和现代都市农业,积极探索创新开发运行机制,以减少管理层次和审批环节为重点,以提高办事效率、促进建设发展为宗旨,建立由政府统一规划和主导的多主体合作开发模式。

五要注重体制改革,促进新区高效管理。全面深化行政管理体制改革,探索建立精简、统一、高效、便民的管理机构。建立由地级市主要领导挂帅的新区建设领导小组并充分发挥其指导协调作用,统一决策重大事项和协调重大利益。新区管委会作为日常协调管理机构,代表市政府对新区建设各项工作进行规划、建设、管理、沟通和协调。在行政审批制度改革方面,市政府各部门可依法通过延伸机构或委托代理等方式,将相关行政审批职权下放到新区。按照"办事不出新区"的要求,延伸或组建工商、税务、规划、建设、金融、环保等办事机构,设立"一站式"并联审批和服务中心,变传统行政管理为以企业为中心的市场化管理,寓管理于服务之中,实现"全方位"服务,不断提高行政效能。

　　六要注重战略提升,争取扶持政策。要顺应区域经济发展新浪潮,主动对接上海建设长三角南翼中心城市,积极争取赋予四大都市区类似于当年上海浦东新区一样的建设用地、财政支持、税收优惠、金融扶持、科技引领、人才支撑等方面特优政策,特别是在规划建设自由贸易区、突破省管县财政体制障碍、探索县域经济向区域经济转型、创新城乡一体化的户籍制度、社保制度等方面赋予更多更大的先行先试权,最终以特优政策的"洼地效应",催化新区最优化发展。

第三章　金华城市化路径探索的历程①

　　金华是浙江中部的工商业重镇和交通枢纽,是浙闽赣皖四省九地市相交会的重地。公元 562 年东阳郡改名为金华郡,"金华"之名自此开始使用。公元 593 年(隋朝)改设婺州。公元 1358 年,朱元璋攻取婺州路,更名为宁越府,公元 1360 年更名为金华府,下辖金华、兰溪、东阳、义乌、永康、武义、浦江、汤溪 8 县。自此,金华所辖县(市)的地理范围初步定型。"水通南国三千里,气压江城十四州"的金华,经过城镇化道路的探索与实践,正在崛起一个辐射九方的小城市群,国家级历史文化名城金华、国际商贸名城义乌、中国五金名城永康、国家影视文化名城东阳,以及兰溪、浦江、武义、磐安等每座城市都有鲜明的特色。新中国成立以来,我国开始了工业化与城市化携手并进的历程,金华的城市化路径探索是其中的一个缩影,到 2020 年金华户籍人口 493.9 万人,常住人口 705 万人,城镇人口比重为 68.2%,人口密度约为每平方公里 647 人。截至 2018 年,金华市区建成区面积 105.97 平方公里、城市人口为 81.73 万人,义乌建成区面积 103.81 平方公里、城市人口为 93.43 万人,兰溪建成区面积 36.96 平方公里、城市人口为 22.95 万人,东阳建成区面积 43.31 平方公里、城市人口为 42.17 万人,永康建成区面积 38.39 平方公里、城市人口为 24.86 万人。

第一节　改革开放前金华的城镇化历程

　　1949 年 5 月 7 日,金华解放,设立浙江省第八行政区,10 月改名为金华专区。1958 年 11 月,撤销汤溪县,其行政区域划归金华、兰溪、龙游 3 县。

---

① 本章由两篇论文组合而成:章胜峰.促进浙中城市群组团式发展研究[J].江南论坛,2019(6):13-15;章胜峰.金华改革开放 40 年来地方治理制度创新探究[J].金华职业技术学院学报,2020(3):32-36.

1968年4月,改金华专区为金华地区。1985年5月,撤销金华地区,金华市升级为地级市,实行市管县体制。目前,金华市下辖婺城区、金东区、兰溪市、东阳市、义乌市、永康市、武义县、浦江县和磐安县,共计2区4市3县。其行政区是浙江中部地区的主体区域,土地面积为10941平方公里。

自新中国成立至改革开放前,在城乡二元分割的制度条件下,农民转为市民的条件苛刻,渠道狭窄,城镇化进程极其缓慢,甚至停滞。1949年,我国城镇化率为10.6%,1978年为17.9%,年均仅提高0.25百分点。1978年,浙江城镇化率为14.5%,金华为6.6%,均低于全国平均水平。此时,国家城镇化的基本方向是小城市化,动力机制上不重视市场机制和民间力量的推动,只注重政府力量"自上而下"推进,城镇化滞后于工业化。浙中地区各县(市)经济发展处于较低水平,城镇非农人口均很少,尚未达到作为一个城市的人口规模要求。在此期间,各县(市)的发展水平均比较落后,工业化尚未广泛兴起,城镇化水平低。从总人口数、非农人口、GDP总量、人均GDP、工业总产值、财政总收入、全社会固定资产投资总额、社会消费品零售总额、城乡居民人民币储蓄存款年末余额等9项基本发展指标来看,金华市区的地位与功能突出,兰溪的工业强市地位明显。新中国成立前,浙中地区有"大大兰溪县、小小金华府"称谓,其经济地位的统计印证是1929年,据国民政府铁道部调查,兰溪商业年交易额为1289万块银圆,金华为437万块银圆,义乌为78万块银圆。从新中国成立到改革开放前,金华市区和周边县的人口不断集聚,商贸业和现代工业开始起步,水陆交通枢纽的地位日益显现,为城镇化发展奠定了基础。

第二节　改革开放以来金华的城镇化探索

改革开放以来,金华人民高举中国特色社会主义理论伟大旗帜,坚持党的思想路线,不断解放思想,开拓创新;贯彻党的基本路线,牢牢抓住经济建设这个中心,科学发展;执行党的群众路线,尊重群众的首创精神,构建和谐金华。经过40多年的改革创新,不断探索城镇化的发展道路,金华人民的精神面貌发生了深刻变化,经济社会建设取得了巨大成就。随着市场化、工业化、城镇化和国际化进程的快速推进,金华进行了以"城镇集群＋市场集群＋产业集群"为发展模式,以"规划共绘、设施共建、产业共树、资源共享、生态共保、优势共创"为特征的新型城市化实践。

一、改革开放以来金华城市化演进轨迹

(一)城市化打基础阶段(1978—1985 年)

1978 年,邓小平同志领导和支持的关于实践是检验真理的唯一标准的大讨论和党的十一届三中全会的召开,推动了全党的思想解放运动。金华在贯彻落实党的十一届三中全会精神的过程中,联系本地实际,坚持实践标准,通过拨乱反正,极大地解放了人们的思想。在全地区干部队伍中,淘汰了一批投机者,锻炼了信仰坚定的同志,为新时期的金华建设建立了一支可靠的干部队伍,开辟了改革开放和集中力量进行社会主义现代化建设的新时期。

20 世纪 80 年代初,金华农村掀起了家庭承包责任制的热潮,发展了农村经济,改变了农村面貌。1981 年秋,时任金华地委书记的厉德馨同志,带领全区干部群众,冲破"左"的思想束缚,掀起了落实农业生产责任制的热潮,极大地解放了农村生产力,促进了农业大发展。1982 年,金华地区粮食总产量由 25 亿千克猛增到 30 亿千克。一年增产 5 亿千克,这是历史上少有的。从新中国成立到 1981 年的 30 多年间,全地区基本上平均每 10 年增产 5 亿千克粮食。

家庭联产承包责任制改革是我国改革取得的最显著成效之一,它不仅以巨大的生命力推动农业发展,极大地解放了农村生产力,还使各种社会关系趋于和谐。首先,干群关系发生了变化。改革前干部很少参加田间劳动,工分却比社员高,群众说干部"工分三千七,田里没足迹"。土地承包到户后,干部自己也得参加田间劳动,干群关系融洽了。其次,邻里关系和睦了许多。改革前生产队里晚上要开会评工记分,因涉及利益分配,好邻居、好兄弟也会争得面红耳赤。承包到户后,各种各的田,井水不犯河水,这类矛盾自然消失。最后,农民的精神面貌也发生了变化。改革前生产队里吃"大锅饭"现象较普遍。偷懒的人干活磨洋工,分配的时候要平均,勤快的人会吃亏。承包后,统一分配没有了,要致富靠勤劳,农民的劳动积极性得到充分调动。

此阶段,国家实行"控制大城市规模,合理发展中等城市,积极发展小城镇"的城市发展方针,以"小城镇论"为主导的城镇化发展模式开始推进,各地出现了农业劳动力向乡镇企业转移的就近城镇化的态势。以中小城市为主的金华各县市开始允许农村富余劳动力进城务工经商,城市化进入打基础和起步阶段,到 1985 年,金华市区总人口达到 26 万人(其中非农业人口11.6 万人),建成区面积达 11.5 平方公里,人均居住面积为 5.8 平方米。

(二)小城镇发展阶段(1985—1992 年)

农民的温饱问题解决后,怎样使农村经济再上一个台阶,成为当时金华地区要解决的首要问题。异军突起的乡镇个私企业成为金华经济的生力军,对金华农村经济发展做出巨大贡献。1984 年,金华地区组织人员通过对乡镇工业发达的苏南和广东等地的学习考察,对照先进找差距。1985 年,金华地委发出 1 号文件,指出要"采取一切可以采取的办法,发挥一切可以发挥的优势,大大加快乡镇企业的发展步伐"。各县(市)都出台措施,发动农民想方设法发展乡镇企业,形成了乡镇办、村办、户办、联办"四轮齐转",多个市场主体参与办企业的局面。八婺大地上的乡镇企业进入了迅猛发展的时期,尤其是东阳的建筑业、义乌的小商品制造业、永康的小五金制造业取得了长足的发展。

基于城镇发展规模较小、带动作用较弱的特点,金华市委、市政府在1985 年首次召开小城镇工作会议,提出了"群马拉车"的城镇化发展思路,即通过小城镇发展来推动人口城市化进程。这一阶段撤县设市、撤乡并镇高潮迭起,促进了区域人口城镇化的第一次快速发展。至 1992 年,金华市区城市人口达 29.7 万人(其中非农业人口 15.2 万人),建成区面积达 15.5 平方公里,人均居住面积为 8.6 平方米。

(三)城市化提速阶段(1992—2005 年)

1992 年 4 月,随着邓小平南方谈话精神的贯彻落实,金华市委在全市开展改革开放大讨论,激发全市人民加快改革开放、加速经济发展的热情。大讨论后市委坚持以"三个有利于"为标准,从金华实际出发,创造性地开展了一系列工作。5 月 19 日经省里批准,创建了金华经济技术开发区。规划占地 9.6 平方公里的开发区,国家不投资,金华自费开发,逐步争取省里支持;国家不给优惠政策,金华在自己的管理权限内"抠"出优惠政策,穷办苦干,城市化速度加快。经过几年努力建设,开发区成了对外有吸引力、对内有凝聚力的适应对外开放和经济发展的新城区。

随着社会主义市场经济体制的逐步确立,金华不仅与发达地区相比差距拉大了,与邻近地市比差距也在拉大。比如 1985 年金华与台州工农业总产值分别是 49.07 亿元和 51.3 亿元,相差不多,财政收入几乎相同。到 1993 年金华工农业总产值达到 365.63 亿元,台州则达到 411.01 亿元,财政收入金华为 9.79 亿元,台州为 13 亿元。1995 年 2 月,金华市委决定在全市开展"冲出盆地,开放金华"的解放思想大讨论。通过大讨论,金华人民认识到导致金华市的主要经济指标在全省的位次逐渐后移,市区经济总量在全市所占的比重逐步下降,城市面貌变化不快、管理水平不高等问题产生的根本原因是,在思想观念上存在"盆地意识",在发展思路上存在"盆地模式",在工作作风上存在虚浮现象。金华要加快发展,必须冲出盆地,扩大开放,自我加压,超越常规。

大讨论后,金华干部群众的精神面貌都发生了深刻的变化。大家开拓创新、持之以恒,不断取得新业绩。在物质文明建设方面,大讨论时提出的要把金华建设成浙江中西部中心城市、四省九方经济区的龙头城市、上海经济区的明星城市一直是金华人的奋斗目标和动力。在民主政治建设方面,1995 年在全市各机关部门全面推行政务公开,并把政务公开延伸到村一级,同时实行财务公开,接受群众监督。"两公开一监督"制度的推行,为金华的改革开放和现代化建设营造了良好的环境,也得到了中央和省委领导的充分肯定。时任浙江省委书记张德江同志认为金华的这项工作"在全省带了好头,在全国也有指导意义"。

1996 年,金华市"九五"计划提出了"发展大交通、培育大市场、开发大产业、建设大金华"的发展构想。这一阶段,浙江省委省政府进行了数次强县扩权改革,义乌、永康、东阳等市快速发展,实力与地位增强。1998 年,浙江省提出"把金华培育成为浙江中西部中心城市",金华市委抓住机遇,2001 年"十五"计划提出了以建设浙江中西部中心城市为战略目标,"提升工业化,加快城市化,推进城乡一体化",着力培育以市区为核心,义乌、东阳、永康、兰溪四个城市为内层,并由周边中心镇共同组成的浙中城市群。围绕战略目标,金华做了以下努力:一是合力兴工推进工业化,各地都把工业园区建设和块状经济培育作为推进各类生产要素流动融合和产业集聚升级的重要载体,提高区域综合竞争力。二是加快城市化进程,增强中心城市的承载力和吸引力。三是以城带乡,大力推进城乡一体化。

2000 年 12 月,根据国务院批复进行区划调整,撤销金华县成立金东区,金华市区开始构建"一中两翼两三角"的建设格局。2002年,中国加入世贸组织,出现了改革开放以来第三轮经济高速增长期。金华抓住发展机遇,把招商引资和扩大出口作为一号工程,采取"构筑大框架,培育大产业,实行大开放,优化大环境"的重大举措,有力促进了全市经济的快速崛起。在外贸经济的拉动下,金华经济出现了强劲扩张的态势。其中义乌市经济发展最快,其聚集人才、资金、信息、金融等生产要素的能力越来越强。2000年,金华市区城市人口达35.89万人(其中非农业人口22.16万人)建成区面积为34.04平方公里,人均居住面积为15.52平方米。此后5年发展尤为快速,到2005年,金华市区城区人口已达44.31万人(非农业人口30.1万人),建成区面积为63.78平方公里。

(四)浙中城市群和金义都市区建设阶段(2006年至今)

2005年,受长三角城市群一体化发展战略的启发,金华市委对市情进行了认真的分析研究,做出了"发展城市群,共建大金华"的战略决策。2006年提出"聚合金义主轴线"战略,着力把主轴线培育成城市群"群核",即发展高地,以聚合主轴线为牛鼻子统筹浙中区域的协调发展。同时,通过共建"观念、制度、产业、信息、市场"等五大平台,逐步完善城市群组团式发展的合作机制。2010年底《浙江省城镇体系规划(2011—2020)》提出,以提升城市化质量为重点,以网络型城市群作为推进城市化的主体形态,实施差异化发展政策,走新型城市化道路。2012年6月,浙江省第十三次党代会提出要深入推进金华—义乌等长三角区域中心城市建设,加快形成现代化都市区。2012年,金华做出规划建设金义都市新区的战略,2020年5月18日,浙江省政府同意批复成立金义新区,金华将通过对增长极极核的优化培育与功能完善,增强城市群"群核"功能和"群合效应",提升组团式城市群整体发展水平,辐射带动浙江中西部地区发展。到2020年金华市区常住人口为146.4万人,建成区面积达107.74平方公里。

二、金华城市化的动力机制与特色路径

金华地区自1978年实现工作重点的历史性转变以来,牢牢抓住经济建设这个中心,抓住机遇,加快发展。通过实施农村家庭联产承包责任制、发展乡镇企业和兴办各类市场,推进贸工联动、产城融合、金义一体化和全域同城化。新时期,金华以"金义主轴线"为核心,以产业协作、市场联动、产城

互动为基础,提高区域整体发展水平,防止"孤城型"城市化,逐渐形成了组团式城市协作网络和经济联系形态,走具有金华特色的城市化道路。金华城市化有 3 个动力源。

(一)落实家庭联产承包责任制,兴办乡镇企业是第一动力源

家庭联产承包责任制的落实,农业和农村的剩余增加,继而乡镇办、村办、户办、联办"四轮齐转"的乡镇企业的蓬勃发展,各地依托市场机制加强协作促进城市集群发展,使城镇化有了最强大的动力源。金华各地的城镇化各具特色,市区以公共服务业见长,其依托科教文化、医疗卫生资源集聚的优势,辐射和引领周边地区发展,义乌、永康以专业市场和产业资本优势带动周边发展,东阳、磐安、武义、浦江利用自身自然资源优势,推进工业化和城市化。

(二)兴办各类市场,形成独特的市场优势是又一动力源

金华成为市场大市,是改革开放的重大成就,义乌的中国小商品城是其典型代表。由于长期以来受"左"的思想影响,搞自由市场一直被视为走资本主义道路。义乌县委按实事求是的思想路线,经过反复调查研究后认为义乌"鸡毛换糖"的小商品经营活动,是人多地少的义乌农民谋生的需要,是地方经济发展的一大优势。1982 年,义乌县委决定顶住压力,开放义乌小商品市场,在全国较早解除了农民参与商品经济的束缚。改革开放以来,金华人民在市委领导下,解放思想,抢抓机遇,在全国率先培育了一批商品交易市场,如今这些市场已具有很强的集聚力和辐射力,有力地带动了浙中城市群的工业化、城镇化和国际化。

(三)贸工联动,以市场化带动工业化是特色动力源

多年来,金华积极实施"兴工强市""贸工联动"的战略,引导商业资本向工业扩张,大力发展与专业市场关联紧密的加工业,推动工业的规模扩张与产业升级,形成与专业市场紧密联动的产业体系,从而实现全市工业化水平的不断提高;同时注重以工业化促城镇化,引导工业向园区集聚。经过多年的发展,目前金华市已有 12 个经济开发区、68 个工业园区,园区的快速发展推进了城镇化。

金华城市化的路径有以下 6 个特色。

（一）以打造中心城市为抓手，将城市化提高到新水平

按习近平总书记的要求，金华加强市域总体规划，进行组团式中心城市建设，各县（市）规划、各专项规划均与浙中城市群规划衔接，并有序有效地实施。通过聚合金义主轴线，建设金义都市新区，完善金义都市区的核心区功能，促进要素跨区域流动，提升城市群综合承载力，浙中地区的城市化发展水平有了进一步提高，城镇化率由 2010 年的 59％提高到 2020 年的 68.2％。

（二）以组团式城市群为主体形态，构建区域协调发展新格局

《浙江省城镇体系规划（2011—2020）》提出以金华和兰溪中心城区组团、义乌和东阳中心城区组团，分别形成都市区的两个核心片区，以浦江、永康和武义的中心城区构成都市区外围的人口和产业集聚点，形成"双核多点"的空间形态。金华成立了浙中城市群建设领导小组和规划建设委员会，建立城市群协调发展机制，按照"培育核心区域、主轴线适度聚合、网络型发展"原则，构建"一主二副五级"的城镇体系，形成"一个核心区域、两条发展带、三个城镇集群、两个支撑网络"的空间发展框架。一方面加快金义聚合发展，使城市群的核心逐渐由弱变强，增强引领作用；另一方面，增强五金永康和影视文化东阳"两个副中心"的经济实力，构建由主中心、副中心、县城、重点镇、一般镇组成的五级城镇体系。经过培育，金义"主中心"极核作用越来越突出，"浦义东磐""金兰永武"两带，金兰、东义、永武三组团，33 个中心镇和众多小城镇协调发展的态势越来越明显，生态环保和基础设施两大网络的支撑作用越来越鲜明，"一轴两带三组团"的空间格局越来越清晰。

（三）以金义主轴线的聚合为关键，形成区域一体发展新布局

浙中地区城镇化的特色是强县战略主导下的城镇"散布式"发展，主要问题是中心城市的集聚作用没有得到充分发挥，而县域城镇化所带来的扩散作用的影响迅速扩大。多年来，义乌、永康、东阳的经济实力一直处在全国百强县行列，特别是义乌，其经济总量 2006 年便超过金华市区与兰溪经济总量之和。金义双核之间距离不足 50 公里，两者双向聚合形成带动力强的带状城市成为都市区发展的关键。截至 2019 年底，金华市区和义乌市GDP 分别达到 878 亿元和 1421 亿元，合计 2299 亿元，占全市 GDP 的

50.4%；金华市区和义乌市常住人口分别为131万人和115万人，合计246万人，按照国务院2014年发布的《关于调整城市规模划分标准的通知》中的城市规模划分标准，符合大城市规模标准，属于Ⅱ型大城市（人口在100万人以上300万人以下）。加上流动人口，金义总人口近400万人，未来有成为Ⅰ型大城市（300万人以上500万人以下）的极大潜能。从2019年全市常住人口增量看，金华市区和义乌是净增加人口最多的地区。

（四）以金义新区建设为突破口，打造经济转型升级新平台

金义新区原本是金东—义西南产业转型升级的战略发展区，后调整为整个金东区，把它作为都市核心区的一部分进行建设，可增强城市群"主中心"的引领功能，加快城市群的融合发展，县域经济向都市区经济的转型发展。近10年来，新区以建设绿色低碳的"田园智城"为发展愿景，以电子商务产业为"第一产业"，开展"金义综保区"、中欧生态工业园、金华科技城、金义跨境电子商务产业园建设，着力打造区域经济转型升级的新平台。目前，新区基本形成了电商集聚、仓储配送、跨境通关、金融结算、电商人才培养等融为一体的电子商务产业生态链，成为城市群发展的新热点，被浙江大学区域与城市发展研究中心评为"浙江省最具发展潜力十大新城"。

（五）以建立共建共融的机制为原则，增强区域健康发展新动力

用共建共融的机制把组团式城市群建成中心城市，可避免城市"摊大饼式"发展。金华秉持"共建共融"的原则，把城市群作为一个整体进行规划与建设，用交通流量大的主干道把各个城区连接起来，避免出现土地利用效率低下的"车轮上的城市"，着力建设"城在景中"的"花园里的城市"。不断完善城市群协调发展机制，把注重竞争提高资源配置效率的市场"无形之手"，与注重公平共享发展成果的政府"有形之手"有机结合，统筹实施区域城市化，让城市与大自然融为一体，让城里人感到离开自然又返回自然。经过1992年、1997年、2002年和2006年四次强县扩权改革，金华各县城的人口规模不断扩大，空间不断拓展，实力不断增强，功能不断提升。2011年开始，随着金义都市区建设战略的实施，促县域经济向都市区经济转型的共建共融政策成为区域发展新动力。

(六)以让全市人民共享共赢为目标,形成城乡统筹发展新局面

城乡居民共享城市化的成果需要建立城市化与新农村建设互促共进、城乡一体化发展的机制。自 2003 年以来,金华一方面实施"千村整治、百村示范"的新农村建设工程,着力发展农村经济,治理农村环境,充分利用农村的乡土文化、农业景观和田园风光等稀缺资源,进行美丽乡村建设,把有潜力的农村培育成有价值的旅游景点;另一方面,根据空间规模、产业特色、历史文化资源特点和发展潜力不同,将 33 个重点镇作为小城市、省级市级中心镇进行分类培育,促进农村工业向中心镇集聚,形成工业化和城镇化互动局面。目前,浙中城市群出现了城市基础设施向农村延伸、公共服务向农村覆盖,城乡一体化发展的局面,消除了家庭人均年收入低于 7980 元的贫困现象,城乡居民收入差距由 2002 年的 2.79∶1 缩小到 2020 年的 2.03∶1。

三、金华城市化面临的主要问题:"散布式发展"

金华的中心城市已形成雏形,但要真正成型还有很长的路要走,因为金华城市化面临"散布式发展"的难题,问题解决起来较为棘手。

(一)理性"经济人"的本能,难以形成"合"的共识

理性"经济人"总是在约束条件下追求自身的福利和效用最大化。当今的约束条件是法纪红线和道德底线,官员、商人、知识分子都会根据各自的职业特点探明红线,守住底线,在两条线边界内充分发挥自身才能与效用,追求各自利益和影响力的最大化,达到投入少、获得多、效益高,进而形成既定的利益格局。中国社会每个人的利益格局都是有亲疏差序的,费孝通先生指出,中国社会差序格局"好像把一块石头丢在水面上所发生的一圈圈推出去的波纹"。水波纹愈推愈远,也愈推愈薄,人们"被圈子的波纹所推及就发生联系"。自古而今,中国的区域发展格局中县是水波纹同心圆的核心,县域是中国政治经济体系和社会系统中最基础的层次和最基本的单元。人们对县域的认同感强于地区,由此导致城市群"散布式"发展。

(二)上下级政府间博弈,使"散"的顽疾难以攻克

各级政府像趋利避害的理性"经济人"一样有各自不同的诉求,城市群与单个城市都想走在时代前列,于是两者之间就产生博弈。中国几千年"大

一统"的行政体制与考核方式使官员有了"吃哪里饭说哪里话"的价值认同，而县级政府间的竞争又是当今中国崛起之根本动力。提出"世界时间"理论的法国学者布罗代尔曾指出，人类文明是不均衡分布的，只在两三个地方呈现出人类文明的最高水平，代表了那个时代，其他地方无声无息地处在历史之外。金华要想成为浙江发展的文明高点，需要改变县市"散布式"发展而引发重竞争轻合作的序贯博弈。

（三）强县战略与都市区战略的并行，增加"看齐"难度

浙江省并行推进强县战略和都市区战略，以实现城市化由旧向新转型。而金华则出现"做强都市区经济"与"做强县域经济"并存现象，陷入"囚徒困境"的尴尬。政府与民众虽认同城市群是城市化的主体形态，但在实际工作中，如何使干部群众在内心深处真心实意地赞同、支持、主动参与共建，是一大难题。强县，做强"节点城市"；强都市区，做强城市群，都是向省委的新型城市化战略"看齐"。需要协调好城市群内的关系，促使博弈各方协商进行政策调整和制度建设，适时改变约束条件，在满足局部理性的前提下追求城市群整体理性，在长期合作与竞争的重复博弈中走出"囚徒困境"，实现各县市利益的"帕累托改进"。

四、促进浙中城市群成型的对策思考

问题是时代的声音，更是改革的动力。金华以创新、协调、绿色、开放、共享的新发展理念为引领，在长三角高质量一体化发展背景下，推进都市区共建，促城市群组团式发展。

（一）尊重城市发展客观规律，建设以人为本的"组团式城市群"

城市化是人口和非农活动在规模不同的城市环境中的地域集中过程、城市景观的地域推广过程，城市文化、城市生活方式和价值观在农村的地域扩散过程，新型城市化要坚持以人为本，缩小新老市民间的差距，2020年金华常住人口城镇化率已达到68.2%，而户籍人口城镇化率仅46.1%。对此，一要深化农村土地制度改革，破除农民市民化的束缚，引导在城市稳定就业和生活的农民依法有偿转让土地使用权，实现市民化。二要推进金义一体化和八婺同城化组团式发展，提升核心区首位度，促使区域与城乡之间协调发展，人、自然、社会之间和谐发展。三要嵌入国际价值体系，利用"义甬舟""义

新欧"开放大通道,发展高层次开放型经济。四要抓住义乌国际贸易综合改革试验区建设机遇,通过金义自由贸易区建设引领城市群高质量组团式发展。

(二)明确城市群结构与功能,建设布局合理的"紧凑型城市群"

一般而言,城镇化率达到 65％的峰值后,城镇化速度会放缓。金华2020 年城镇化率已达到 68.2％,需要提高城镇化质量,按每平方公里建成区面积居住 1 万人的紧凑型城市标准,增强城市承载力。通过优势互补、资源共享优化生产力布局;通过主轴线高端化发展促城市群"群核"强化,提升其首位度和引领带动作用;通过产业带的区域协调发展纽带作用,强化城市间产业协作和社会协同,放大"群合效应";通过促进信息经济、先进装备制造等"五大千亿"产业链群的聚合,加快城市群"群集"优化和"群网"密化,建设紧凑型城市群。

(三)推进城市群各规划融合,建设稳定和谐的"系统性城市群"

金华要以主体功能区规划为基础,以《金义都市区规划》为龙头,加快形成各类规划相协调的空间规划体系,推进发展规划、城乡规划、土地利用规划等"多规融合",形成一本规划、一张蓝图,持之以恒加以落实。立足城乡和区域联动发展,打破行政区划界限,合理高效利用土地,加强城市地下空间开发和地下综合管廊建设,完善设施配套,提升城市带动能力,促进城乡一体化发展,提高城乡居民的生活质量。根据通勤距离标准,合理确定空间范围,改善中心城市的市内交通体系,加快都市区轨道交通体系建设。推进都市核心区与周边县市协调发展,消除资源要素跨区域流动障碍,扩大城市群圈层,建设"系统性城市群"。

(四)激发城市群的内在动力,建设持续发展的"创新型城市群"

浙中"创新型城市群"建设,一要以金华科技城和义乌国际商贸城为主阵地,完善产业空间平台和产业转移跨区域合作机制,强化中心城区集聚高端要素、发展高端产业的能力。二要布局先进的创新链和产业链,孵化科技企业,强化企业的技术创新主体地位,利用互联网等信息技术改造提升传统产业,培育新兴产业,推进生产组织、企业管理、商业运营模式创新。三要将企业导入城市群协调发展的框架内,推动资源要素通过企业间竞争达到空间配置上有效融合,使市群系统功能配置的完善与产业转型升级相互促进。四要创造金华市民认可的价值,挖掘小邹鲁文化的精气神,增强创新活力和持续发展动力。

(五)统筹生产生活生态布局,建设天人合一的"宜居型城市群"

要把浙中城市群建设成让人看得见青山、望得见绿水、记得住乡愁的中心城市,还得将"五水共治"进行到底,持续推进绿色发展;强化尊重自然、传承历史、绿色低碳等理念,把优美的自然风光融入城市,让居民生活在优美、舒适、休闲的宜居型城市环境中。拥有了部分立法权的金华要从立法层面出台城市群协同发展规划和管理办法,切实有效地解决人力与物质资本共享、环境污染共治、基础设施共建、支撑产业共树、不可再生资源共保等协同发展问题,开展文化和自然遗产等不可再生资源的保护利用,共同治理好空气、水、土壤及其他固体废弃物,把中心城市建设成为人与人、人与自然和谐共处的美丽家园。

(六)努力形成科学治理机制,建设便捷高效的"智慧型城市群"

经过多年探索和实践,金华已成为我国以格网式管理为基础的智慧城市代表。要运用云计算、大数据和物联网等新技术提升政府管理效能,增强城市活力和可持续发展能力。具体要做到:一要推进以格网式管理为基础的智慧城市"联网"与"接轨",为群内各城市间联动提供完整的信息图谱,促进城市运营系统和市民之间的协同高效运作。二要优化资源要素的空间布局,增强城市群的集聚和扩散功能,通过城市间相互学习、友好竞赛等活动,提升运行效率和创新能力。三要通过"互联网+"、云计算、大数据的运用,完善城市群管理体系,增强现代治理能力,为城市群成型提供有智慧的体制机制保障。

第三节　新型城市化对浙中城市群协同发展的要求

一、新型城市化背景下的浙中城市群及五个城市发展情况比较

新型城市化是资源节约、环境友好、经济高效、社会和谐、大中小城市和小城镇协调发展、城乡互促共进的城市化。浙中城市群各城市间距离在

20～50公里,2004年8月,时任浙江省委书记习近平在金华调研浙中城市群一体化工作时指出,"建设浙中城市群,不仅是金华的大事,也是优化全省城市空间布局的大事。省有关部门要大力支持浙中城市群建设,协调解决浙中城市群建设过程中的重要问题,使浙中城市群成为带动金华全市乃至浙江中西部地区经济社会发展的增长极"。协调解决城市化过程中的重要问题,才能推动区域协同发展,而以产业和市场协同为主的经济协同问题是区域协同的重点问题。通过浙中地区的金华市区、兰溪、义乌、东阳、永康五个小城市1978年以来GDP总量、人均GDP、产业结构等指标分析,我们可看出都市区内部经济发展的结构性变化。

(一)地区 GDP 总量增速与占比分析

地区GDP总量增速与占比变化反映了一个区域发展的实力及其变化。从表3-1可以看出,自1978年开始,金华各地的地区生产总值排名与占比出现如下变动:1978年,义乌的经济总量在全市排名第四、占比13%;2020年,义乌的地区GDP总量在全市占比达31.58%,全市排名第一,超过东阳与永康之和。另外,浙中区域内逐渐形成了沿高速公路环线闭合圈的同心圆,金义都市区正沿同心圆进行集聚极化,逐渐推进产业升级,城镇空间布局优化。圆圈外实力日趋变弱的兰溪(GDP占比由1978年的16.6%降到2020年的8.51%)可与圆圈上地缘相连、实力较强的金华市区组团,义乌(GDP占比由1978年的13%升到2020年的31.58%)与东阳组团推进都市化。圆圈上的永康(GDP占比由1978年的9.8%升到2020年的13.60%)与武义(GDP占比由1978年的8.2%降到2020年的5.77%)可依永武缙五金产业带组团集聚极化。都市区可据此凝聚全域705万人的合力来打造同心圆,共建大金华。

表 3-1　金华各县(市)GDP 变化及占都市区 GDP 比重

年份	指标	金华市	金华市区	义乌	兰溪	东阳	永康
1978	GDP/亿元	9.8482	2.7236	1.2809	1.6361	1.5115	0.9643
	占比/%	100	27.7	13.0	16.6	15.3	9.8
2020	GDP/亿元	4703.95	913.75	1485.6	400.16	638.16	639.78
	占比/%	100	19.42	31.58	8.51	13.57	13.60

资料来源:根据金华市统计年鉴整理。

（二）人均 GDP 比较分析

人均 GDP 反映出一个区域人均创造财富的能力。从表 3-2 可以看出，1978 年人口的流动性小，人均 GDP 可按户籍人口计算，金华市区、兰溪与金华市的人均 GDP 比值（金华市＝1）分别为 1.42、1.09，表明当时金华、兰溪人创造财富的能力强。到 2020 年人口的流动性加大，人均 GDP 应按常住人口计算，2020 年义乌、兰溪与金华市的人均 GDP 比值（金华市＝1）分别为 1.20 和 1.04，超过了金华市平均值，表明目前金义都市区内义乌人创造财富能力最强。1978 年整个金华的流动人口极少，目前义乌的流动人口已超过户籍人口，按户籍人口计算人均 GDP 会高估了义乌的人均创造财富能力，应按常住人口计算，但义乌引领都市区集聚发展的动能越来越大。

表 3-2　金华各县（市）人均 GDP 变化及占比情况

年份	指标名称	金华市	金华市区	兰溪	义乌	东阳	永康
1978	户籍人均 GDP /亿元	262	373	287	235	222	221
	均值比	1	1.42	1.09	0.90	0.85	0.84
2020	常住人均 GDP /亿元	66716	62415	69617	79897	58657	66353
	均值比	1	0.94	1.04	1.20	0.88	0.99

资料来源：根据金华市统计年鉴整理。

（三）三次产业构成分析

三次产业构成是衡量一国（或地区）经济发展总体水平、发展阶段和方向的基本指标之一。从长期发展过程来看，一国（或地区）的经济发展重点或产业结构重心将实现由第一产业向第二产业和第三产业逐次转移，即产业结构高度化。产业结构的变化反映了区域城市化主动力的变化。1978 年金华市一、二、三产业 GDP 比值为 51.0：28.3：20.7，农业占主导，呈"一二三"产业结构模式。随着改革开放以来工业化和城市化的推进，就金华大市看，1987 年，第二产业超过了农业（一、二、三产业 GDP 比值为 34.4：39.5：26.1），进入了工业化社会的初期阶段，呈现"二一三"的产业结构。1990 年，第三产业超过了农业（一、二、三产业 GDP 比值为 28.4：39.9：31.6），进入了工业化社会的中期阶段，呈现"二三一"的产业结构。

到 2014 年,第三产业超过了工业(一、二、三产业 GDP 比值为 4.3∶47.0∶48.7),进入了工业化社会的后期阶段,呈现"三二一"的产业结构,第三产业已经成为区域发展的主动力。2020 年,金华一、二、三产业 GDP 比值为 3.3∶38.6∶58.1,第三产业占比明显较高,但由于金华第二产业内部的结构不尽合理,该比例的合理性有待观察。

(四)金华在浙江省内经济总量占比分析

自 20 世纪 90 年代始,金华经济水平在全省位次逐渐后移,经济实力弱化;1993 年,全省人均 GDP 为 3940 元,金华为 3679 元,低于全省平均水平,表明金华人创造财富的能力低于全省水平。进入 21 世纪,金华地区生产总值在全省占比呈波动中逐年下降的态势(见表 3-3)。2018 年与 2000 年相比,金华在全省的 GDP 占比少了近 1 百分点,约 560 亿元,这表明金华在浙江省范围内的区域发展呈现弱化态势。

表 3-3 金华 GDP 占全省比重变化

项目	2000 年	2005 年	2010 年	2015 年	2016 年	2017 年	2018 年	2020 年
金华 GDP/亿元	509	1064	2110	3406	3635	3870	4100	4703
全省 GDP/亿元	6141	13418	27722	42886	46484	51768	56197	64613
占比/%	8.29	7.93	7.69	7.94	7.81	7.47	7.29	7.28

二、浙中城市群向金义都市区一体化发展迈进

2011 年 6 月,浙江省政府批复同意的《浙中城市群规划(2008—2020)》将浙中城市群定位为浙江省特色先进制造业、装备制造业和文化产业基地,以国际商贸名城、特色五金基地为依托的浙江中西部门户地区,接轨上海、融入长三角、参与全球竞争的三大主体城市群之一。《浙中城市群规划(2008—2020)》提出要"深入实施新型城市化战略,完善金华—义乌的城市核心功能,提升城市群内各城镇综合承载能力,努力建设定位明确、布局合理、生态良好、设施完善、辐射带动能力强的宜居、宜业、宜游城市群"。2011年,浙江省"十二五"规划提出要加强金义都市区建设,集聚高端要素,发展高端产业,带动周边县市一体化发展,加快形成杭、甬、温三大都市圈和浙中城市群。浙江省"十二五"规划强调"金华—义乌要发挥特色产业集群和专业市场优势,聚合发展主轴线,建设国际商贸物流中心和高技术产业基地,

加快推动浙中城市群一体化发展,带动浙西南乃至周边地区的发展"。浙江省十三次党代会提出,"要深入推进杭州、宁波、温州及金华—义乌等长三角区域中心城市建设,加快形成现代化都市区"。《浙江省新型城市化发展"十二五"规划》要求金义都市区要"以金华、兰溪的中心城区,义乌和东阳、浦江的中心城区为都市区的两个核心区,以永康、武义的中心城区为都市区外围的人口和产业集聚点,形成'双核多点'的空间形态"。"十二五"时期,"要加强金华和义乌聚合发展,着力提升都市核心区能级,以东阳、浦江、兰溪、武义、永康为重点,加快推进其他县市城市与核心区融合发展,不断提高带动浙中及浙西南地区的发展能力,积极推进与磐安、龙游、缙云等县(市)的一体化发展,进一步形成浙中城市群"。为此,要加快金华与义乌聚合发展,着力提高外围县市发展水平,加强产业与市场互促共进,加快义乌国际贸易综合改革试验区建设。基本形成核心区功能完备、周边县市与核心融合发展、产业与市场互促共进的现代化都市区。

2012年,金华依据《浙中城市群规划(2008—2020)》在金东—义西南成立产业升级战略发展区的要求,设立金义都市新区,范围包括金东区的傅村、孝顺、鞋塘,义乌市的上溪、义亭、佛堂等五镇一办,规划面积约305平方公里。欲抓住国土资源部低丘缓坡综合改革试点的机遇,采取措施,在该区域建设高新产业集聚、金融商务繁荣、科教文卫发达、生态环境优美的现代化新城,成为金义主轴线上具有国际化、现代化、充满活力的城市群核心区。这与2020年5月18日浙江省批复设立金义新区范围不同,省批复的金义新区范围调整为金东区全域661平方公里,不包括义西南三镇,定位为全国国际贸易综合改革先行区,全省海陆开放大通道示范区,浙江中西部崛起引领区,金义一体化发展新城区。

三、金华城市群协同发展的反思

城市化是农村推力与城市拉力共同作用的结果,在城市化进程中要正确处理政府与市场的关系,充分发挥干部与群众各方面的积极性。回顾金华改革开放以来城镇化的历程,有以下经验值得记取。

第一,家庭联产承包责任制以其巨大的生命力推动农业发展的同时,为工业化和城镇化提供了原材料和劳动力。改革开放前,各级干部明明知道农民喜欢包产到户,也做了各种尝试。但在唯书、唯上的"左"的思想影响下,在上级的高压政策面前,干部不能正确贯彻党的群众路线,禁止农民包产到户。20世纪80年代初的金华地委相信群众和依靠群众,尊重农民的首创精神,在全省率先推行家庭联产承包责任制,为金华农村经济的发展赢得了先机。包产到户后,农民发展多种经营,兴办家庭工业,走上致富路。家庭联产承包责任制在金华率先推行是地委对农民自主权的重视和尊重。

第二,乡镇个体私营企业的异军突起对农村经济发展做出巨大贡献的同时,为小城镇建设提供了动力。新中国成立以来,城市搞工业,农村搞农业,成了我们的思维定式。家庭承包责任制实施以来,许多农村办起了乡镇企业。乡镇个体私营企业能成为金华经济的生力军,在金华的工业经济中占绝对优势,是因为金华的人民群众有一股创业的热情,形成了"四轮齐转"办企业的局面。而"四轮齐转"办企业的做法最早就是由东阳吴宁镇的干部群众提出来的,金华地(市)委及时做出总结,树立典型,并在全市全面铺开。乡镇个体私营企业的异军突起是由农民创造的,"四轮齐转"办工业是对金华农民实践经验和创造精神的概括和总结。

第三,作为市场大市的金华,通过贸易市场建设来推动区域城镇化是其重要特色。农村实行家庭承包责任制以来,义乌的稠城镇和廿三里镇的农民自发做小商品贸易,形成了贸易市场,政府有关部门对此采取禁、阻、限、关的政策和措施。面对个体商贩"县委、县政府为什么不让我们做小商品生意"的责问,当时的义乌县委通过"从群众中来,到群众中去"的多次调研与讨论形成共识,认为在人多地少的义乌,农民"鸡毛换糖",搞小商品经营是件利国利民的大好事,于是决定开放小商品市场,使义乌在发展市场经济方面赢得了先机。"义乌小商品市场的兴旺发达,是义乌人民的创举。"在义乌市场的典型带动下,金华各地兴起了办市场的热潮。历届市委市政府都非常重视总结金华人民办市场的经验和创造,着力培育商品交易市场,使金华的市场大市的地位不断得到巩固。

第四,"发展浙中城市群,共建金义都市区"是金华人民城镇化实践经验概括与认识深化。改革开放以来,浙中崛起了一个小城市群,城市群中各城市迅猛发展的同时,存在以下问题:区域发展不平衡、产业分工协作缺乏、市场化利益机制未建立、核心城市极化带动不明显、行政推动手段较少、规模经济和整体竞争力不强等。金华市委市政府争取省委省政府的支持,做出聚合金义主轴线,"发展浙中城市群,共建金义都市区"这一顺应时代潮流和历史规律的战略抉择。

此时,人民要认识到浙中城市群和金义都市区的协同发展不是上级精心设计出来的,而是先由人民群众自发进行实践探索,再由政府总结经验上升到理论,然后做出相应制度安排规范的实践行为,是全市人民实践探索的结果。判断一件事的好坏,须将它放在当时的经济社会发展阶段中来分析,以当时的经济社会发展状况为背景,权衡其成本与效益是否相匹配。应该看到,由于历史与现实、内因与外因、认识问题与体制问题等诸因素的交织影响,金华统筹发展进展不快。主要原因为:一是城市群与都市区建设协调机制不够健全,二是城市群与都市区建设的监督保障缺乏法规支持,三是城市群空间拓展受到政策制约,四是金义都市区的核心区的首位度太低。金华的城市化需要优化各种制度安排,建立合理的制度结构,发挥各县(市)的积极性,在省委省政府的统筹安排下,增强都市区集聚辐射功能,实现均衡发展。

第四章　在长三角城市群协同发展中的金义都市区建设

长江三角洲地处我国东部沿海和长江两大经济发展轴线的交会处,是集"黄金海岸"和"黄金水道"的区位优势于一身的共轭枢纽,是我国广大内陆地区与世界交往的重要节点。长三角城市群以上海为核心,以合肥、南京、苏锡常、杭州、宁波五个都市圈为主体,以沪宁合杭甬、沿海、沿江、沪杭金四条发展轴为纽带,以分布于国家"两横三纵"城市化格局的优化开发和重点开发区域的 27 个城市为中心,由沪苏浙皖三省一市共同组成,它们有相同或相近的地域文化历史渊源,有长期形成的产业功能分工与合作,正以交通通信等物质性网络和市场要素流动等非物质性网络为纽带,构建"一核五圈四带"的空间格局。长三角城市群区域面积为 35.8 万平方公里,与德国相当,2019 年常住人口为 2.2 亿人,是德国(8200 万)的 2.7 倍,经济总量为 3.4 亿美元,超过了英国(预计 2023 年赶超德国),人均 GDP 为 1.5 万美元,是我国城镇化程度最高、城镇分布最密集、经济发展水平最高的地区,是亚太地区重要的国际门户、全球重要的现代服务业和先进制造业中心,是具有较强竞争力的世界六大城市群之一。浙江地处长三角南翼,依托沪杭甬、甬台温、杭金衢、金丽温等交通廊道,逐渐形成环杭州湾、温台沿海、浙中三大地区级城市群,联动推进城市化和新农村建设,促进大中小城市和小城镇协调发展。

党的十八大以来,随着县域经济向都市区经济的转型发展,浙江深入实施"八八战略",深刻把握习近平总书记关于城市工作的重要论述,积极融入长三角一体化发展,由三大地区级城市群向更注重一体化规划和建设的四大都市区迈进。同时,积极实施产业集聚区战略,以经济区划为牵引,行政区划为支撑,激发县域经济活力,将四大都市区培育成推进新型城市化的中心区域,让要素在更大范围内自由流动,构建长三角世界级城市群的金南翼。金华地处长江三角洲南翼,是浙江省重点培育的第三大城市群和第四大都市区,目标是培育长三角南翼的中心城市。

第一节　金华接轨上海融入长三角的历程

金华自古以来就是交通要道和兵家必争之地,水陆空立体交通优势明显,有"水通南国三千里,气压江城十四州"及"陆路郑隘,水上通衢"之说。金华区位条件优越,是交通部确立的中国陆路交通主枢纽之一,是仅次于宁波的浙江省第二信息枢纽,是浙江省政府规划的浙江中西部中心城市。目前,杭金衢高速公路、杭长高速铁路已成为金华接轨上海的绿色通道,它将金华融入了以上海为中心的长三角都市经济圈之中。金华于1992年提出接轨上海的发展思路。20多年来历届市委、市政府几乎每年都要组织各类代表团赴上海学习考察,召开经济社会发展新闻发布会、招商引资恳谈会、名优特新农产品展销会、旅游促销会等,邀请上海各界人士参会,全方位地开展与上海的接轨与合作。2003年3月,浙江省委、省政府提出,要按照"虚心学习、主动接轨、真诚合作、互利共赢"的要求,主动接轨上海,积极参与"长三角"地区合作与交流工作。金华市委专门下发了《关于全面开展"学接建",主动融入"长三角",努力提升浙中城市群综合竞争力的意见》,结合实际,从以下几方面开展主动接轨上海的工作。一是外向型经济接轨。金华全市约有60%的进出口货物通过上海港运往世界各地,不少企业在上海设立了办事机构。政府每年都组织企业在上海开展经贸交流活动,多数进出口企业在"华交会"上的成交额占企业进出口总额的25%左右。多年来,金华积极通过外国驻上海的机构和公司开展招商引资和对外经济合作,取得了明显成效。二是各类商品贸易的接轨。金华农新产品在上海市场上有较大影响,其中占有一定市场份额和竞争优势的是传统的名特新产品,如高山蔬菜、茶叶、食用菌、肉制品及花卉苗木等。在工业品贸易方面,义乌中国小商品城、永康科技五金城、金华商城均多次与上海经贸委联合在上海召开新闻发布会,为两地企业扩大产品市场、交流商品信息提供服务。上海许多企业来金华设立总代理,金华企业在上海黄浦区投资兴建了上海滩商厦和福佑门小商品市场等。三是建筑业与旅游业的接轨。据不完全统计,金华在上海从事房地产的各类建筑企业有50多家,为上海城市建设做出了重要贡献。近年来,金华多次在上海开展大型旅游宣传活动。邀请上海新闻单位、宾馆饭店、旅行社老总参加金华上海旅游新闻发布会，推出"锦绣金华"系列旅游新产品，开展旅游促销活动。吸引上海客人来金华旅游观光，促进金华旅游与上海国际大都市的接轨。四是科技合作与人才培育的接轨。十多年来，金华每年举办一次"工科会"，将重点科技项目与上海等地的大专院校、科研院所对接，推进金华科技进步和经济发展。

自 2004 年 3 月，金华开始正式申请加入长三角城市经济协调会以来，可谓一波三折。2008 年，《国务院关于进一步推进长江三角洲地区改革开放和经济社会发展的指导意见》中，将长江三角洲地区界定为包括上海市、江苏省和浙江省在内，金华进入长三角经济区域版图。随着长三角区域合作上升到国家战略规划，长三角成为全国综合实力最强的区域。偏居西南角的金华作为其中的一员，主动加强与长三角各城市间的合作联系。自该文件实施以来，金华主动承接上海、江苏和浙江其他相对发达地区的经济辐射；在发展自身服务业的同时，努力借助长三角其他相对发达地区生产性服务业的支持。通过借力，金华正在积聚更大力量，对我国中西部地区发展产生更大的辐射力。2013 年，中国（上海）自由贸易试验区成立，金华积极主动应对由此带来的机遇与挑战，把握大局，顺势而为，利用上海自贸区资源加强招商引资，优化产业结构，推进金义都市区与上海通关一体化，促进外贸发展，引导企业正确参与上海自贸区的发展。2016 年 6 月，国务院批准印发的《长江三角洲城市群发展规划》将长三角城市群调整为 26 个城市，金华（包括义乌）属于群内中等城市（规划没有提出金华、义乌要聚合为都市核心区），在长三角"一核五圈四带"的空间布局中，处于第三圈层，被定位为"沪杭金发展带"的节点城市。《长江三角洲城市群发展规划》明确提出，要聚合"沪杭金发展带，提升其对江西等中部地区的辐射带动能力"。据此，金华抓住国家构建"沪杭金发展带"的重大机遇，努力提升都市化水平。

2019 年，国务院颁布实施《长江三角洲区域一体化发展规划纲要》，对长三角地区的未来发展确立了"一极三区一高地"的战略定位，即全国发展强劲活跃增长极、高质量发展样板区、率先基本实现现代化引领区、区域一体化发展示范区、新时代改革开放新高地，在长三角 36 万平方公里的区域空间内推进一体化发展。同时，提出高水平建设由青浦、吴江、嘉善组成的长三角生态绿色一体化发展示范区，引领长三角地区高质量发展。2020 年，《浙江省推进长江三角洲区域一体化发展行动方案》（以下称《方案》）颁布实施,浙江提出按照高质量一体化的要求,发挥浙江特色优势,全方位全领域融入长三角一体化发展国家战略,努力在实施该战略中彰显浙江担当,展现浙江作为,共同推动长三角区域建设成为全国发展的强劲活跃增长极。在《方案》实施过程中,浙江在环杭州湾、甬台温临港产业带和义甬舟开放大通道的"一环一带一通道"的空间架构内,不改变现行行政隶属关系,整合开发平台,设立杭州钱塘、宁波前湾、绍兴滨海、湖州南太湖、金华金义新区和台州湾新区,建设一批高能级标志性创新平台,加快建设一批国家和省级新型工业化产业示范基地。

第二节　金华在长三角城市群中的空间与经济关联度分析

作为世界六大都市群之一的长三角城市群,与发达国家还有较大差距,但在世界经济版图上起的作用越来越大。金华正通过融入长三角,带动浙江中西部地区发展,其在长三角城市群的空间与经济关联度可从以下几方面进行考察。

第一,从区位空间看,2008年以前,长三角大都市群主要包括参加"长江三角洲城市经济协调会"的16个城市,不包括江苏北部、浙江中西部的金华和南部的温州等城市。当时界定长三角大都市群的依据主要是在地理上与上海较近且交通便利,入选的城市与上海的距离大都处于2小时交通圈以内。金义都市区位于长三角大都市群的南翼,与上海之间以浙赣铁路、杭长高铁、杭金衢高速公路等重要交通干线进行紧密联系,但乘车时间超过2小时,属于长三角大都市群向西南辐射的边缘节点,是正在成长的边缘都市区。2008年《国务院关于进一步推进长江三角洲地区改革开放和经济社会发展的指导意见》,将长三角外延扩大至上海市和江苏、浙江全省,金华从区位空间上作为长三角大都市群的重要组成部分的地位被确立。2019年,国务院颁布实施《长江三角洲区域一体化发展规划纲要》,将金华列为长三角城市群的27个中心城市之一。

第二,从通勤情况看,金华是华东地区重要的交通枢纽,有浙赣铁路、杭长高铁、杭金衢高速公路、03省道多条交通干线通向杭州、上海,有甬金高速公路、金温铁路分别连接宁波和温州,形成了与长三角核心区及南翼主要城市紧密联系的纽带与交通走廊。从金华市区到杭州不足 190 公里，到上海不足 390 公里，乘高铁通勤时间不足 1 小时和 2 小时，金华火车站发往杭州上海的班车频率约为 10 分钟一班。依火车出行统计，以 2021 年春运某日计算，义乌火车站到发旅客数 39856 人，列杭州、宁波、温州火车站之后，排第四；金华火车站到发旅客数 17881 人，金华火车南站到发旅客数 5760 人，两站合计 23641 人，列第五。按这个标准，金华与杭州都市区的联系紧密，与上海的通达度很高。

第三，从经济要素看，楼洪豪教授从非农产业构成与非农劳动力构成考察，得出结论：2005 年底金华已具备长三角大都市连绵区边缘都市区的表象。原因有二：一是沪杭—浙赣铁路沿线的都市连绵区已经延伸到龙游县。二是 2005 年底，金华市区非农人口 31.36 万，义乌市非农人口 20.39 万，两市均符合成为一个都市区的国内基本标准。在金义都市区范围内，金华市区与义乌作为浙中城市群正在聚合的主轴线，属于都市核心区，东阳、永康、浦江、武义的非农劳动力比重也均超过 60%，可成为外围县。

第四，从长三角一体化进程看，2008 年来，苏北和浙西南融入长三角，加快各自经济增长速度的同时，也使整个长三角地区拥有更多的优质资源要素，促进了区域产业优化升级，区域实力和发展潜力有了明显提升。金义都市区的城市竞争力不断增强，与长三角其他地区的产业联系日益深化，融入长三角，实现一体化发展的态势明显。2008 年，金华市各项指标在全部 298 个地级市中排名处于中上，2009 年金华市城市综合竞争力排名上升至第 57 位，较 2008 年上升了 24 位。2020 年金华的地区生产总值在全国排名第 47 位，超过南宁，在长三角地区排名第 18 位。金义都市区凭借义乌小商品市场所构建的国际贸易平台，吸引国内外众多商流、物流、信息流、资金流等聚集于浙中地区，并向周边地区扩散。其产业日益深度融入整个长三角区域的生产和流通链条之中，并充分利用长三角各地区的产业集聚条件和强大的制造能力，着力打造国际商贸和物流中心。

第五，从企业的关联度提升看，城市的空间关联度的经济学意义上的核心是企业关联度。长三角绝大多数地区的资源组织主要靠大中型企业进行，而金义都市区最大的优势是由高度市场化的中小企业配置资源，市场主体众多，市场意识浓厚。高度市场化的金义都市区融入长三角，会增强长三角的市场活力，通过企业与市场在资源配置中的交互作用，形成优势互补的新格局。随着金义都市区与上海的产业一体化融合，人才流动通道的顺畅、科技合作的加密,必将促进长三角地区资源合理配置、产业结构优化,市场经济繁荣发展。

第三节　浙江参与长三角金南翼构建的实践探索

习近平同志在浙江工作期间曾提出,环杭州湾地区是浙江省接轨上海、参与长三角地区交流与合作的前沿阵地。其核心任务是积极发挥先导作用,打造长三角"金南翼"。随着长三角一体化国家战略的实施,浙江进行了全方位全领域融入长三角的新探索。

一、建设长三角金南翼的浙江探索：四大协同与一体化发展①

(一)空间协同:对接长三角城市群发展战略,开展四大都市区建设,优化一体化空间布局

长三角城市群的综合发展指数居我国各大城市群之首,多年来,浙江把杭州湾经济区作为接轨上海、参与长三角城市群一体化发展的重要平台,主动承接上海的辐射和功能疏解,构建金南翼。环杭州湾的杭州与宁波都市区定位为长三角南翼的两个中心区、一个全力打造全国领先的人才高地和科创中心,实施钱塘江金融湾计划,规划建设钱塘新区②,新区空间范围包括杭州大江东产业集聚区和杭州经济技术开发区,其定位为世界级智能制造产业集群、长三角地区产城融合发展示范区、全省标志性战略性改革开放大平台、杭州湾数字经济与高端制造融合创新发展引领区;另一个增强与上海联动,强势扩容,做强港口生态链。宁波前湾新区定位为世界级先进制造业基地、长三角一体化发展标志性战略大平台、沪浙高水平合作引领区、杭州湾融合发展未来之城。位于长三角城市群边缘的温州都市区也在聚力推进城市现代服务功能的完善、特色优势的升级,提高对城市群溢出效应的承接

---

① 本小节发表于"浙江日报学习有理"微信公众号,2019 年 9 月 10 日,系作者与黄梓桢一起完成的浙江省党校系统研究中心课题(编号 ZAZD1914)。

② 自 2019 年 4 月 4 日始,浙江省政府先后批复设立杭州钱塘新区(4 月 4 日)、湖州南太湖(5 月 6 日)、宁波前湾(7 月 15 日)、绍兴滨海(11 月 26 日)、金华金义新区(2020 年 5 月 18 日)和台州湾新区(2020 年 8 月 15 日)。

能力,与长三角城市群其他组团城市错位融合、有机互补。金义都市区在全方位全领域融入长三角一体化发展中以金南翼建设为目标,复制推广长三角生态绿色一体化发展示范区的经验,特别是通过金义新区建设提升一体化发展水平,金义新区定位为全国国际贸易综合改革先行区、全省海陆开放大通道示范区、浙江中西部崛起引领区、金义都市区一体化发展新城区。浙江通过国家和省级新区建设整合开发平台,与长三角城市群对接,实现空间协同,增强竞争力,优化城市规模和城市群一体化空间布局。

(二)产业协同:发挥比较优势参与长三角分工,打造具有浙江特色的产业体系,优化一体化产业结构

在长三角产业框架中,上海以研发、金融、港口贸易和管理控制等总部功能见长,江苏的制造业有其比较优势,浙江则以商贸服务业见长,安徽的"芯屏器合"新兴产业有较大知名度。五个都市圈均根据自身资源禀赋,发挥比较优势发展特色产业,协同优化超大体量的产业规模和较高层次的产业结构,培育引领长江经济带乃至全国新一轮经济发展的增长极。浙江的四个都市区确立了产业协同总目标,在产业分工基础上,通过产业链的延伸和配套,增强产业互补性,全面优化提升价值链,在总量和结构两方面成长为世界级的产业发展高地。如杭州以数字经济为特色打造沿杭州湾的智造大走廊。宁波以开放创新为特色打造义甬舟开放大通道和北翼产业制造大走廊。温州以国际时尚智造为特色打造环大罗山科创走廊和沿海先进智造产业带。金义以丝路开放为特色打造金义科创廊道、义乌跨境电子商务、金义国际陆港新区和快递物流中心、金义综合保税区、横店影视产业集聚区。

(三)市场协同:推进长三角城市群要素市场协同发展,建设一体化市场体系

长三角各城市间要素流动规模的扩大提高了城市群经济发展的一体化程度,随着市场一体化程度的加深,市场分割对区域发展的阻碍作用逐步下降,要素和产品在地区间实现了自由流动。当前,长三角城市群在数字化、智能化、绿色化制造模式下不断提高要素配置效率,建立大尺度统一的区域市场,降低交易成本,促进合作互惠。浙江在长三角协同发展中,已与兄弟省市进行交通、产业、科技、环保等12个方面的专题合作,运用市场力量共建开放性的合作平台,实行统一的市场监管标准,初步实现了基础设施互联互通和公共服务便利化,推进劳动力、土地、技术及金融资源的市场协同,为空间协同和产业协同提供动力源泉。

(四)治理协同:探索政府、市场与社会多主体协同治理的体制机制,不断提升地方治理现代化水平

长三角城市群各级政府聚焦规划对接、战略协同、专题合作、市场统一、机制完善五个方面推进一体化建设,努力提高治理能力。浙江以建设长三角世界级城市群一体化发展的金南翼为目标,着力打造参与全球竞争主阵地、长三角高质量发展示范区和现代化发展引领极。聚焦理顺政府、市场与社会等多主体之间错综复杂的博弈关系,采用治理契约等政策工具,加强各城市政府间的行政联系,探明政府与市场各自发挥作用的边界,谋划政府利用社会公共资源提高公共福利的举措,建设跨区域、跨部门的信息共享平台。通过政务信息系统的共建共享来提升地方治理的现代化水平,开展交互式协同办公,有效整合组团城市政府的政务信息,共同采集、储备和使用有共享价值的信息资源,提高协同治理的水平和效益,着手在医疗、教育等方面建立低成本、均等化、广覆盖的公共服务机制推进协同任务的落实。

二、建设长三角金南翼的浙江探索:融入长三角,打造都市区

自 1982 年提出"以上海为中心建立长三角经济圈"以来,长三角一体化几乎与改革开放同步,至今已近 40 年。1992 年,上海、江苏、浙江的 14 个城市的经济协作办(委)成立长江三角洲主任联席会以来,该区域就经济联合、协作和可持续发展进行了近 30 年的探索,区域范围几经调整,扩大到目前的沪苏浙皖四省市的 41 个城市(其中 27 个为中心城市)。不过,长三角城市群与美国以纽约为核心的东海岸城市群、日本以东京为核心的城市群等发达的世界级城市群相比,其在城际综合交通体系、要素市场互联互通、产业集群、生态环保、区域治理等方面存在较大差距,2010 年东京城市群在仅占全日本 4% 的面积的空间里聚集了 25% 的人口,生产出占全日本总产出的 40%,人均 GDP 达到 7.2 万美元。为此,需要深化协同发展,缩小与发达城市群的差距,此时浙江的使命是融入长三角,建设金南翼,推进区域一体化发展。

(一)通过长三角城市群协作,构建区域与城乡一体化发展的金南翼

1.推进区域协作,构筑协同网络

长三角地区 1992 年成立协作办(委)主任联席会、1997 年成立城市经济协调会、2008 年实施国务院"进一步发展长三角的指导意见"、2016 年实施《长江三角洲城市群发展规划》,此间,浙江发挥自身的港口、开放和民营经济优势,主动承接上海的辐射与带动,积极参与长三角地区的合作与交流,着力构建开放型经济体系。尤其是 2002 年以来,浙江主动接轨上海,积极参与长三角合作与交流,与长三角各城市开展全方位、多层次、宽领域的合作;2008 年参与建立长三角地区政府层面合作机制;2017 年在嘉兴设立浙江全面接轨上海示范区;2018 年签订了共建 G60 科创走廊的战略合作协议,加强协同创新推进。

2.打造都市区,建设金南翼

2011 年《浙江省城镇体系规划(2011—2020)》提出,到 2020 年,将以中心城市为主体,形成"三群四区七核五级网络化"全省城镇空间结构,并首次提出建设杭州、宁波、温州、金华—义乌四大都市区。2013 年《浙江省主体功能区规划》提出,统筹谋划全省人口分布、经济布局、国土利用和城市化布局,引导人口、经济向适宜开发的四大都市区集聚。2016 年《浙江省新型城市化发展"十三五"规划》进一步明确构建以杭州、宁波、温州、金义四大都市区为"一体",以海洋经济区、生态功能区为"两翼"的省域空间发展格局。四大都市区的中心城市集聚高端要素、发展高端产业;舟山聚焦国家海洋战略;衢州、丽水聚焦绿水青山;湖州、嘉兴、绍兴、台州作为区域中心城市,聚焦功能均衡,力求生产、生活、生态融合,做到宜居、宜业、宜游并重。2017 年以来着力推动"大湾区、大花园、大通道、大都市区"建设,把四大都市区建设成大湾区的主引擎、大花园的主支撑、大通道的主枢纽,使其成为浙江现代化发展的引领极,成为长三角城市群一体化发展的金南翼。

3.统筹城乡发展,建设美丽乡村

浙江 2003 年开始实施"千村示范、万村整治"工程,2011 年开始建设"科学规划布局美、村容整治环境美、创业增收生活美、乡风文明身心美"的美丽乡村,着力构建以工促农、以城带乡、工农互惠、城乡一体的新型工农城乡关系。改革开放以来,浙江城乡居民收入分别连续 20 年和 36 年位居全国各省区的首位,城乡收入比远低于全国平均水平,成为全国城乡均衡发展最好的省份之一。

(二)提升现代产业集群,构筑创新平台,推进产业协同发展

1.建设产业集聚区,推进产业一体化发展

2008年,浙江做出加快"块状经济"向现代产业集群转型升级的战略决策,开展21个块状经济向现代产业集群提升试点;2011年全面启动产业集聚区建设;到2017年,全省产业集聚区的智能制造装备产业等八大主导产业、战略性新兴产业和新一代信息技术产业主营业务收入分别占区内规模以上工业总量的77.0%、48.8%和9.6%。块状经济作为专业化产业区,它的转型升级促使浙江经济由低小散转向高精尖,高增速转向高质量。多年来浙江产业在政府引导的基础上充分依靠市场的力量,接轨融入长三角,加快产业集群,推进一体化发展。

2.构筑竞争优势,促使"两化"深度融合

浙江于2014年出台全国第一个关于加快发展信息经济的指导意见;2015年发布全国第一个《信息经济发展规划(2014—2020年)》;2016年建设全国首个信息经济示范区。此间,出台《关于加快建设质量强省的若干意见》《关于加快建设标准强省的意见》和《关于打造"浙江制造"品牌的意见》,推进质量强省、标准强省、品牌强省建设和打造"浙江制造"品牌,凸显质量工作战略地位。"浙江制造"所覆盖的产品领域100%采用国际标准,认证企业在品牌价值、市场技术创新等方面明显优于同类企业,一大批行业龙头、"隐形冠军"脱颖而出,企业质量和效益显著提升。随着数字技术与产业的融合和创新,新兴产业蓬勃发展,新动能不断累积并增强,到2018年浙江数字经济规模已连续3年超万亿元,信息化与工业化深度融合,构筑了产业竞争的新优势。

3.培育发展动能,加快构筑高端发展平台

浙江自2015年开始规划建设特色小镇,打造融合城乡产业发展、推进城乡一体化的新平台,形成了"7个省级特色小镇、三批115个省级创建小镇、两批64个省级培育小镇"队伍。2017年开始,部署"大湾区建设行动计划",以环杭州湾经济区作为重点,带动甬台温产业带发展和义甬舟开放大通道建设,启动建设智慧交通体系、重大科创平台等标志性工程,一批重大

产业项目落户大湾区。近年来,浙江通过培育发展新动能,吸纳集聚优质生产要素,构筑高端发展平台,建设城市经济综合体,推进技术进步、产业融合和品牌建设,其产业走向高质量协同发展。2020 年杭州经济总量超过 1.61 万亿元、宁波超过 1.24 万亿元。

(三)发挥市场作用,提高要素使用效率,推动经济高质量发展

1. 市场主导,优化资源配置

浙江作为自然资源丰裕度排名全国倒数第二的资源小省,注重发挥市场在资源配置中的作用,积极探索运用价格杠杆合理确定土地、能源、水资源等各类要素的比价关系,形成有利于集约使用资源要素的机制。近年来,浙江通过工业用地"招拍挂"改革、要素市场化配置改革、全国水权交易制度改革、差别电价改革和煤电价格联动改革、"亩均论英雄"改革等一系列举措,推动经济转型升级,规模以上工业企业亩均税收从 2013 年的 12.6 万元,增加到 2017 年的 21.6 万元、增长了 71.4%,亩均增加值由 85.8 万元提高到 103.7 万元。

2. 打通壁垒,促进要素顺畅流动

在城镇化进程中,浙江深入推进城乡配套的体制改革和农村综合改革,消除城乡分割二元结构。如实施"三权到人(户)、权跟人(户)走"改革,盘活农村资源和农民资产;成立省市县乡四级农民合作经济组织联合会,全面而深入地开展农民合作;推进农业供给侧结构性改革,加快农业绿化、农村美化、农民转化的进程。截至 2017 年底,全省村经济合作社股份合作制改革率达 99.5%;农村产权流转交易市场覆盖率达 96%,已有 33 个县开展农村土地经营权抵押贷款业务、51 个县开展农房抵押贷款业务。随着城乡生产要素平等交换体制机制的构建,城乡之间劳动力、技术、资本、信息等要素流动日益顺畅。

3. 双向开放,实现外资有效集聚

浙江出台了财政、金融、研发创新、外国人才引进等支持政策,实行投资自由化和便利化,建设国际化、法治化、便利化的营商环境,降低企业制度性成本,打造高质量外资集聚地。到 2017 年浙江新设外商投资企业 3030 家,实际利用外资 1207.3 亿元;世界 500 强企业已有 179 家在浙江落户,投资企业 581 个,投资总额达 322.5 亿美元。此外,通过"以民引外"来引进外资,浙江民营企业引进赛诺菲医药、三菱重工等一批世界 500 强企业和跨国公司，共同向产业链上游攀升。截至 2018 年，全省经审批核准或备案的境外企业和机构累计共 9188 家，直接境外投资 96.4 亿美元，覆盖 145 个国家和地区，实施对外投资的境内主体数量和境外企业数量均居全国前列。

（四）创新体制机制，建设智慧城市群，提升地方治理现代化水平

1.建设特色小（城）镇，建立以城带乡体制

浙江 2007 年开始推进中心镇发展改革。2010 年在全国率先启动小城市培育工程，分三批赋予 69 个经济强镇以现代小城市的管理权限。2015 年开始，先后分三批确立 135 个特色小镇培育名单。2017 年开始谋划实施小城镇综合整治行动，加快建设各具特色的活力小镇、风情小镇。通过小城镇建设，持续不断地推进土地制度、投融资模式、公共服务体制的改革创新，为打破城乡分割二元体制、建设现代化城市群提供体制机制保障。

2.贯彻"两山"理论，推进绿色低碳发展

2005 年，时任浙江省委书记习近平在安吉天荒坪镇余村首次提出"绿水青山就是金山银山"的绿色发展理念。10 多年来，浙江相继实施"811"环境污染整治、循环经济"911"等行动计划，大力发展生态经济、改善生态环境、培育生态文化，在实践中将生态文明理念融入新型城市化的全过程。大力实施"五水共治""三改一拆""四边三化""四换三名"等经济转型升级"组合拳"，着力创造生产生活生态优美新环境，激发了经济社会发展的生机活力。

3.建设智慧城市，提升地方治理现代化水平

2011 年，浙江在医疗健康、城市管理、交通出行、能源管理、环境保护民生领域分三批组织开展了 20 个智慧城市示范试点项目建设，由此发展信息经济，推进信息化和工业化深度融合。全省 11 个地市聚焦智慧城市建设，出台与智慧城市相关的发展规划、政策文件。近年来，浙江实施政府数字化转型，政务服务网成为全国有影响力的公共数据平台，推广应用掌上办事"浙里办"、掌上办公"浙政钉"。依托浙江政务服务网，打破信息孤岛，"让数据多跑路，让群众少跑腿"，实现数据共享，推进"最多跑一次"改革。调查显示，全省"最多跑一次"实现率达 87.9%、满意率达 94.7%。

三、建设长三角金南翼的典型意义：致力一体化，开辟新天地

长三角世界级城市群走过了由城市间经济协作推动的"富起来"时代，

进入了由区域一体化发展国家战略引领的"强起来"时代。浙江作为长三角地区的金南翼,梳理归纳和推广弘扬其在城市群建设中的理论创新和实践经验,对其他地区进入"强起来"时代开展高质量的城市群建设会有所助益。

(一)建设长三角金南翼的理论意义

城市群是伴随城市化和经济发展阶段的演变自然演进的,戈特曼把城市群的演化进程划分为城市孤立分散发展、城市弱联系、城市群雏形、城市群成熟四个阶段。成熟城市群的各城市间形成了良好协同关系,彼此有明确的分工和紧密的经济社会联系,共同构成有显著整体优势的有机体。长三角城市群的每个城市都是相对独立的子系统,但相互间建立了紧密的发展关联及交互影响,是世界经济格局中的重要功能区。建设长三角金南翼有重要的理论意义。

第一,在区域经济地理格局重塑中丰富协同发展理论。2009年,世界银行发布的《重塑世界经济地理》报告,用密度、距离和分割(即3D理论)重新构建了城市化、区域发展一体化的政策分析构架。在城市化进程中,长三角27个不同等级规模、不同功能性质的中心城市有机共生,既保持单体城市的多样性与独立性,又构成竞合共存、互惠发展的有机整体,形成高密度、近距离、浅分割、深合作,稳定有序的发展体系。浙江作为长三角地区的金南翼,要实现区域一体化发展,应推进长三角五大都市圈和浙江四大都市区协同发展,发挥各个城市的特色和优势,通过功能的合理分工和合作共赢的协同机制,调动各个城市的积极性,在多个增长极和创新源的带动下,在平等、合作、共享的基础上,求同存异,整体共赢。

第二,在城市间协同发展和高度融合中优化城市体系结构。20世纪90年代以来,中心地理论中"阶梯状的等级结构"被"城市网络结构"的观念所取代,城市被视为复杂网络系统的节点,不同节点间的相关性、流动性和密集性决定了城市地位的变化。长三角金南翼建设是区域更高质量的发展,其主题是一体化,一体化高于协同发展之处在于更强调制度创新和突破。长三角地区由于资源高度集中在上海等核心城市,为提升其他不发达城市和乡村的发展水平,需要构建以强带弱的一体化体制机制和相关政策,提高密度、缩短距离、减少分割,重塑长三角经济地理,逐步缩小区域和城乡差距,实现向核心城市趋同和融合的包容性可持续发展,达到网络状城市群共同繁荣。

第三,在产业空间整合过程中突破行政区经济的刚性约束。长期以来,我国区域经济发展表现为行政区划对区域经济的刚性约束。而城市群和都市区经济发展的内在动因在于市场主体对规模经济、外部经济和范围经济的不断追求。市场资源不断优化配置带来了垂直分工和专业化生产、生产要素自由流动和统一大市场、发展平台和基础设施一体化,能够实现对行政区经济刚性约束的突破。在这一过程中,浙江不断在体制机制上先行先试,一方面在做强县域经济的同时,推进县域经济向都市区经济转型,让生产要素在更大范围内流动;另一方面对标国外发达的世界级城市群,创新协调机制,消除行政壁垒,推动产业空间布局的帕累托改进。

(二)建设长三角金南翼的实践意义

长三角城市群是代表国家参与新一轮全球合作与竞争的城市群,浙江作为其金南翼开辟了经济社会发展的新天地,展示了区域一体化发展的新作为,提升了治理能力的现代化水平。

第一,在空间协同中构建长三角世界级城市群一体化发展的金南翼。在长三角"一核五圈四带"的空间格局中,浙江通过四个都市区建设和省域一体化发展构建金南翼,由此加强与上海核心城市及其他都市圈的接轨与融入,共同打造发展强劲活跃的增长极和科技创新的领头羊,以更好地引领长江经济带发展,服务国家发展大局。浙江把各项工作都自觉放到长三角一体化发展国家战略的框架下来谋划和推进,努力把各方面目标资源、力量聚焦到一体化发展上来,在规划管理、土地管理、投资管理、要素流动、财税分享、公共服务方面探索一体化体制机制,在嘉善、洋山港区、环太湖生态文化旅游圈等省际交界地区共建一体化发展的示范区,进而点线面结合,全省域全方位推进一体化。

第二,在经济协同中建设创新驱动的引领区和国际化市场化改革新高地。创新驱动是建设长三角城市群金南翼的根本动力,浙江依托上海全球科创中心建设引进全球科技创新人才,高水平推进 G60 科创走廊建设,完善区域协同创新体系,协同解决关键核心技术"卡脖子"问题,打造全球数字经济创新高地。接轨上海推进国际化,复制上海自由贸易试验区、国际金融、国际航运等方面的先行先试做法,承接上海"进博会"的溢出效应,引进国际化企业,提升国际化水平。随着地方政府调整优化产业结构的区域产业政策密集出台,各都市圈内外的政策细节加强了衔接,既防止产业同构和低水平重复建设,又防止搞区域内的行业分工和同类归并。推动长三角城市群制定产业总体发展战略和产业指导目录,跨地区协调产业基地布局,协调产业政策,引导各组团城市同步开展有序的产业转移和承接。浙江借上海龙头之势,扬自己之所长,努力在数字经济、民营经济、美丽经济和海洋经济等领域塑造全球领先优势,强化多中心的长三角区域格局。

第三,在治理协同中探索建立现代化城市群的治理新体系。长三角地区的协同治理,以提高城市群综合承载和资源优化配置能力为目标,一方面坚持"两山"理论,既重视区域空间范围内各生产单位通过高质量产品和服务的提供实现 GDP 快速增长,又不"唯 GDP 论",重视降低能耗和控制污染排放,实现绿色低碳发展;另一方面逐步建立一整套成体系的制度系统,把上海的"一网通办"、江苏的"不见面审批"与浙江的"最多跑一次"改革集成推进,形成制度创新的叠加效应,以协同的方式进行城市群治理,避免不同地区在法律法规上出现矛盾和冲突。成立一体化发展办公室,根据政府间信息互补性要求建设信息共享平台,促进各城市政府部门间的会商与联动,进行制度相容、程序规范的依法治理。

第五章　金义都市区经济社会的转型发展

新中国成立 70 多年来，我国的城镇化经历缓慢发展、快速发展阶段后进入高质量发展阶段，进入以人为核心的新型城镇化时期。各地在县域经济向都市区经济转型过程中，正在推进县域城镇化向区域都市化转型发展。党的十八届三中全会《中共中央关于全面深化改革若干重大问题的决定》指出，要"坚持走中国特色新型城镇化道路，推进以人为核心的城镇化，推动大中小城市和小城镇协调发展、产业和城镇融合发展，促进城镇化和新农村建设协调推进"。金华着力优化城市空间结构和管理格局，完善城镇化健康发展的体制机制，增强城市承载能力和综合实力。

第一节　城市群都市区建设与区域协同发展

城市群是城市化进程中出现的一种新的城市地域空间组织形式，是城市化进入高级阶段的标志，是未来城市化发展的方向；都市区是城市发展的高级形态，相对于城市群，其功能更强调区内的一体化规划建设，注重城市现代服务功能的培育健全、能级提升。城市群在我国城镇化进程中地位十分重要，2019 年，长三角、珠三角、京津冀三大经济圈以占全国 10% 多一点的人口，创造了占全国 41% 的 GDP。我国现有 19 个国家级城市群和 19 个新区，其中长三角城市群已跻身国际公认的六大世界级城市群，浙中城市群（金义都市区）是长三角城市群的有机组成部分，它不跨行政区域，在城市群建设和区域协同发展方面有自己的个性和特色。

一、浙中城市群概念的提出与协同发展探索（1991—2007 年）

1991 年，金华市第二次党代会首次提出了浙中小城市群概念，报告提出"要在'群马拉车'的基础上，加快城市建设，在浙江中部形成以市区为中心，由兰溪、东阳、义乌等组成的小城市群"的战略目标。1999年,《浙江省城市化发展纲要》提出,到2010年"基本形成省域一级城市经济圈框架。即杭州城市经济圈、宁波城市经济圈、温州城市经济圈和浙江中西部城市经济圈。杭州、宁波、温州三大中心城市功能得到进一步强化,金华及周边城市形成浙江中西部地区中心城市雏形"。2001年,浙江省"十五"规划纲要提出"努力培育浙中城市群";2004年,时任浙江省委书记的习近平指出,"建设浙中城市群不仅是金华的大事,也是优化全省城市空间的大事。省有关部门要大力支持浙中城市群建设,协调解决浙中城市群建设过程中的重要问题"。

2005年3月,金华市第五次党代会做出了"发展城市群,共建大金华"的战略决策。2006年1月,浙江省"十一五"规划纲要指出:"要加快培育金华包括义乌等城市在内的浙中城市群。"金华成立了由市长任主任的金华市浙中城市群规划协调委员会,由书记任组长的金华市浙中城市群建设领导小组,为浙中城市群规划建设提供组织保障。2006年3月,全省城市工作会议《关于进一步加强城市工作　走新型城市化道路的意见》提出:"浙中城市群要加强区内城市的分工合作和优势互补,重点加强金华市区、义乌、永康、东阳等城市之间的联系,建立健全共建协作机制,形成建设合力,逐步向衢州、丽水部分县市拓展,使浙中城市群成为带动浙中地区乃至浙西地区经济社会发展的增长极。"1991—2007年,金华通过浙中城市群建设的探索,开展城市间经济社会文化交流互动,开始协同发展。

二、浙中城市群规划编制谋划协同发展（2008—2011年）

2007年7月,浙江省政府同意开展浙中城市群规划编制。2008年1月,浙江省建设厅和金华市政府成立浙中城市群规划编制工作领导小组,逐步完成城市群人口与城市化战略、水资源可持续利用战略、综合交通、土地利用、生态建设与环境保护战略、产业与空间布局等6个专题研究,提出规划的纲要与具体方案,谋划协同发展。2010年4月,《浙中城市群规划》通过专家评审,并在金华市政协五届五十一次会议、市人大常委会五届三十四次会议上通过。

2010年5月,国务院批准的《长江三角洲地区区域规划》明确:"加快以金华—义乌为核心的浙中城市群发展",把金华定位为"一核九带"沿温丽金衢发展带的核心部分。2011年2月,浙江省政府第65次常务会议审议并通过《浙中城市群规划》,提出浙中城市群是"我省接轨上海,融入长三角,参与全球竞争的三大城市群之一,加快培育浙中城市群,带动浙江中西部地区发展,是省委、省政府的重要战略部署"。城市群规划范围涵盖婺城区、金东区、义乌市、东阳市、永康市、兰溪市、浦江县、武义县、磐安县 9 个县(市、区),土地面积达 1.09 万平方公里。同时,考虑城市群功能的完整性,将缙云、龙游和诸暨南部作为协调区,强化其空间、产业、设施与金华市域的统筹协调,浙中城市群加上协调区的土地总面积达 1.36 万平方公里。

三、浙中城市群规划实施推进协同发展(2012—2020 年)

2011 年,国务院批复同意《浙江省城镇规划体系》,明确浙中城市群是全省三大城市群之一,首次提出金华—义乌都市区是全省第四大都市区。金华成立由市主要领导担任主任的浙中城市群规划建设委员会和金义都市区建设委员会,明确推进区域协同发展的职责。2012 年以来,该委员会着重抓以下工作:一是在浙中城市群规划中的金东—义西南战略发展区建设金义都市新区,并以新区的"田园智城"建设为突破口,加强城市群核心区建设。二是实施"群城聚市"等五大战略。三是编制了一批一体化的专项规划,如《浙中城市群生态绿道及旅游一体化规划》《浙中城市群综合交通规划》《浙中城市群轨道交通线网规划》等,启动《浙中城市群基础设施空间一体化规划》等专项规划。四是加快同城化项目实施,推进一体化进程,完成了《浙中城市群(都市区)建设三年行动计划(2013—2015 年)》汇总,以及《浙中城市群(都市区)工作考核办法》,跨县(市)区域的项目建设顺利推进。五是加强城市群(都市区)的中小城镇和美丽乡村建设,推动城乡协调发展。2013 年出台《关于加快中心镇发展暨小城市培育的若干意见》,完善城镇体系,推进县市融合发展。

《浙中城市群规划(2008—2020)》到 2020 年实施结束,2019 年金华按照浙江省委省政府把都市区建设成"长三角世界级城市群一体化发展金南翼"的要求,编制《金义都市区规划(2019—2035)》。《金义都市区规划(2019—2035)》以高质量一体化发展为目标,确定都市区发展定位,建设以丝路开放为特色的世界小商品之都、国际影视文化之都、创新智造基地、和美宜居福地;推动"多规合一",构建都市区国土空间开发保护格局,坚守生态保护、城镇开发边界、永久基本农田保护三条红线,明确"一主两带多组团"功能结构,明晰"两区两片多廊道"的魅力结构;强化战略落实,明确"两都两地"建设;推动平台优化,实现整体效益最大化;强化措施保障,创新协同发展体制机制。

第二节 县域经济向都市区经济的转型发展①

在实施城市群(都市区)发展战略前,浙江区域发展战略的重点是强县战略。长期实施强县战略,浙江设区市经济发展受到一定影响,特别是浙中地区因中心城市辐射带动力弱,成为省域经济发展的短板。进入工业化后期,县域经济资源共享性差、配置效率低、整合能力不强的局限性日益显现,向都市区经济转型成为浙江区域协调发展亟待解决的问题。金华积极探寻县域经济向都市区经济转型发展的机制、路径与举措,力求突破县域经济局限,在都市区大布局中整合资源,形成合作第一、竞争第二的发展机制,提升都市区竞争力;建立都市化与产业转型升级良性互动机制,形成具有持续发展潜力的产业结构和完备的都市功能,重构区域发展优势;改善生态和社会环境,形成新的都市社会发展模式和运行机制,持续满足人们宜居、宜业欲望,让人们生活得更美好。

一、背景与主题：都市区发展研究的简要回顾

1898 年,英国学者霍华德最先从城市群角度研究都市圈经济,他主张将城市周边地域的小镇纳入城市规划范围,把城市和乡村的改造作为一个统一的问题来处理。20 世纪 20 年代以来,美国大城市人口与产业快速向郊区迁移形成节点城市,进而形成具有一体化倾向的大都市区,它是一个较大的人口中心及与其具有高度社会经济联系的邻接地区的组合。1961 年,戈特曼提出,在地域上集中分布的若干个城市集聚而成的城市集团,即大都市区的联合体,是城市发展的高级形式,代表未来城市的发展方向。21 世纪以来的经济全球化和信息技术革命,促进了城市群一体化和都市区发展研究。2008 年,麦肯锡全球研究所的研究报告对中国城市化的未来做出预测,认为集中式比分散式的城市化发展模式更有可能减轻中国城市的系统压力,提高城市总体效率。目前,国外发达国家正在广泛研究如何建立城市群的协调发展机制和都市区的一体化发展规划,把它们作为参与全球竞争的战略

① 本节发表于《金华职业技术学院学报》2018 年第 2 期,第 27-32 页,系浙江省委党校研究中心课题(编号 ZX16155)的研究成果。

手段。

改革开放以来,中国城镇化战略依层级表现为以县城为中心的城镇化、以大中城市为中心的城市化和以大都市为中心的都市化,层级最高的都市区正在成为东部沿海地区城镇化的主体形态。长三角地区网络性、组团式城市群正向区域整体化发展,珠三角高密集连绵网络状的大都市地区已基本形成。长三角南翼的浙江,具有高密度均质化的经济地理空间特征,多年来坚持大中小城市并重发展,着力推进全域城市化。但浙江中西部地区发展的滞后,给全省均衡协调发展带来不利影响。为促进区域经济协调、可持续地发展,2012 年 6 月浙江省第十三次党代会决定将金华—义乌都市区确立为省域的四大都市区之一,且要将其培育成长三角区域的中心城市。同年,金华市第六次党代会做出规划建设金义都市新区的战略部署,以加强金华与义乌聚合发展,完善核心区功能,逐步解决在都市区空间上资源失配和融合不畅问题,优化都市区空间结构,促进周边县市与核心区融合发展。学界和政界的相关研究与实践,为城镇化和都市区经济发展提供了指导,吸取他人研究成果,厘清都市区发展空间结构、功能定位和产业布局的总体思路,探索由县域经济向都市区经济转型发展的动力机制与路径,推动资源要素在空间配置上的优化和有效融合,可实现区域发展的优势重构。

二、现状与趋势：金华由县域经济向都市区经济转型发展的必要性

(一)浙中区域空间演化、功能定位与产业布局需要县域经济向都市区经济转型发展

回顾改革开放以来浙中地区城镇化演进轨迹,可以发现人口的高密度及产业在县城和乡镇的集聚发展是其城镇化的地理空间和体制的特点,农民在家门口建厂办市场形成一个个要素集聚点是城镇化的原点,随着小城镇战略和强县战略的实施,金华出现了县域经济渐强、中心城市经济渐弱的局面。为增强中心城市实力,政府从规划和资源配置等方面培育金华市区,将其功能定位为浙江中西部中心城市、浙江省域中心城市、长三角南翼中心城市,但政府规划期待与市场机制作用造成人口和产业在地理空间上集聚的现实有很大差距,中心城市的辐射带动作用不明显。随着义乌的崛起,浙中地区发展起龙头作用的区域发生了变化,出现了金华市区与义乌双核带

动的局面,金华市委期望金华市区与义乌聚合成区域发展的主轴线,形成带状都市核心区,引领浙中地区发展。

金义都市区的功能定位明确后,2012 年《浙江省新型城市化发展"十二五"规划》(下称《规划》)对其空间范围与形态做出了界定,范围包括金华市区、义乌市、东阳市、兰溪市、永康市、浦江县和武义县,以金华、兰溪的中心城区、义乌和东阳的中心城区为都市区的两个核心区,以永康、武义、浦江的中心城区以及其他中心镇为都市区外围的人口和产业集聚点,形成"双核多点"的空间形态。《规划》提出"十二五"时期,金华—义乌都市区要加强金华和义乌聚合发展,着力提升都市核心区能级,推进都市区其他县市与核心区融合发展,推进磐安、龙游、缙云等县的一体化发展,进一步形成浙中城市群。到 2015 年,基本形成核心区功能完备、周边县市与核心区融合发展、产业与市场互促共进的现代化都市区,带动浙西南和周边地区的发展。

随着县域经济的发展,金华在"金义主轴线""浦义东磐"和"金兰永武"等交通沿线形成了小商品、五金产品、特色工艺品等具有传统优势的轻工制造业等特色产业布局,特色产业主要分布在义乌、永康、东阳三个百强县。金华的县域经济总量占了全市经济总量的 4/5 以上,2015 年仅义乌就占金华地区经济总量的 30.7％。与此相反,金华市区的经济显得薄弱,仅占市域经济总量的 19％,远低于杭州(86.8％)、宁波(56.8％)、温州(41％)的市区水平。县域经济的发展为金华经济起飞做出了巨大的历史性贡献,但其散布式发展,使浙中区域的经济资源整合形式和空间治理状态不理想,无法形成合力,因此,需要通过向都市区经济转型,实现区域产业结构和城乡结构的优化。

从区域协调发展的角度分析,县域经济具有资源整合能力弱、集聚高端要素难度大、重复建设和同质化竞争、公共服务资源共享不足等局限性,而都市区经济具有开放性、协调性、共享性,可从更大的范围来整合和优化配置资源,实现产业与城市联动发展,创新驱动发展和生态环境保护。金华—义乌都市区要融合发展,就应通过一体化规划推动资源配置的优化和有效融合,统筹发展高端化都市经济和特色化县域经济;通过城镇与产业发展的良性互动、都市系统功能的健全与完善,形成以产业带为载体的区域经济发展格局和有区域特色的城镇网络体系,促使县域经济向都市区经济转型发展。

(二)县域经济向都市区经济转型发展是新型城镇化空间布局的必然要求

县域经济向都市区经济转型发展是重塑经济地理、重新配置资源的区域空间布局的优化过程,其内在动力在于企业和政府的双重作用。区域统筹、城乡一体的新型城镇化要求企业突破县域经济的局限,在都市区以至更大的区域范围展开分工与协作,逐步形成专业化分工和区域化布局的产业带。这需要政府通过搭建各种公共服务平台和协调机制来破解都市区内部各县市间博弈的"囚徒困境",实现各县市利益的"帕累托改进"。

新型城镇化背景下的都市区发展,不只是经济地理空间的简单拓展,更涉及区域内空间布局、交通对接、资源调配、产业形态、管理方法等一系列的转型升级。首先,企业要在市场机制的作用下通过技术改造和经营模式创新,促使传统产业改造提升和新兴产业培育;政府通过产业空间布局和都市服务功能一体化规划与建设,提升中心城市能级,为企业发展提供更好的市场空间、要素资源和产业配套条件,通过高端要素集聚,发展高端产业,消除行政壁垒,增强中心城市的集聚辐射能力。其次,政府要注重产业高度化与布局优化,促进区域服务功能增强、发展深化和管理升级,注重建立都市化与产业转型升级的互动推进机制,实现城市与产业发展的动态匹配和空间匹配,使要素资源集约利用,都市化与产业发展良性循环。都市区的一体化发展需要加强交通对接,构建便捷的交通和公共服务网络,确保中心城市产业和人口能够顺利与周边城镇双向流动,外围地区能共享到中心城市的创新要素和公共服务资源。发展都市区目的是通过优化空间布局,重构区域发展优势,建立不同利益主体的协调机制,解除传统行政体制束缚,用市场机制推动不同行政主体的竞争合作。

浙江省明确了新型城市化的主体形态是都市区,而不是城市群,原因在于杭州、宁波、温州、金义等大城市的高端要素集聚和都市型经济发展水平相对较高,特色优势功能和对外辐射带动能力较强,建构都市区的条件基本成熟。培育构建都市区可带动县域经济向都市区经济转型升级,提高都市区人口和经济密度,提高土地等资源利用效率。此间,须发挥政府、企业和社会组织各自的作用,协调解决面临的问题,特别是要通过市场来配置企业项目、科研院所、医院学校等城市资源,优化都市区的空间布局。金义都市区作为省域第四大都市区,应以义乌国际贸易综合改革试点等国家级改革试点为抓手,探索金华义乌聚合发展,周边县市融合发展的方式与路径,增强区域中心城市的集聚和辐射功能。

三、现实与基础：金华向都市区经济转型发展的有利条件与制约因素

(一)空间区位条件优越,但核心区带动能力不强

金华具有"浙江之心"的地理位置和广阔发展腹地的区位优势,公路、铁路、民航、水运等运输方式齐全,具备打造区域性中心城市的优越条件。"义乌试点"等国家和省级试点政策的扶持,为都市区建设带来利好。但由于试点政策对整个都市区的拉动效应未充分发挥,金华工业对周边地区的溢出带动效应不明显;都市核心区服务辐射力弱,要素集聚能力不足,带领浙江中西部地区驱动发展的中心地位未确立。

(二)县域经济特色鲜明,但联动发展水平不高

金华各县都看到了区域合作的好处,并希望通过合作实现资源配置效用的最大化,但由于长期实施强县战略形成路径依赖,以及担心其他地方不合作而未能建立合理的协调机制,结果资源仍然主要在县域范围内低效配置,产生了初始选择决定未来选择的"锁定效应"。结果县域经济像散落的珍珠各放其彩,但缺少串珠线,都市区的空间联动发展水平不高,"双核多点"的发展形态造成了"弱中心"发展局面,难以形成区域发展合力。从经济首位度分析,2015 年金华市区、义乌市两大核心城市地区生产总值与排名第三的永康市比值分别为 1.40 和 2.16,低于杭州中心城区和萧山之比 2.33、宁波中心城区与鄞州之比 2.63。这反映出金义都市区的核心区服务功能弱、产业联动配套不完善、龙头带动作用不强。作为龙头上眼睛的金义都市新区内生动力未形成,节点作用未能发挥,市域的整体联动发展水平仍然偏低。

(三)产业综合实力不断增强,但行业协同创新不够

近几年来,金华 GDP 增速超过全省平均水平,电子信息、新能源汽车等新兴产业快速发展,但产业分工联系不紧密,行业组织协同创新不够。随着金义新区建设的推进,一批高端制造业、现代服务业项目先后开工,掀起由

电子商务、现代服务、文化创意等产业担纲的投资热潮，新区有望成为增强金华产业发展综合实力的新亮点。但各县（市）产业重复布局状况仍未改变、产业区块各自为政的现象突出、竞争激烈，产业分工联系不紧密、产业链上下游协同性不强，产业组织协同创新不够，行业间的协同创新机制尚未形成，创新资源共享性差。

（四）市县协作有所推进，但一体化机制尚未形成

经过五轮县域扩权后，义乌基本与地级市享有同等的管理权限。面对市本级与周边县（市）日趋激烈的竞争，金华成立了城市群（都市区）建设领导小组协调日常工作，各县（市、区）也以增挂牌子的方式成立了相应的工作协调机构。但区域发展和协作的功能未得到很好发挥，主要存在以下问题：一是金华市本级功能弱化，处于"被架空"状态，市对县的纵向管理减弱，横向竞争加剧，区域统筹缺少了"主心骨"，不利于都市区经济发展。二是协调管理体制不顺，相关工作难以制度化、常态化开展。上述两个领导小组缺乏统筹管理权限，跨行政区域的协调未实质性开展。三是区域合作意识不强，竞争处于无序状态。各县之间在招商引资、项目建设等环节相互戒备，地方分割，无序竞争。县（市）的资源瓶颈问题难以在都市区统筹发展中解决，地方利益矛盾阻碍了整体发展。

（五）社会历史文化同根同源，人们联系往来密切，但融合发展不够顺畅

自唐代成立婺州以来，八婺大地以婺文化为共同纽带，人文相亲、地缘相通、血缘相连、习俗相近，区域文化的认同感促进区域合作交流。改革开放以来，随着交通通信的发展，人们往来更加频繁，经济社会联系日益加强，对八婺共同体的认知和文化协同意识增强。但受"省管县"财政体制和目前县市考核机制影响，在涉及各自经济发展利益时，都市区内权力多中心的约束效应明显放大，各权力主体为了争取利益最大化，不断进行经济、社会、文化、生态景观建设等方面的博弈，对区域空间发展的质量和效果产生不利影响。县际利益矛盾阻碍了都市区的整体的融合发展、空间治理和优势重构。

四、路径与构想：金华向都市区经济转型发展的空间治理

金华要在认真分析区域发展优劣势及挑战与机遇的基础上，选择与其比较优势相一致的经济发展路径，从以下四个方面探索与构思向都市区经济转型发展的空间治理方式。

(一)依据高密度均质化的空间特征，优化都市区布局

以长三角南翼小型都市区建设为目标，通过规划引导和土地调控，对以金义组团式都市区和沿交通轴线分布的产业带，进行统筹谋划。坚持大中小城市和小城镇协调发展、城市和农村互补协调发展、紧凑式的城镇空间密度、自然与文化遗产保护等五类底线。依据资源禀赋、环境承载力和高密度均质化的空间特征，确定各城市层级与规模，形成组合有序、功能互补、布局合理的城镇体系。围绕"一轴两带"空间布局，由城市群（都市区）建设领导小组从整个都市区优化布局的角度，统一调配相应的土地增量指标和专项资金，平衡相应的利益和功能联系，着力优化都市区主体形态，推进都市区同城化，形成合理的空间扩展模式。

(二)通过产业与要素空间布局的优化管理，促进高端产业向都市核心区集聚发展

发挥市场机制对资源配置的决定性作用，消除要素跨县域流动的制度成本和行政壁垒，利用制造业的集聚效应与扩散效应及产业延伸度拉动服务业发展，进而推动工业产业优化升级、服务业深化拓展，加速产业结构持续演进和都市区空间结构优化。发挥专业市场与产业集群联动发展优势，在核心区形成现代服务业与先进制造业联动的竞争力强的产业带，促进高端产业与都市核心区融合发展。围绕"产城融合"发展要求，着力提升都市区综合实力，由都市区协调机构从全域统筹的角度进行土地等要素资源配置，通过城镇建设用地与农村建设用地增减挂钩，盘活城乡建设用地资源，推动各县（市）的开发建设朝着有利于区域协调的方向发展。比如，义乌有好项目但缺少发展空间，金华有发展空间但需要优质项目，可由都市区协调机构统筹调配用地指标和项目审批，最大限度地发挥综合带动效应。

(三)通过都市区建设管理方式创新,促进区域一体化发展

政府依法规范产业活动,合理引导产业发展,强化主轴线的聚合,优化各城市组团的功能,实现区域统筹发展和城乡一体发展。运用大数据处理技术构建都市区智能管理模式,合理配置都市公共资源,防止与产业发展的错配与失配,及时弥补市场缺陷,构建合理的都市区功能体系,实现城市间功能互补,促进区域一体化发展。实现都市区内部差别化的考核体系,参照金华市主体功能区中各分区定位,对各县进行差异化评价,如对山区县磐安的考核重点是其在都市区生态环保中的作用。在都市区成立社会资本风险投资基金和创业投资基金,争取省财政支持都市区建立投融资平台,探索发行都市区的政府建设债券。

(四)遵循社会经济环境系统配套原则,促使城乡资源配置均等化

坚持天人合一,将生态文明建设融入都市化的各方面和全过程,建设与大自然融为一体的都市区。通过顶层设计,科学规划、统筹使用区域水资源,建立和完善生态补偿机制,让保护环境者受益,让污染环境者付费。避免狭隘考虑经济增长引发都市公害问题,在公共服务、生态环保等领域,探索由都市区内各城市让渡一部分行政权力,增强协调机构的跨区域统筹权力,促进小城镇和农村融入都市经济区,实现城乡要素合理配置,公共服务均等享有。

五、对策与思考:金华向都市区经济转型实现优势重构的举措

县域经济向都市区经济转型是一个持续的过程,金华各地要解放思想、统一认识,建立合作第一、竞争第二的发展机制和激励相容的利益共享机制。依据"规划共绘、产业共树、设施共建、服务共享、环境共保、优势共创"的"六共"原则,推进转型发展。

(一)规划共绘,执行有效,形成都市区组团式发展的局面

要根据组团式发展的要求,打破县域行政区划束缚,突出经济区域导向,制定相互衔接、协调一致的都市区规划体系。规划与控制人口、产业、生态功能区,强化核心区辐射带动作用,同时彰显各县市产业特色与城市个性;强化执行效力,引导全域都市化协调有序推进。坚持合作第一、竞争第

二的原则,市县联动,用激励相容的利益共享机制促进规划有效执行;统筹重大建设项目,谋划好城市综合体、中心镇、美丽乡村的规划与建设;统筹专项规划实施,扎实开展轨道交通、水环境综合整治、科技创新平台、公共文化设施等专项规划的项目建设,促使都市区形成组团发展的局面。

(二)产业共树,协同发展,以产业升级推进都市化建设

要依据自身资源禀赋结构、比较优势和市场前景,在核心区健全以先进制造业、战略性新兴产业和现代服务业为主的产业体系,在整个都市区构筑产业分工与协作体系,促进产业分工与布局合理化。首先,着力对具有比较优势的产业链做优、做强,推进传统产业基地向全产业链转型提升。做强现代医药、小商品、五金产品、纺织制衣等传统特色产业的产业链,做特技术研发平台、成果转化平台、高端制造平台的新兴产业链,做大零配件、整车生产、售后服务的新能源汽车产业链,做优拍摄制作、旅游娱乐、院线发行影视文化产业链,做精农业园区、休闲旅游、民俗文化生态产业链。其次,通过发展电子商务产业,进行"电商换市"的新探索,建立网商集聚的电子商务城,带动物流、制造等产业转型升级。发展会展经济,构建要素市场化运行环境,提高资源要素的配置效能,促使金华加快由市场交易大市向网络经济大市、资源配置强市转变。因此,要坚持市场调节、自然发展与政府监管、规划引导的有机结合,协同推动都市产业高端演进和产业形态创新,进而推进都市区建设。

(三)设施共建,服务共享,提高都市区建设与管理水平

要共建城市之间的基础设施建设,降低建设成本,提高规模效益。强化政府公共服务和社会管理职能,实现都市区内公共产品一体化和公共服务均等化。公共产品具有共享性和竞争性,共享的人越多,建设成本就越低,效益就越高,以县为单位行政划界来搞基础设施建设的平衡,成本偏高,设施利用效率低。应在规划共绘的基础上,共建基础设施,降低建设成本,提高规模效益,从都市区大格局中优化提升生产性服务体系和生活性服务体系,推进基本公共服务均等化。要构建布局合理、衔接顺畅、运转高效的综合交通与信息网络,实现轨道交通、高速公路交通网、民航机场等重大基础设施建设的统筹。构筑社会服务与治理的联动机制,发挥民生项目投资的基础作用,完善基本生活服务,提升基本公共服务水平,构建食品、交通、治

安消防、消费等生产生活安全服务体系。

（四）环境共保，优势共创，强化政府的环保职能

通过节约发展、清洁发展，形成产业形态与自然生态相协调的发展新优势。促使政府职能回归到生态环保等公共服务领域，严格控制污染物排放，健全环境保护体制机制。加大历史文化名城、名镇和名村保护的投入，整合风景名胜区、自然保护区、森林公园、国家地质公园、湿地公园等资源，强化各类自然型保护区的统一保护和建设。结合水系环境、绿地系统建设，优化城乡空间形态和环境，传承人文风貌特色，鼓励城乡文化多样性发展。与资金、人才、技术等可通过向外引进的要素不同，环境是不可能引进的，只能靠我们营造。因此，要统筹环保专项资金，统筹水资源利用，扩大区域环境治理合作，建立多元化组织协调机制，构筑生态环境治理的联动机制。要以治水为突破口，倒逼企业转型升级，实现经济效益、生态效益、社会效益三者的辩证统一，保持河水清洁、空气清新、食品绿色，使我们的发展不仅让当代人受益，还要给子孙后代留下清洁的土地、干净的河水、蓝色的天空。通过环境共保来共创都市区发展的新优势，提升以"一轴两带"为核心的都市区整体实力与发展质量。

第三节　金华走出城市治理内卷化困境的探索[①]

"内卷化"原意是指爪哇的水稻农业生产长期以来只是简单地重复生产，没有什么进步的现象。治理是 20 世纪 80 年代西方国家应对社会需求多样化、"政府失灵"和"合约失灵"而产生的管理方式变革，是政府部门和非政府部门等公共行动主体为了增进公共利益，在相互依存的环境中彼此合作，分享公共权力，共同管理公共事务的过程。

城市治理是政府与非政府组织、公民自组织等第三部门，基于共同认识、市场原则、公共利益，平等互利地进行公私互动合作的过程。我国现阶段的城市治理表现为：在政府主管部门主导下治理主体通过协商合作，参与城市治理的决策，共同承担公共管理职责，提供有效的公共服务，满足多样

---

① 本节发表于《金华职业技术学院学报》2019 年第 2 期，第 14—19 页。

化需求。随着城市化快速推进,传统的统治与管制手段已难以实现城市公共事务管理的良性互动,单一主体的行政执法也使城管工作十分被动。近年来,金华按规划精品化、建设精致化、管理精细化、设施现代化、城市形象个性化要求,实施精品城市建设战略,转变城市治理方式,落实"改陋习、抓细节、克堡垒、标准化"的城市治理工作方针,从制度化、人本化、智慧化三方面着手,强化城市治理的制度建设和行政管理,引入市场机制,开展志愿服务,提升包容性治理水平,逐步走出城市治理"内卷化"(笔者将城市治理中的"内卷化"定义为,既没有突变式发展,也没有渐进式变化,而是"乱—治—再乱—再治"循环往复的轮回状态,治理变得艰难,主体间关系趋于紧张)困境。

一、金华城市治理的历史沿革与实践创新

(一)历史沿革与"内卷化"困境

金华于 1992 年成立由市建设部门主管的城市管理的机构——城建监察大队,开展政府主导的城市管理工作,2004 年成立城市管理行政执法局,相对集中地行使行政处罚权,履行"7＋X"职责,实现行政处罚与行政许可权分离,2006 年成立城市管理委员会办公室,2013 年城管办与执法局合署办公,探索建立办事高效、运转协调、行为规范的城市管理体制。此间,城管部门一直在上级期望、市民抱怨和相对人抵触的夹缝中生存,公众冲突事件时有发生,行政管理与执法处在风口浪尖,具体工作陷入"乱—治—再乱—再治"的"内卷化"困境。

党的十八届三中全会提出要实现国家治理体系和治理能力现代化,国家治理方式需要在原有基础上升级。城市治理是国家治理体系的重要组成部分,如何升级呢?金华经过 20 多年的实践探索,初步实现了由传统"人治型的行政管理"向现代"法治型的行政执法"跃升。一方面从工具理性角度探索与改进"如何治理"的方法,提高治理效率,使治理行为合乎规律性;另一方面从价值理性出发,明确"治理什么"和"为谁治理",使治理行为合乎正义价值和公正理念,追求行为的合乎目的性,逐步摆脱因消极的"救火式"治理而造成的被动局面,走出由运动式整治所带来的"整治—回潮—再整治"循环往复的"内卷化"困境,推进城市治理体系和治理能力的现代化。

(二)精品城市建设战略的实施

2011年,金华开始实施精品城市建设战略,力图"从规划、建设、管理入手,强化精细理念,完善城市功能,改善城市景观,提升市民素质,彰显城市品位",力求把金华建设成"集约精致有内涵""宜居宜业宜游"的精品之城,让金华人民切实过上越来越美好的生活。三分建七分管的精品城市构建,日常的精细管理尤为重要。为此,金华城管部门不为牌子、不图面子、不做样子,树立润物细无声的治理理念,建立大城管治理模式,强化"依法治理、源头治理、综合施策"的结合,着力提升"系统治理"效率,破解管理人员"天天都很忙,但工作很难推进"的"骑木马"难题,逐渐走出城市治理的"内卷化"困境。

(三)实践探索与治理创新

第一,建立并实施"交办制""代整治制"和"数字化城管工作考核制"等三项制度,主动推进城市的精细化管理。2014年5月以来,金华创建并实施交办制。公私部门和城市居民日常生活和工作中发现的各类城市管理问题,通过"12319"城管热线、微信、市民来访等方式向数字城管平台反映,由平台向相关城市管理职能部门进行交办处理,提高城管的问题发现率、管事率和解决率。而代整治制,就是对日常工作中一些产权不清、责任不明但亟须处理的城管问题,按"优先处置"原则,由城管办负责交办相关单位代为整改,然后再明确相应责任,追缴代整治费用。至于数字化城管工作的考核制,是指对市区二环内的12个街道和市直20个部门(单位)的城市管理工作进行分类考核。综合来看,"交办制""代整治制"是金华推动城市管理工作重心下移,依法开展源头治理的创新做法,而"考核制"则是依据规范与标准对城管工作进行检验与奖惩。三项制度实施以来,金华初步形成了属地党委政府重视、相关城市管理部门(单位)参与和执法队员尽责的城管工作新局面,逐步健全了城市网格化管理和快速联动处置机制,潜移默化地改进了城管工作。4年多来,金华坚持把交办案件处置考核排名情况在《金华日报》等媒体定期公布,相关街道、单位和部门感觉到了工作压力,"考核制"的实施,促使考核对象尽心尽责,在第一时间发现、处置、解决问题,不断提高按期结案率,使"科学、严格、精细、长效"的城市精细化管理有了制度基础保障、组织结构保障、行为激励与约束保障。

第二,建立"城管义工协会""市民监督团""街道长"三支队伍,动员社会力量有组织地参与城市治理。"城管义工"起始于行政执法局的女子中队开展的"城市啄木鸟"活动,她们每月一次在市区人民广场开展"市容医生"式的服务活动,包括"扫街"巡查,清除卫生死角,对不文明行为进行劝导等,吸引了许多志愿者参加,逐渐形成了一支城管义工队伍。2013年,城管办顺势而为,有组织地招募城管义工,现已有固定的义工1000名,他们一有相关任务就能及时到位;松散的义工众多,他们大多由社区牵头在学校、居住区、公共场所就近、就地、就便开展城管活动。另外,组织部门安排新录用的机关事业单位工作人员担任一段时间的城管义工。义工作为城市管理的志愿者,在精品城市创建活动中能认真宣传城管知识,协助行政执法,监督环境卫生,倡导文明意识,为市民提供便民服务。"市民监督团"于2013年12月成立,成员由人大代表、政协委员、退休干部、教师和有一定影响的市民构成,他们根据"人民城市人民管"的原则,参与城管执法年度中心工作、重大决策制定、全局性专项整治等活动,掌握舆情,反映市民的理性诉求,对城市治理工作进行监督,协助化解矛盾,推进文明创建活动。目前,"监督团"有98名团员,每20人产生1个副团长,由其组织依片区一月开展一次活动,定期反馈城市管理督查中发现的问题,提出解决对策,城管部门负责人听取监督员的批评意见后,改进完善相关工作。"街道长制"于2013年12月在三江街道试点后推广。由街道党政领导担任街道长,负责各自区域的精品街区创建。由社区领导担任片区长,组织志愿者在社区参与城市治理,具体事项如解决路面补损、绿化补缺等问题,社区以财政划拨的专项经费为启动资金,争取交通、园林部门的资金补助;同时,按片区组织志愿者及时参与城市损坏物件、部件的修复工作,从而形成大城管的工作局面。金华通过三支队伍建设,推动第三部门参与城市治理,形成了符合实际的社会治理范式。

第三,进行精品城市创建探索,推动企业、社会组织、进城务工人员和城市住民积极参与城市治理,为走出城市治理"内卷化"创造条件。如金华市区公共自行车服务系统建设选址时,城管办问需于民,通过电视台、报社的市民问政栏目及互联网等媒体,由城市住民提出多样化的站点设置诉求和建设建议,然后由城市规划设计院根据市民意见设计出选址规划初图,再次在媒体公布征求意见,对一些需求旺盛但因多种原因暂时不能设站的地点,城管部门向市民一一解释说明。这样,使参与集体行动者的共同利益诉求得到满足,市民与政府部门、公共自行车服务运营公司一起,做妨碍设点的利益相关方的工作，不断优化站点设置。又如公共场所停车难、收费乱问题，城管办就公共停车泊位设置与经营管理问计于民，让公众有序参与，表达需求、挑剔问题、出谋划策。城管人员从群众最不满意处改起，与热心市民一起走遍大街小巷商讨设置了 3000 个停车位，规范了收费管理办法，规定管理员不得收现金，改用 POS 机刷卡收费，杜绝可能产生的收费不入账等贪腐行为，提高公共停车泊位的有序使用效率。再如城市牛皮癣治理，城管办通过公开招标，将牛皮癣清除工作委托给中标的公司来承担，用市场机制监督公司及时清除牛皮癣，同时营造引导市民改陋习的社会舆论，加大对乱贴乱画的执法处罚力度，以清理公司为主，城管部门、非政府组织、义工等各个治理主体积极配合，源头治理与动态管理相结合，城市牛皮癣治理成效明显。诸如此类的活动，充分体现出城市治理的政府"引导之手"与市场"看不见之手"的协作。金华城市治理的佳境正如诺贝尔奖得主奥斯特罗姆教授所言，它要由"政府做出安排，并给予信任和空间"，由企业、非政府组织提供社会服务，从而达到多元主体的复合联动治理。

二、金华城市治理创新进程中的问题及其原因分析

金华城市治理通过实施三项制度，组建三支队伍，开展系列创建活动，探索建立大城管模式，提高了治理效率，这符合现阶段城市治理的规律。但城市治理在思想认识、制度框架、组织体系、运行机制、社会环境和模式创新等方面仍存在诸多痼疾，这是城市治理陷入"内卷化"困境的根源，其成因与机理需要探明。

(一)存在的问题

一是受管制式的治理理念影响，治理主体的"内卷化"心态难以消除。表现为注重管理职能扩大，轻视执法效率提高的"内卷化"思维方式，由行政管理向行政执法新形态的转变较慢，不能用现代先进科学的方式来治理和发展城市，导致了"骑木马"式的治理。

二是制度体系不健全，尤其是非正式制度作用发挥不够。表现为没有全国统一的城市管理法律标准和规范，城管在执法过程中要"借法执法"。金华城管的三项制度属于正式制度，但要从制度层面破解城管"内卷化"问题，还需发挥社会规范、地方习俗等来源于传统文化和社会共同认识的非正式制度的配套。

三是组织体系欠完备,政府主导多元复合的城市治理组织结构尚未构建。表现为没有形成全国范围层级完备的城管组织体系,城管行政执法局作为新兴的治理机构,"上面没有爹娘,下面子孙满堂",其纵向指导和横向协调关系均有待理顺,"全方位、全天候、全覆盖"的大城管组织体系有待健全,城市治理的组织体系建设任重道远。

四是复合联动机制尚待建构,符合本地实际的治理模式尚未形成。复合联动的运行机制需要"政府主导、市场运作、社会参与",以往的应急整治大多采取短期运动方式,未形成政府相关部门、非政府组织、公民自组织之间常态化合作的治理模式。

五是城管执法社会环境不理想,城市管理形象不佳。表现为公众对城管工作的不理解,管理对象对城管工作监督干预多,理解谅解少,自媒体时常放大城管工作的负面形象,处在矛盾聚焦点的城管队员往往被敌视,遭受暴力抗法甚至人身威胁。城管执法中存在法律边界不清、权力交叉、职能重叠,以及鲁莽执法、选择性执法、临时式执法、体验执法等问题。

(二)问题成因与机理分析

一是受专制统治的历史传统和国家管制制度的影响,我国政府监管职能强化,民众自主自治意识淡漠。城市政府在公共事务管理中仍在"为民做主"包办事务,市民"由民做主"的主体意识不强,形成有事找政府的依赖心理,导致"公民社会"和"有限政府"的治理理念难以形成。随着我国社会主要矛盾的转化,公民对美好生活的需要,如民主法治、公平正义等日益增长,政府提供的公共产品显得不足,常规性治理变得艰难。而专项整治和集中打击的运动式执法,公众参与愿望与热情不高,治理主体间关系趋于紧张,治理的"内卷化"困境加剧。

二是现行的城市管理与城市治理体系和能力现代化的要求还有较大差距。由于国家层面尚未制定城市治理的规范性法规,城市管理所依据的仍然是1997年颁布的《行政处罚法》,城市日常的执法行为还没有统一标准设置;治理主体上,部门联动机制尚未形成,单靠行政执法局力量显得单薄,难以承担精细化管理的重任,现行的激励约束机制,难以调动执法人员的工作积极性,难以动员社会组织、企事业单位和公民个人主动参与城市治理;治理能力上,"对上扛不住,对下管不住"的"临时工"素质和非专业化的治理能力,在突发事件处置时回应不迅速,协同性不强,影响了城市管理者的形象,降低了城市的整体治理水平。

三是运动式的城市治理行为方式,导致常态和长效的治理机制缺失。当城市治理问题突出时,采取运动式管理,只能在短期内取得成果,运动过后城市秩序的改观不大。运动式的应急处理与专项整治,难以走出"乱—治—再乱—再治"的"内卷化"困境。如"突击式"创国家卫生城市,其间的管理创新和细节优化不能长期坚持,无法形成以常态保长效的机制,整治过后的城市管理又回复到原来的局面,甚至让"创卫"成为"创伪"。有的管理部门在运动过后,就会寻找法律条文的依据为自己的不长期合作辩解,认为参与应急任务是自己做出的奉献。治理效果上,仅仅在短期内达到考核指标要求,不能推动城市管理决策、计划、组织、指挥、协调、控制等各个过程的长期协同合作。

综上所述,城市治理"内卷化"问题的形成机理及内在逻辑在于:随着城市化进程的加快,城市住民的权利意识、民主参与意识增强,利益诉求日益多元化,以行政执法为主的单中心城市管理,难以形成治理合力,政府日益成为社会矛盾的集中点,管理成本日增,功能绩效不彰,民众的不满感增强,治理变得艰难,主体间关系趋于紧张。而要想破解城市治理"内卷化"问题,须从理念、体制机制、治理环境等方面着手,建立政府主导、社会协助的多主体复合治理结构,明确各主体的权利与职责,依据各自的职权开展相应的合作治理,形成合理的治理体系,使治理机制的创新可持续发展,使治理行为更加符合正义价值和公正理念。

三、金华城市治理走出"内卷化"困境的对策与建议

近代著名思想家严复曾说:"制无美恶,期于适时。变无迟速,要在当可。"适时的制度创新和合理的路径设计是城市治理走出"内卷化"困境、走向现代化的客观需要和必然要求。2013 年,中央城镇化工作会议就提出,要"培养一批专家型的城市管理干部,用科学态度、先进理念、专业知识建设和管理城市"。金华如何通过精品城市创建,锻炼和造就一批专家型干部,提升城市包容性治理水平,形成符合本地实际的治理模式,走出治理"内卷化"困境?笔者认为可以从如下几方面着手。

(一)转变城市治理理念

城市治理要顺应人民群众需求的变化,明确"管理就是服务"的理念,掌

握工作艺术,由管理向治理转变,寓管理于服务中。

一要践行新型城镇化理念,对现行的城市治理方式进行有效改进。持续扩张和高速发展城镇化引发的诸多"城市病"与以人为本、城乡一体化和公共服务均等化的新型城镇化理念相背离,对处于转型期的中国城市综合治理能力提出了严峻的挑战。要化解城镇化进程中的种种病变,扭转城市治理的不利格局,城市管理者应牢固树立新型城镇化的理念。

二要树立多元复合的治理理念。当前,我国社会发展相对滞后于经济发展,社会领域存在诸多的问题和相关的风险。新的发展阶段要求政府及时转变职能,减少对公共资源和权力的垄断,提高公众参与度。处理好政府与其他治理主体间的关系,防止出现"政府的失败既可能是由于它们做得太少,也可能是由于它们做得太多"的"刘易斯悖论"。重新界定政府发挥作用的领域,把政府做得太多的减下来,做得太少的补上去,建立声誉机制,开展多元复合治理,让非政府组织在具体事务中更好地发挥自主自治作用。

三要树立城市的包容性治理理念。城市的包容性治理意味着能够容纳矛盾与冲突,在矛盾与冲突面前能够表现出很强的解决问题能力,意味着各行为主体参与城市治理的机会均等,城市发展的成效共享,法律等正式制度和社会规范等非正式制度作用发挥互补。为此,城市治理要逐步扩大行业自治与社区自治权力,包容地考虑和解决各种治理问题。如,中心城区的某些道路和空间可依法限时向流动商贩开放,为他们提供合法生存的包容性空间;对城市乞讨行为多一些理解和宽容,依法划定乞讨区和限定乞讨时间,保障被动型乞讨人员的基本生存权利,制止以城市形象为借口彻底清理乞讨人员的做法。

(二)创新城市治理体制机制

城市治理要本着与人为善原则,对刚性的法律和规定进行柔性操作,处理好情理法之间的关系,创新体制机制,使治理方式与大众行为方式相适应。

第一,通过制度建设提升城市治理水平。城市治理水平的提升是政府与市民的共同诉求,而各方力量的博弈是提升治理水平的重要方式,博弈各方要拥有相同的权力,成为利益相容的共同体成员。政府与市民之间要建构信任与合作关系,在制度制定时,依责任确定权利,在政府公信力与市民满意度中寻求均衡;在制度实施中,强化协同服务的理念,各责任单位要切实履职,不推诿、不拖延、开展协同治理;在绩效考核时,要按照相关管理规定,实行严格的奖优罚劣机制。

第二,建立联动式城市治理组织体系。构建由政府主导、非政府组织与社会公众平等合作、持续互动的城市治理架构,动员市民积极有序地参与城市治理,主动履行职责,协助化解矛盾。推进传统管制、统治向注重城市住民参与、合作治理转变,形成大城管格局,协同推进城市发展,达到治理条件与治理目标动态平衡。为此,城市治理要推进公安、城管、工商、文化、市容、城建等部门的专项整治和联合执法,变"强制性、突击性"整治为"制度化、常态化"管理,变"简单式、冲击式"整治为"责任制、精细化"管理,推动优势互补和资源整合,提升管理效能。要探索建立公众参与机制,让社会各界和广大市民群众了解、支持并参与城市治理,促进政府和非政府组织的联动和互动。

第三,明确建设美丽城市、创造美好生活的奋斗目标。一是加强城市生态保护,节约城市能源资源,实现粗放向集约转型的城市精明增长。按绿色消费、低碳生活的要求创建优美的城市环境,建设环境友好型城市,防止因对私人物质设施的过度追求,而挤占蓝天白云碧水等人性化需求的公共空间。二是满足城市住民对美好生活的需求。诺贝尔经济学奖得主阿马蒂亚·森曾指出,人们的生活质量应该不是根据财富而是根据自由来衡量,"发展可看作是扩展人们享有真实自由的一个过程"。金华要通过"高水平"现代化建设,来满足人们享有真实自由的愿望。

(三)开展城市治理品牌创建

创建城市治理精品,需采取以下措施:一是通过精品城市创建,优化执法环境。要从本地历史、文化、经济、社会环境的实际出发,注重城市治理的特色营造和美誉度积累,建设特色鲜明的精品城市。要发挥公权力综合协调作用和私权力自我保障作用,在硬件上加强城市空间建设、保护和更新改造,在软件上提升城市精神、习俗和生活方式,优化执法环境,增强城市竞争力和生命力。二是加强城市治理品牌创建,提升执法队伍素质。城市治理品牌是政府公信力和形象的象征。要打破部门利益,削减专业部门执法,加强综合执法力量,加强一线执法力度,加强培训力度,提高执法人员素质,不断破解"内卷化"困局。三是加强城市精细管理的宣传。在大量进城农民要转变为市民的背景下,城市治理要做好宣传工作,开展针对性强、群众喜闻乐见的宣传教育,发挥媒体的宣传监督作用,让新老城市住民明确自己的权利和义务,按照法律、社会规范和地方习俗行事,平等地参与城市治理,营造良好的城市治理氛围。

(四)提升城市治理智慧化水平

进入信息时代,网络技术正在推动人们走向数字化生存,政府在城市治理中要多用信息披露的办法,让老百姓自主、免费利用信息来优化生活和工作。一要善于使用信息技术提高城市治理的智慧化水平,把信息技术、计算机技术和空间技术渗透到城市的规划建设与管理服务中。综合运用各种信息技术,开展数字城市建设,在注重人力及人脑智慧的决定性作用的同时,发挥机器智能和信息化建设的作用。二要利用大数据时代信息处理数量大、种类多、速度快的特点,构建城市日常治理和应急处置的网格化平台,推进公安、公交、规划、市场监管、应急等资源的优化整合。发挥现场巡逻人员实地拍摄检查反馈分析的作用,运用"人—机"复合平台,推进城市的精细化、特色化管理。三要运用公共信息平台的相关技术解决各类专题性问题,通过多个专题性问题的解决形成综合性智慧方案,从而进一步拓宽应用领域,把握城市治理发展的趋势,推动创新,实现服务创新和监管创新。

(五)实现城市治理法治化

"城管最大的问题就是搞不清'城管是谁'。"街头执法,却没有专门的立法支持;各地都有城管,却没有国家层面的管理部门。立法的缺失,是造成城管与执法对象冲突屡屡发生的重要原因。因此,应利用全国人大授权设区市制定"城管法"的机会,抓紧进行立法前调研,明确城管综合执法的性质和法律地位;规范城管执法主体,包括领导机制、部门责任、人员编制及执法权限;规范与专业部门的法律关系,规范城管执法的运行与监督,让城管执法有法可依,为依法执法创造法律前提。这样,城管依法执法,执法对象依法维权,最终达到城市治理的最大公约数。不同的城市有不同的地域文化特色、识别性和个性,法律是人们在学习与实践过程中形成的制度规范,是衡量管理效果的依据,法治化的城市管理要加强以法律为核心的标准化体系建设,使每一个问题的解决都有标准要求、责任规定和考核办法。

第六章　金义都市核心区
协同发展机制与路径

呈网络型发展的浙中城市群和金义都市区,区域一体化水平不高,龙头城市的带动作用不明显,经济社会融合互动的体系尚不健全。为顺应县域块状经济(专业化产业区)向城市经济、都市区经济转型的时代潮流,浙中地区迫切需要培育一个起领头羊作用的增长极,带动网络型城市群一体化发展。2012年,金华开始规划建设金义都市新区(简称金义新区),着力培育起领头羊作用的都市核心区,以提升龙头城市带动网络型城市群发展的能力,进而建立区域经济社会融合互动的体系,推进一体化发展。金华各地利用各自资源禀赋实现差异化发展,在政府的强力主导下,充分发挥市场机制的资源配置和利益平衡作用,采用合作开发等路径,推进新区建设。①

第一节　金华城镇化推进中的核心区建设

一、金华城镇化道路探索的历程

1991年,金华市委首次提出在浙江中部培育以金华市区为中心的小城市群,这一设想得到时任浙江省委书记李泽民同志的肯定。他认为:"如果永康撤县设市批下来,加上已有的东阳、义乌、兰溪市,很可能形成以金华为中心的浙江中部小城市群,从而带动整个经济建设。"此后,金华采取多种措施努力增强金华市区的城市群"群核"功能,提升小城市群"群集"的实力,增

---

① 本节某些内容曾发表于《北方经贸》2019年第11期,第3-7页,系浙江省社科联研究课题(编号2012SXN096),浙江省党校系统研究中心课题(编号 ZX14154),2012年金华市政府重大招标课题研究成果。

强城市群的发展力和影响力。1995 年,金华提出以浙中城市群组合形式作为中心城市(学界常把浙中五市作为金华中心城市与杭州、宁波、温州都市区进行比较),发展大交通、培育大市场、开发大产业、开展大金华的"群网"建设,逐渐形成以金华市区为核心,各城镇主次有序、分工协作的网络型城镇集群,力图增强城市群的"群核功能"。

1999 年,中共浙江省委省政府印发《浙江省城市化发展纲要》认为,浙江中西部地区发展滞后,其主要原因是该区域"缺乏有足够影响力的中心城市"(即城市群"群核"的功能不强)。《浙江省城市化发展纲要》指出,"从区域经济协调发展要求看,(浙江中西部地区)培育中心城市的任务已相当迫切。从区位条件、经济基础、文化优势和历史因素等方面看,对金华应加以重点扶持,同时加强周边城市群建设,发挥群体优势"。把金华培育成为省域中心城市,可以改变浙江中西部地区小马拉大车的局面,带动整个"群集"一体化发展。2000 年,《金华市城市化发展纲要》提出建设浙江中西部中心城市的目标,按照"基础设施共建、资源优势共享、支柱产业共树、生态环境共保、区域优势共创"的发展思路,着力培育以金华市区为内核,义乌、东阳、永康、兰溪四个城市为紧密层,并由周边中心镇共同组成的布局合理、优势互补、功能完善、生态良好、协调发展的中心城市。

2001 年,浙江省"十五"规划认为浙中城市群的崛起对全省城市整体竞争力的提升意义重大,提出"要发挥金华市优势,努力培育浙中城市群"。此后,浙中城市群的都市化发展战略与强县战略同步推进。2001 年,金华市区进行了区划调整,撤销金华县设立金东区,调整婺城区。2002 年,金华市实施"一中两翼两三角"的发展战略,"一中",即重点进行市区中心区块的南伸北延和旧城改造;"两翼",即开发建设金东新城区和婺城新城区;"两三角",即在孝顺、傅村、鞋塘三镇成立金东开发区,在汤溪、罗埠、洋埠三镇成立金西开发区。经过 10 年努力,金华市区的经济实力和城市面积迅速提升,城乡差距有所缩小,城乡居民的收入比由 2002 年的 2.79 倍降到 2011 年的 2.50 倍。金东开发区的人口集聚与工业发展速度快于金西开发区及其他开发主体,它在"一中两翼两三角"五个引擎中,发展潜力与优势凸现,成为金华市区发展的新亮点(见表 6-1)。

表 6-1　金东、金西开发区、金华市区发展情况

年份	金东开发区		金西开发区		金华市区		城乡收入比
	人口/万人	工业总产值/亿元	人口/万人	工业总产值/亿元	人口/万人	GDP/亿元	居民：农民
2002	8.5869	26.0	9.4846	4.03	91.98	120.81	2.79
2010	10.5073	105.7	9.6772	53.2	93.19	400.72	2.52
2011	11.5678	139.1	9.8000	66.7	93.57	464.95	2.50

从提出建设以金华市区为中心的小城市群发展设想,到实施"一中两翼两三角"的发展战略,再到金义都市区的培育,金华对城市化道路进行了20多年的探索,在统筹浙中区域协调发展、培育特色城市、提升城市群可持续发展能力和核心竞争力等方面取得了一定成效。随着区域格局变化,特别是义乌的崛起,浙中地区的发展需要金华与义乌合力带动,区域发展的策略需要优化。

二、新型城镇化对浙中城市群发展提出新要求

进入21世纪,我国城市发展战略从改革开放初期重视中小城镇发展,向以大城市建设为中心、中小城镇协调发展、分工明确、功能互补的新型城镇体系转变。新时期有中国特色的新型城市化是由城市群统领、大中小城市与小城镇协调发展、多元有序的城市化,不断崛起和正在形成的城市群与都市区是新型城市化的主体形态。改革开放以来,金华城市化的特点是强县战略主导下的城镇"散布式"发展。在县域经济竞赛中,各县市区八仙过海、各显神通,义乌、永康、东阳三市多年来一直都处在全国百强县行列。其中义乌经济发展的速度最快,其地区生产总值1983年在金华前排名第四,1992年超过金华市区排名第一后,一直处于浙中区域县市级行政区的首位(见表6-2、图6-1)。义乌在浙中城市体系空间结构中的地位,从并列于东阳、永康、兰溪的四个副中心城市,上升为城市群的中心之一,与金华市区一起组成金华—义乌都市区。到2019年义乌的地区经济总量已经超过金华与兰溪两地之和,也超过东阳与永康两市之和。

表 6-2　1978—2019 年浙中五市 GDP　　　　　　　　单位:亿元

年份	金华市区	兰溪市	义乌市	东阳市	永康市
1978	2.7236	1.6361	1.2809	1.5115	0.9643
1984	6.6694	4.1904	3.8449	3.5773	2.1212
1988	14.6458	10.0798	10.986	9.0268	6.0523
1992	23.3041	14.9878	27.497	16.2773	11.0299
2019	877.95	385.69	1421.14	638.45	629.56

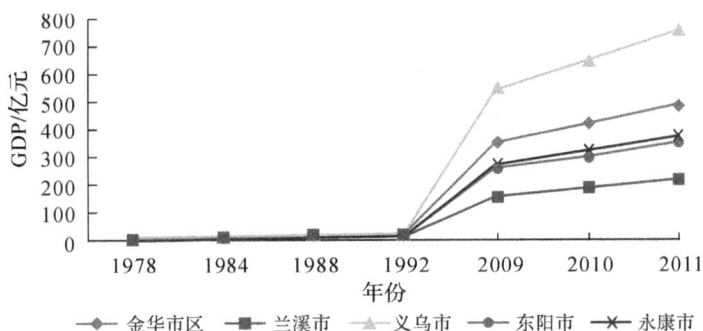

图 6-1　1978—2011 年浙中五市 GDP 比较

在强县发展战略的主导下,金华市区的核心引领作用相对衰微,作为浙中区域的首位城市,其首位度与中心地位先上升后逐年下降(中科院课题组按两城市指数 $s_1 = p_1/p_2$,四城市指数 $s_4 = p_1/(p_2 + p_3 + p_4)$ 两种方法计算浙中城市群中城市发展要素(主要是人口)在金华的集中程度。发现金华的首位度与中心地位先上升后逐年下降(2003 年到达顶点,此后转头向下,如图 6-2 所示),辐射带动能力逐渐减弱。

随着义乌的崛起,浙中城市群呈现出金华、义乌双核带动的局面,若将金华义乌组合为城市群核心区,城市能级[①]就会有大的提升(如表 6-3 所示)。

①　城市能级的数值等于各城市户籍人口数与地区生产总值乘积的开根号,可从一个侧面反映出该城市的经济实力、创新能力和服务水平。

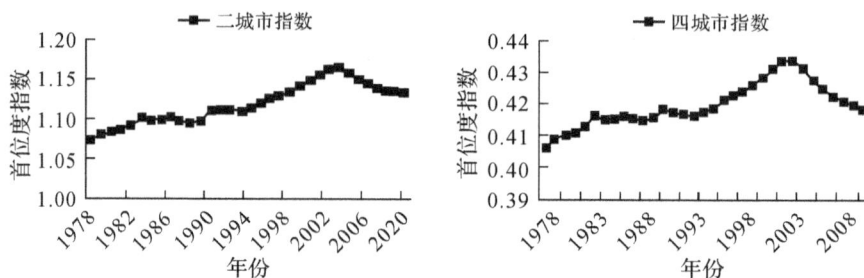

图 6-2　改革开放以来金华市区首位度指数变化情况

数据来源:中科院"金义都市新区功能定位研究"课题组。

表 6-3　2017 年浙江四大都市区城市能级

县市名称	土地面积/平方公里	人口/万人	GDP/亿元	城市能级
杭州市区	6192	824.1	11621.46	3094.71
宁波市区	3730	420.0	6282.69	1624.42
温州市区	1357	300.35	2181.08	809.37
金华市区	2044	93.19	741.39	291.47
金华—义乌	3149	244.13	1022.94	680.45

数据来源:2018 年《浙江统计年鉴》。

　　浙江省在 1992 年、1997 年、2002 年、2006 年进行了 4 次强县扩权改革,有效地增强了县级政府自主决策、自我发展能力,县域经济快速发展。20 世纪 90 年代,浙江正处于工业化的前期和中期,工业化带动城市化的作用明显,实施强县发展战略有其合理性。但在 20 多年的强县战略主导下,浙中地区城市化呈"散布式"发展,缺乏领头羊的"散"成为金华发展的致命伤。进入工业化后期,城市化推动工业化的功能凸显,县域经济的局限性日益显现,从"强县战略"向都市化发展战略转型成为一个亟待解决的问题。2005 年,金华市第五次党代会做出"发展城市群,共建大金华"的决策,2006 年,《金华市"十一五"规划纲要》提出"聚合金义主轴线"的城市群发展战略,把主轴线作为城市群的发展高地加以培育,通过聚合主轴线,做强金义都市核心区,带动浙江中西部发展。2017 年,金义都市核心区的城市能级已与温州市区接近(如表 6-3 所示),若能培育壮大城市群"群核",中心城市的能级和竞争力会进一步提升。区域发展理论认为,区域崛起是由增长极带动的,一个区域经过"散布式"发展后,亟须进入由增长极带动的"集成"崛起阶段。

长期实施强县发展战略的浙中地区一直处于"散布式"发展阶段,区域内部关联度不大,城市间没有形成优势互补、功能完善基础上的紧密联系与协调发展,中心城市的增长极作用不明显,城市群的发展显得群龙无首。进入 21世纪,金华的地区生产总值在全省的占比逐年下降,2020 年与 2000 年相比,金华在全省的 GDP 占比少了 1 百分点,约 650 亿元,这表明金华在浙江省范围内的区域发展呈现弱化态势。

三、浙中崛起需要推进县域经济向都市区经济转型

城市群是由一个或多个中心城市和与其有紧密联系的临近城镇组成,具有一体化倾向的协调发展区域。其构成要素一是强大的中心城市,二是匹配的城市腹地,三是密切的内在联系。城市群的竞争力主要看区域一体化进程中核心城市的整合带动能力,核心城市对城市群的发展起决定性作用。2010 年,《浙江省城镇体系规划(2011—2020)》提出,以提升城市化质量为重点,以网络型城市群作为推进城市化的主体形态,实施差异化发展政策,走新型城市化道路。规划到 2020 年,浙江省将以中心城市为主体,形成"三群四区七核五级网络化"全省城镇空间结构和"47624"的城镇体系。[1] 基于优化全省城市空间布局、促进区域协调发展的需要,规划将金义都市区列为我省四大都市区之一。2012 年 6 月召开的省第十三次党代会将建设金义都市区写入报告,提出要深入推进金华—义乌等长三角区域中心城市建设,加快形成现代化都市区。至此,浙中城市群和金义都市区的培育发展有了规范性文本依据和战略提升,浙中地区要将金义都市区培育成长三角区域中心城市。

然而,浙江经济版图中区域经济发展的特点是东北部崛起,西部弱小,南部落后,中部塌陷。地势越高,经济越落后,经济发展与地理高度成反比(如表 6-4 所示)。金华要通过赶超发展,实现浙中崛起,就得有等不起的紧迫感、坐不住的责任感、慢不得的危机感和急不得的冷静思考,通过开发建设新区,努力培育全省新的重要增长极,带动浙江中西部协调发展。2019年,金华的人均 GDP 全省排名第六,地区 GDP 在全省排名第七(4559 亿元),若要赶超排名第六的台州(5134 亿元),需要在新区再造 2 个金华经济

---

[1] "三群"是指环杭州湾、温台沿海和浙中城市群;"四区"是指杭州、宁波、温州及金华—义乌四个都市区。"47624"是指 4 个长三角区域中心城市,7 个省城中心城市,60 个左右县市域中心城市,200 个左右中心镇和 400 个左右一般镇。

技术开发区;若要成为名副其实的第四大都市区,则需要赶超排名第四的绍兴(5780亿元),就得在新区再造一个义乌(1421亿元),开发建设新区对浙中崛起具有极其重要的作用。

表 6-4　近两年浙江省部分市国民经济基本情况

城市	2019 年末常住人口/万人	2019 年城市化率/%	2019 年生产总值/亿元	2019 年人均生产总值/元	2019 年一般公共预算收入/亿元
杭州	1036	78.5	15373	148388	1966
宁波	854.2	73.6	11985	140306	1468.5
温州	930	70.5	6606	71032	579
金华	562.4	68.7	4559	81079	411.3
嘉兴	480	67.4	5370	111875	565.7
绍兴	505.7	68.4	5780	114297	528.4
台州	615	63.7	5134	83479	438.5

当然,浙中崛起还需处理好城市群内部的点线面关系,整合提升都市核心区:一要突出重点,通过新区建设增强核心区的"群核"功能;二要重视轴线的"群网"建设,通过主轴线和交通环线把城市群串联成网状的发展空间,加强城市集群、产业集群和市场集群的建设,形成发展合力;三要注重以点带面,通过完善城市群的交通网络、信息网络和市场网络以消除"群散"倾向,增强"群合效应"。其中最重要的是做强核心,提升都市核心区的城市能级,以点带面,发挥龙头引领作用。实力偏弱的浙江中西部地区正在影响浙江区域协调发展,而振兴浙江中西部的关键在浙中地区。2011 年 6 月,浙江省政府批复同意的《浙中城市群规划(2008—2020)》将浙中城市群定位为我省特色先进制造业、装备制造业和文化产业基地,以国际商贸名城、特色五金基地为依托的浙江中西部门户地区,接轨上海、融入长三角、参与全球竞争的三大主体城市群之一,并且将缙云、龙游和诸暨南部作为浙中城市群规划的协调区,强化其空间、产业、设施与金华市域的统筹协调。浙中城市群各城市"'单打独斗'时,个个在全国排得上号,可作为整体就变弱了许多。形成这对矛盾主要在于没有龙头的引领,九个县(市、区)像散落的珍珠,缺少一条主线"。随着义乌在浙中城市空间结构中的地位凸显,浙中城市群发展呈现出金华、义乌双核带动的局面,金华义乌一体化发展成为破散促聚,提升品质的重要举措。鉴于此,金华市委通过实施《浙中城市群规划

（2008—2020）》和《金义都市区规划（2019—2035）》推进金义一体化和全域同城化。通过八婺合力开发建设新区来促进浙中城市群融合发展，同时加强金华与义乌的聚合发展，提升都市核心区能级。

第二节　金义新区建设面临的问题与挑战

规划建设金义新区，是实施浙中城市群规划、推进金华赶超崛起的战略举措，是贯彻落实浙江省委、省政府重大战略部署的实际行动，是推进新型城市化的有益探索。这虽然是一项符合新型城市化发展规律、利国利民的大好事，但在实际工作中，会碰到许多问题，需要进行深入的探讨分析。比如，如何使干部群众在内心深处、在日常工作中真心实意地赞同、支持、主动参与新区建设；如何创新政府合作开发机制，破除行政区划分割障碍，建立区域合作的长效机制，有序推进新区建设；等等。

一、思想观念：合力建设新区的前提与先导

新区建设能否成功关键在于能否得到干部群众真心实意的赞同，而要得到干部群众的真诚拥护，就得消除他们思想认识上的误区。从长远和大局上来看，建设新区对浙中地区发展利大于弊，但不同区域人群可能获得的收益是不均等的，要把各级政府、企业及社会组织、民众三大力量动员起来合力建设新区，得依一定差序格局满足不同人群的需求来进行。费孝通先生揭示中国社会差序格局时说，它"好像把一块石头丢在水面上所发生的一圈圈推出去的波纹"。水波纹愈推愈远，也愈推愈薄，人们"被圈子的波纹所推及就发生联系"。自古而今，在中国的区域发展格局中，县是水波纹同心圆的圆心，县域是中国政治经济体系和社会系统中最基础的层次和最基本的单元。从地域层次来看，人们对县域的认同感最强，这种认同感在金华表现得最为突出。金华地区的人不像杭州、宁波、温州地区的人那样自称为"杭州人""宁波人""温州人"，而喜欢自称为"某某县人"，对县的归属感远大于地区。

持以县域为中心发展理念的人对新区建设的担忧主要表现在以下几方面：一是金华市区担心延缓老城区的发展。目前，金华城区土地的城市化已快于人口城市化，集中力量建新区，把大量的资源要素投到新区，势必将延

缓老城区发展。二是义乌担心影响其自由贸易区建设。当今义乌正致力于实现国际贸易由数量规模扩张向质量效益提升转变,开展浙江自贸区金义片区建设是义乌重中之重的工作,向上级争取扶持政策,实现体制机制创新,有许多开创性工作需要突破,义乌人担心建设新区会影响自贸区建设工作的推进。三是其他县市区担心被边缘化。他们认为金华举全市之力,把土地指标、优质资源、高端要素优先用于新区建设,会削弱其他县市区发展动力,担心开发建设新区时自己被边缘化。

上述妨碍新区建设的思想认识产生的根本原因是,长期以来金华市区的核心功能不强,加上注重县域经济发展的思维习惯和实施强县战略的路径依赖,人们的发展理念缺乏整体论的融贯综合思想,不能从整体上把握城市群建设的统筹协调与系统发展规律。观念是人们在长期的社会实践中形成的,观念更新需要人们在建设新区的实践中感到有奔头并能尝到甜头。当然,八婺能否合力共建新区,最关键是能否建立浙中城市群互惠互利一体化发展的投入机制、分配机制、要素保障机制等,使干部群众在实践中认识到,过分强调各县市区利用资源禀赋特点进行差异化发展有碍区域经济一体化,进而会妨碍区域综合竞争力的增强。合力建设新区才能增强浙中城市群外部接轨融合与自主发展,内部各城镇个性发展与统筹协调的能力,才能使绝大多数人获得长远且持续的利益。

二、功能定位:为新区建设起好步开好局

金华市委通过对规划有依据、区位有优势、交通有支撑、发展有空间、供水有保障、经济有活力、文化有底蕴等7个方面有利条件的剖析,阐明了为什么要建新区。金华的地理位置是浙江的中心,有着广阔的发展腹地,根据增长极理论,选择区域内发展条件相对优越的地区作为"增长极"加以培育,可带动整个区域的发展。不过要让各级组织和全体市民齐心协力来建设新区,还需要对新区功能定位问题进行深入研究。

功能是从客观地位去看一项行为对于个人生存和社会发展所发生的作用。在金东建金义新区的优势表现在区位上便于与金华、义乌等中心城市形成良好的依托关系。金义之间建新区便于资源要素快速集聚,建成后可增强中心城市的功能,对城市群产生更好的辐射带动效果。高起点、高标准开发建设新区,形成发展高地,与金华城区、义乌城区共同组成城市连绵带,成为空间形态上互相连接的都市区,可避免城市摊大饼式发展。在此建设

新区可以通过产业升级和空间结构优化提高中心城市首位度,可以减缓老城区的扩容压力,弥补其功能缺陷。各县市区通过长期"各找各的突破口,各打各的优势战"的县域经济发展后,也有了明显的加强区域合作的意向。金华市委将新区功能定位为高新产业集聚、金融商务繁荣、教科文卫发达、生态环境优美的长三角南翼最具国际化、现代化、最具活力、最宜人居住的都市新区,为浙中地区描绘了美好的前景。但人们对新区具体的功能定位及其实现路径与可行性等还存在分歧,中科院"金义都市新区功能定位研究"课题组将新区的具体功能定位为:引领产业升级、孵化科技企业的浙中科技服务新城,吸引高端人才与产业的宜业宜居现代化国际新城,重要的国际商贸物流与电子商务基地,新兴城市群发展机制改革先行区。该功能定位注重新区与金华、义乌城区的错位发展,强调新区的科技与公共服务功能,为浙中城市群产业结构的改造与升级服务。

建设新区是金华改革开放以来最为浩大的工程,科学选址与合理的功能定位是新区建设成功的前提。集中力量在金东建设金义新区,有利于完善与提升"聚合金义主轴线",有利于浙中城市群的全局和长远发展。但不同的人从不同的角度出发会有许多不同认识,决策者要善于听取不同意见,不断完善决策。

三、合作共赢:建设新区的理念与原则

走什么样的城市化道路,是一个长期存在争论的问题。不同地域、不同阶段有城市化布局的不同重心所在。国内外比较成熟的城市群在共同利益的驱使下,其主要城市间都形成了良好的合作机制。这些城市群在有效推进核心区战略重点建设的同时,统筹兼顾其他区域的协调发展,在提升主体城市能级的同时,增强区域整体竞争力,城市群内部出现了优势互补的一体化趋势。建设新区可以发挥增长极的极化效应,吸引其他区域的资金、技术和人力资源向核心区域流动,培育起领头羊作用的增长极;可以通过建立区域协调发展的体制机制,走新型城市化道路。浙中城市群中各个城市的规模和功能都相对薄弱,任何一座城市都难以成为单独带动浙中区域发展的核心城市。城市群整体的聚合发展也未能达到理想状态,经济学家刘福垣曾这样评价金华的区域经济,说它"像一串马铃薯,彼此只有个大个小之分,经济联系的紧密度不高"。新时期金华的城市化布局的重点要突出新区建设,通过建立合力建新区的有效联动机制,加速金义双核的融合提升,增强

都市区的调控、集聚和辐射功能,提高城市群经济联系的紧密度,实现区域合作共赢。

建设新区要强化八婺之间的合作共赢、包容共进、优势互补、协调发展的理念,推进生产要素近距离移动、高密度集聚和专业化,形成优势互补的发展局面。多年来,浙中各县市政府的区域合作工作一直在进行着,义乌、浦江、东阳之间,永康、武义、缙云之间,东阳城区与横店、巍山等中心镇之间均进行着区域联合与协作的探索。要合作共赢建设新区,得遵循以下原则:金义新区"不求所有,但求所在",吸引各县市区的优势资源和优质要素投入新区建设,致力于提高投入要素的配置效率和使用效率;其他县市区"不求所在,但求所用",在筑好新区平台的同时,更好地发挥本地优势,促进要素合理流动和区域间的协调发展,进而加快推进区域经济社会的一体化。

四、产业与新城融合:着力优化新区产业结构和空间布局

建设新区的目的是提升金义都市区的能级,增强浙中区域核心竞争力。新区要通过产业布局的高端化和优质化,实现空间布局的优化,并以此带动人才等高端要素的集聚。金华正抓住金华新兴产业集聚区、义乌商贸服务业集聚区建设的机遇,外引内聚,在新区布局发展大产业,使新区建设有强大的产业支撑。对外吸引符合产业政策的"央企"和"浙(婺)商"前来投资,充分利用两大产业集聚区的平台作用,吸引国内外精华要素投入新区建设;对内集聚特色鲜明的优势产业,浙中城市群各地的优势产业犹如管理学上所谓的"柱子"。新区要通过发展现代服务业、高端制造业、战略性新兴产业等,把众多"柱子"集中起来,搭建大平台,"以产带城,以城促产",通过"产城联动"实现"产城融合"。通过共建产业平台,集聚高端要素,提升产业结构,增强城市功能,引领城市群由分散发展走向集成崛起。

新区既要重视通过优势企业集聚实现产业的高级化,进而优化提升产业结构,又要重视发展空间的合理布局;既要注重促进二、三产业的融合和加工制造业的第三产业化,又要重视产业区、生态区和居住区在空间上的深度融合。新区要避免"空城""卧城"情况的出现,就得注重产业发展和新城建设的互动共进,积极拓展就业岗位,提高新区居民就业率,实现就业与居住的平衡。

五、机制创新：合力共建高端化都市新区和特色化县市区

金义新区建设要致力于通过机制创新突破县域经济的局限，实现发展模式由侧重县域竞争性协作向注重区域协作性竞争的转型。合力建新区需要进行体制机制创新。

一要通过新区建设这个载体和相应的协调机制，破解"省管县"体制下行政分割的难题，在提升区域经济发展能量级的过程中，实现各县市区利益的"帕累托改进"。参照西方发达国家的发展经验，将人口达到 1000 万人作为区域经济发展的一个能量级，它的资源整合配置能力处在一个最佳的状态。目前，浙中城市群的常住人口加上流动人口，其总数已接近 1000 万人，正处在突破发展的节点上。如果不突破传统的县域经济发展模式，就会造成区域资源配置的效能低下，综合竞争力提升缓慢，掉入"规模不经济"的泥淖。县域之间过度的竞争性协作会扩大个体竞争力差距进而呈现出循环累积趋势，拉大县域之间的发展差距。破解"省管县"体制下行政分割造成的区域经济发展不协调，可通过帕累托改进来尝试，即每个经济区域在改善自己的发展环境时不得使其他区域的发展环境变坏，但要对有发展潜力又相对落后的区域进行重点开发建设，通过各种形式的协调、整合，在更大范围、更高层次、更长时间内提高个体和整体效率，形成良性循环。新区与其他县（市、区）错位发展的功能定位，以及新区建设产生的鲶鱼效应，可促使各县（市、区）通过帕累托改进开展区域的协作性竞争，不断地向资源配置的最佳状态——帕累托最优逼近。区域合作建新区，就得利用新区这个科技服务平台促进浙中区域制造业转型升级，实现各县市区发展的"帕累托改进"，提高资源配置的效率。

二要在合心合力建设新区的同时，完善各县市区与新区之间的分工和协作关系，逐步形成高端化都市新区和特色化县市区。从金华区域范围来看，义乌商贸业发达，其他县市制造业有一定基础，金华市域制造业的发展壮大给予义乌商贸业以强有力的产业支撑，义乌商贸业的发展也带动了周边县市的制造业提升，解决了上百万劳动力的就业问题。新区要以贸工联动为基础、国际商务为主导进行开发建设，一方面要帮助义乌解决在现有的县域资源配置框架之下的土地、资金、人才等要素的制约问题，加强新区建设与义乌国际贸易综合改革试点良性互动的机制研究；另一方面要通过强化县市区与新区之间的分工和协作，推进区域中心城市都市化和区域整体

网络化发展,逐步形成高端化都市新区和特色化县市区。

第三节　金义新区建设路径选择

金义新区是金义主轴线(都市核心区)的重要组成部分,是金华发展的亮点,是各界关注的焦点,是政府工作的重点,更是撬动浙中赶超崛起的支点。新区最大的战略资源是较多的低丘缓坡、较少的基本农田,非常适合大规模的工业和城市开发建设,属于国家鼓励开发利用的区域。新区建设的总体思路是:充分利用义乌国际贸易综合改革试验区、国土资源部低丘缓坡综合利用试点的机遇,推进金华新兴产业集聚区和义乌商贸服务业集聚区建设,创新开发建设的体制机制,吸引省内外客商和各县市区参与开发建设;举全市之力,把新区建设成为浙中城市群核心区的战略节点城市,集聚高端要素、汇聚创新活力的浙中科技服务城,宜业宜居的田园智城。

一、统一思想,形成共建的良好氛围

干部群众对新区建设有许多不同的认识,可谓"仁者见仁,智者见智",这迫切需要畅通意见沟通渠道,在最大范围、最高层次、最高水平上引导人们在解放思想中统一思想,在赶超崛起中形成共识,让人们认识到建设新区是顺应新型城市化发展趋势、符合浙中城市群发展规律的,是体现八婺人民的长远利益和共同意志的,是合规律性与合目的性的统一。为此需要统一干部群众的思想认识:一要"提倡迎难而上、反对畏难退缩,提倡积极进取、反对四平八稳,提倡尽心竭力、反对无所用心,提倡狠抓落实、反对坐而论道",通过解放思想大讨论等方式,要求干部们"不为习惯思维所困,不为传统路径所限,不为任何风险所惧,不为任何干扰所惑",同心合力,扎实工作,攻坚克难,稳步推进新区建设。既要有"等不得"的满腔热情,努力冲出盆地,形成发展的高地;又要有"急不得"的冷静思考,把握新型城市化的发展规律,"大胆假设,小心求证",用智慧和审慎完善建设方案,用勇气和担当应对各种风险。二要充分地沟通交流,交换意见,使各县市区干部群众认识到,区域合作建设新区是政治进步的标志,是发展的切实需要。认识到城市之间的竞争不可避免,但它不是盲目竞争和不公平竞争,城市发展不是一场你赢我输的赛局。城市之间都有矛盾,但在发展过程中会找到共同的方向,目前要在全市合作建设新区的探索中凝聚共识,实现共赢。三要鼓励干部群众提出有见地的真实想法,对各种意见和想法去粗取精、去伪存真,及时汇集到决策思路中来,使之转化为新区建设各项决策的有益补充。在新区建设的启动、拓展、完善和提升等各个时期都要畅通意见表达渠道,营造一种既有集中又有民主,既有纪律又有自由,既有统一意志又有多元想法,心情舒畅、生动活泼,那样一种良好氛围,真正在最大程度上达到思想意志统一和行动落实统一。

二、金义合力,推进两地一体化发展

以金华、义乌城区为核心层和主要动力,探讨两地如何摒弃"被竞争"的消极模糊认识,充分利用新区建设的鲶鱼效应,激活金义共建都市核心区的动力。

第一,新区建设要综合考虑对金华市区"一中两翼两三角"发展战略的"扬弃",与义乌"两区六城"发展战略的对接。从义乌的苏溪到婺城区的汤溪计算,金义主轴线的距离长达 100 公里,即使金义两城区之间,距离也有 50 公里,战线过长不利于高端资源的聚合,建设新区是对"聚合金义主轴线"战略的扬弃和提升。要以新区发展的目标功能定位,引导金华市区改变目前的城区、金东新区、婺城新区、金东开发区、金西开发区五个引擎分散发展的局面;引导义乌市场新区向义西南布局,商贸"特区"政策间接向新区涵盖。充分挖掘金华市区的资源潜力,利用义乌国际贸易综合配套改革的有利时机,建立操作性强的合作共建机制,增强核心区的整体竞争力。

第二,充分利用义乌国际贸易综合改革试验区和金义自贸区建设的政策优势,加快推进新区建设。建立新区产业集群与义乌市场紧密联动的发展机制,推动新区建设与"义乌试验区"良性互动。通过新区建设,拓展义乌国际商贸业的发展空间,丰富国际商贸业态形式;通过义乌市场带动新区产业集群规模化成长和产业链的延长、拓宽、提升,让新区产业深层次地对接国际价值链条。经济学原理告诉我们,经济发展在相当大的程度上决定于分工,分工越细,生产力发展的水平就越高;分工的程度决定于市场规模,市场规模越大,分工程度就会越细。

第三,新区管委会统一行使相应的经济社会管理职能。在合力建设新区的过程中,推进金华义乌的融合和一体化发展。

三、县市区协力，加快八婺共同体建设

以八婺其他县市为新区建设的紧密层和基本动力，探讨如何破除"被占有""被边缘化"的狭隘本位主义思想。八婺要通过高水平规划引领、婺文化承续和优势企业集聚，推动各县市区在齐心协力建新区中发展壮大共同体。

(一)高标准规划引领，形成建设新区的强大内拉力

以同城化、网络化、一体化发展为目标，以项目为支撑，通过规划协调各县市区，依靠强大内拉力将新区建成新型城市化的样板。

(二)八婺文化聚人心，形成建设新区的强大向心力

自唐朝设立婺州以来，金华各县就同属婺州，同根共生，同脉延续。建设新区是事关金华705万人的重大战略决策，事关区域发展的重大利益调整，涉及面广、工作量大、碰到的矛盾问题复杂。我们应以婺文化为灵魂、根脉和精神支柱，群策群力建设新区，融合发展成一体。要以百姓富裕、浙中崛起这一共同的诉求，最大限度地激发人们共建新区的活力，增强对八婺的归属感和认同感。

(三)优势企业大集聚，形成建设新区的强大内聚力

新区是浙中地区发展现代服务业和先进制造业的重大空间载体，是产业集聚最为重要的平台。八婺通过高端要素在新区集聚，在各县市区间多向流动，建成高密度、近距离、浅分割、深合作的小型城市群共同体，实现大中小城市与小城镇协调发展。

新区要在产业与人口的空间集聚过程中加强城市群内部的经济联系，提高产业的分工协作程度，建成八婺共同体建设的缩影。要按科技含量高、经济效益好、资源消耗低、环境污染少、人力资源优势得到充分发挥的要求，从金华各地产业发展实际出发，走资金技术密集型产业与劳动密集型产业有机结合的工业化道路。以构筑高层次产业结构为方向，依托义乌市场培育产业，首先发展以研发设计、现代物流、电子商务、文化创意、技术服务、教育培训为重点的现代服务业，其次运用高新技术和先进适用技术对传统产业进行改造，培育和发展小商品制造的上下游行业，最后发展依靠科技进步和人力资本带动的战略性新兴产业，如高端制造、新一代电子信息等。

四、创新机制，增强共建新区的动力

以外地政府、在外浙（婺）商会和大企业为拓展层和新增动力，用股份合作等机制协调各利益主体间的关系，强化城市群的外部接轨融合与内部统筹发展，提升新区建设的品位。

(一)创新利益共享机制，形成建设新区的强大驱动力

由各利益主体按照协商比例出资或出要素共同成立新区联合开发股份有限公司，公司负责新区规划实施、投资开发、招商引资和经营管理等工作。新区联合开发股份有限公司的盈利主要通过土地收储、开发等方式获得，条件成熟时可争取发行债券或上市融资。在严格执行国家有关财税政策的前提下，新区联合开发股份有限公司产生的收益由合作各方按协商比例分成，以增强建设新区的驱动力。

(二)建立"飞地"收益协商分成机制，形成建设新区的强大外引力

参照重庆两江新区、广西北海新区等地"飞地"建设的成功做法，在合作共赢的原则下，积极与国内外大企业、大集团及浙（婺）商会接触和洽谈。大力引进各类优质大资本，强化外部资本对新区建设的开发功能，让优质大资本在原来的根据地与投资地（新区）之间形成增援反哺关系。充分利用新区低丘缓坡综合开发的集成优势，优化建设发展环境。新区与各类大企业财团组成经济联盟，建立收益协商分成机制，在全国以至全球范围进行资源配置，以资源换高端产业，进行高密度开发建设。

(三)创新统筹开发机制，形成建设新区的强大内推力

按照统一规划、统一政策、统一配套、统一管理的要求，凝聚各方力量统筹开发新区。在市场运作与政府推动有效结合的基础上，按照建立"产权清晰、权责明确、政企分开、管理科学"的现代企业的要求，把"做蛋糕"（开发新区）和"分蛋糕"（利益分配）放在一起同时考虑，积极探索各地政府、企业参与新区建设的投融资体制机制，支持它们以本地优势资源或项目参股入股新区建设。把新区建设成一个集科技研发、产业孵化、高新制造与现代城市服务功能于一身，融生产、生活、生态为一体的复合功能的城市。

五、凝神聚力，通过内部激励约束和外部支持合作推进新区建设

(一)建立量化的考核指标体系和激励约束机制

将招商选资、项目质量等相关工作进行量化,作为年度绩效考核内容分解到各职能部门和县市区。对项目资金到位、贡献率(GDP贡献率、税收贡献率、就业贡献率)、环境保护、资源节约集约利用、科技创新能力等指标进行量化。通过考核的激励与约束,凝聚力量,强化各相关主体的责任意识。

(二)举办高层次的研讨会、论坛

由职能部门牵头举办高层次的金义新区建设研讨会,吸引全国以至全球有影响的媒体、政界、经济界、学术界的组织机构,围绕都市区建设进行专题研讨,开阔视野,内外合力,同频共振、同轴共转,促进新区建设工作的落实。

(三)新区建设要争取更多省级政策支持

新区建设是区域发展的重大创新,需要突破行政区域的藩篱,进行体制机制创新,这需要上级给予金华更强大的行政主导力来推动。

第四节 以务实举措推进都市核心区建设

一、理顺金义新区、金华市区、义乌市之间的关系

早在1992年,义乌地区的生产总值就超过金华市区,在全市排名第一;进入21世纪,义乌的多项经济指标都超过了金华市区,表6-5对金华市区与义乌2017年的一些发展数据进行了整理和比较,可以得出结论,浙中地区要崛起进而实现全省的均衡发展,需要整合金华市区与义乌,建立都市核心区。因此,要理顺金华市区与义乌市之间的关系,以金义新区建设为抓手,创新体制机制,推进区域协同发展。一要创新管理体制。新区建设领导小组及其管委会作为协调管理机构,代表市一级政府对新区建设各项工作进行规划、建设、管理、沟通和协调。二要提高行政效率。市政府各部门可依法通过延伸机构或委托代理等方式,将相关行政审批职权下放到新区,确保新区建设者办事不出新区。三要通过新区规

划建设引导义乌发展重点向义西南转移,市场新区向义西南布局。新区要有开放的心态容纳义乌,义乌也要有开阔的胸襟积极投入新区建设,通过金义相互融合发展,把新区建设成综合性现代化新城区。通过新区建设推进都市核心区市场创新发展和优势产业集群的壮大,强化国际商贸物流中心和特色产业基地地位。

表 6-5　2017 年金华市区和义乌市部分数据对比

	金华市区	义乌市	金义合计	全市	金义占比/%
人口(含暂住)/万人	143	254	397	850	46.7
GDP/亿元	740	1158	1898	3870	49.0
财政收入/亿元	146.3	142.1	288.4	601.2	47.9
出口总额/亿元	390	2304	2694	3311	81.3
金融机构存款/亿元	1635	2665	4300	7618	56.4
高速公路里程/公里	280	262	542	1005	53.9
公铁货运量/万吨	1720	2559	4279	9033	47.4
铁路停靠班次/班次	141	302	443	497	89.0
铁路客运量/万人次	785	1044	1829	2077	88.0
全社会用电量/亿千瓦时	57	80	137	310	44.2
市场主体/万户	10.1	35.2	45.3	73.4	61.6
注册商标/万件	2.5	10.8	13.3	23.7	56.1
市场成交额/亿元	419.7	1493	1912.7	3138.5	60.9

二、责成市本级各相关部门主动推进新区建设

市机关各部门要按照"聚合发展、创新推动、核心引领、生态优先、民生为本"的新区建设理念,积极主动推进新区建设,全力将新区打造成高新产业集聚、金融商务繁荣、科教文卫发达、生态环境优美的现代化都市区。

(一)强化规划引领,推进新区建设

规划部门对已初步形成的新区总体规划方案进行广泛的宣传、解读,充分听取各方面专家和广大民众的意见进行修改完善,使其更符合新区实际,体现新区特色。建设部门按"山水城市"的规划,把微观传统园林思想同新区整个城市的

自然山水结合进行开发建设,让市民生活在园林中,而不必去找园林绿地、风景名胜。

(二)强化项目工作,谋划新区发展

金华市发展和改革委员会要强化项目工作,推进新区的产业集聚区建设。招商局进行专业化招商,大力引进优质项目、资金、技术和人才,在新区构建浙(婺)商的回归平台,与浙(婺)商精英项目对接,重视以商引商,引导浙(婺)商总部回迁。交通局按高起点、高标准、智能化的原则在新区构建发达顺畅的综合交通网络,提高内外交通的通达性。

(三)优化要素配置,支撑新区开发

国土资源局要精心抓好低丘缓坡综合利用试点工作,探索建立以"亩产论英雄"为核心内容的节约集约用地导向、约束和评判机制。水利局要做好供水、排水、防洪三篇"水文章",按新区建设需要调配市区水资源,改进新区的供水设施;同时充分利用新区范围内水系资源,按用水水质要求分别提供生活用水、景观用水和绿化用水。国资委牵头组建新区建设融资平台,与各县(市、区)共同出资成立新区开发投资股份有限公司,负责新区重大基础设施、重要公共设施及大型项目的融资建设。财政地税局运用财税杠杆对新区实行差异化扶持政策,发挥财政资金引导要素流动的作用,引导民间资金投向新区先进制造业和现代服务业;发挥市财政体制对新区的激励作用,通过新区开发投资公司为新区建设提供财力保障。金融部门通过债权融资和股权融资,持续地满足新区实体经济发展的合理资金需求。

三、引导各县(市、区)主动参与新区建设

(一)建立金义合力建设新区的机制

金义合力建设新区要进一步强化金华、义乌、金东区三个政府间的合作与交流,建立金义一体化发展的机制。政府的相关职能部门,一要利用电子政务等高效的信息沟通平台,及时交换相关信息。二要建立联席会议制度,定期召开协调会,推进区域内招商引资、招才引智、技术开发、信息共享等方面的合作。三要建立合作监督保障机制,完善合作规则,通过强制性约束杜绝合作中的不作为行为。金义合力建新区,犹如男婚女嫁育新人,在做大做强都市核心区时,形成新

的生产力,可获得 $1+1>2$ 的效果。金义一体化发展的目的是形成有先进产业支撑的强大市场,提高区域经济的综合竞争力。建立金义一体化发展的机制,有利于提高优质资源的利用效率;有利于突出发展重点,培育壮大城市群的核心区。

(二)构建八婺互惠互利的利益协调机制

在金华市政府的强力主导下建立有效的激励机制,进行相关利益的协商,达到互利共赢;建立合作组织,协商建立公正的投入分配机制和利益平衡机制,通过正式或非正式、强制性或诱致性制度安排,动态调整完善公共决策程序,将对立的利益转化成为一致的利益。充分发挥市场机制的资源配置和利益平衡作用,着力建构各利益主体之间的信任与合作关系,确保相关地方政府在新区分园区建设中公共事务治理的权利与义务对等,经济发展成本与收益对等,竞争环境公平,发展机会同等。各县(市、区)与新区之间形成生产要素互补、上下游产业配套、城市合理分工的产业布局,提高产业和企业的核心竞争力,形成区域产业竞争整体优势,把浙中城市群建设成为区域协调发展的共同体。

(三)以"激励相容"为原则,建立科学的激励约束考核机制

在市场经济中,每个理性的经济主体都会有自利的一面,其行为按自利的规则行动。"激励相容"的制度安排,能使经济主体追求各自利益的行为与实现整体价值最大化的目标相吻合。新区要以"激励相容"为原则,设计一套科学规范、可量化的政府绩效考核综合指标体系,解决各分园区局部利益与新区整体利益之间的矛盾冲突,使各主体的行为方式、结果符合浙中崛起这一区域整体价值最大化的目标。

(四)新区建设要注重小邹鲁文化的传承和八婺特色建筑文化的汇集与展现

新区的规划布局、建筑风格既要体现八婺特色,又要蕴含婺文化的灵气、历史与个性,要把新区建成八婺文化高度认同的归宿之地。新区要充分利用现有的文化旅游资源,积极探索各种旅游方式,通过举办区域性旅居展会等活动加快人气、客流的聚集。要把优秀传统文化与现代文化产业对接,把发掘历史文化名人资源与商贸旅游结合,把新区建设与弘扬"务实、守信、崇学、向善"的共同价值观结合,增进八婺相互间的了解,破除狭隘的本位主义消极意识。历史上婺州学

派就主张明理躬行、学以致用,反对空谈;主张从客观存在的事物中探求道理法则,注重政治措施的实际效果。新区要弘扬八婺注重实际、讲求事功、义利并举、以义为先的思想精髓,用八婺文化来滋养生命力,催生创造力,培育竞争力,通过人员相互流动、产业梯度转移,加强思想观念、精神文化交流,培育提升区域文化。

四、引智借力,提升新区建设发展战略

(一)招才引智,着力提升金华人创造财富的能力

金义都市区专业技术人才偏少,吸引高级人才、提升技术创新水平和经营管理能力的任务繁重。建设新区需要引智借力,引进高端智力人才尤为重要。新区要充分考虑人口素质和人口结构布局,集聚技术研发、商贸、金融服务、教育、卫生等各类高素质人才,以人口素质提升推动经济转型升级。

从个人创造财富量分析,金华 2010 年人均 GDP 为 45361 元,在全省排名第五,与 2009 年相比增长了 12.6 %;绍兴人均 GDP 为 63777 元,在全省排名第四,与 2009 年相比增长了 11 %,以 2010 年为基数,金华要赶上绍兴需要 20 多年,即

$$63777 \times (1+11\%)^n = 45361 \times (1+12.6\%)^n$$

若要 10 年赶上绍兴,金华的人均年 GDP 增长速度需要达到 14.9%,即

$$63777 \times 1.11^{10} = 45361 \times (1+x)^{10} \qquad x \approx 0.149$$

由上式可知,金华每年人均 GDP 的增速要比绍兴快 3.9 百分点,这个难度非常大。人均 GDP 是综合反映个人创造财富能力的指标,是人的素质与能力的反映,人的素质与能力可以通过"四商"表现出来,提高"四商"需要我们进一步弘扬浙商的"四千精神",即通过想尽千方百计提高智商,说尽千言万语提高情商,克服千难万险提高逆商,经历千山万水提高胆商。提高"四商"需要从以下几方面想方设法,攻坚克难:一是在引进高端智力的同时,努力提高金华人的核心竞争力,即技术创新能力和经营管理能力;二是通过体制机制创新,改进每个组织的发展模式,激发金华人持续的学习力与执行力;三是进行新区发展模式的转型升级,带动浙中地区民众创造财富能力的提升。

(二)创新理念,稳步推进新区建设

新区规划建设我国独特的"城田交融"的田园智城,这是城市化理论与

实践的创新。传统理论认为,城市化是人口和非农活动在规模不同的城市环境中的地域集中过程,有大量农保地的新区,未来还要有现代农业的发展,这是城市化发展中前所未有的理论与实践创新,人口密度应适当低于目前的城市。从金华市区与义乌过去 10 多年人口集聚与人均创造财富量来看,金华市区的城市建设和人口集聚速度较慢,2020 年人均 GDP 只是义乌的 78%(见表 6-6)。义乌建成区面积快速发展,通过产业集聚引导人口集中,取得了较为理想的效果。按刘易斯拐点理论,城镇化率达到 50% 以上后,农村的剩余劳动力由无限供给转为有限剩余,某些非农行业将出现劳动力短缺,表现在劳动力转移速率上的城市化速度放慢。这对新的人口集聚带来困难,新区人口集聚的方法需要进一步探索。

表 6-6　金华市区、义乌近 10 年发展情况比较

年份	金华市区				义乌市			
	人口/万人	建成区面积/平方公里	生产总值/亿元	人均生产总值/元	常住人口/万人	建成区面积/平方公里	生产总值/亿元	人均生产总值/元
2002	91.98	54	120.8	13179	67.64	38	156.1	23148
2020	146.4	107.74	913.75	62415	185.6	103.81	1485.6	79897

(三)为实现浙中崛起,力争提升新区建设的战略地位

新区开发建设的领导与管理体制建立并运行两年来,经过大气魄、大手笔、高定位、大力度的开发建设,取得的工作成效得到上级领导肯定和广大群众称赞。由于影响浙江区域协调发展的主因在浙江中西部,振兴浙江中西部的关键在浙中区域,而撬动浙中崛起的支点在新区。列入省级发展规划的金义新区建设是一项长期的系统工程,需要持之以恒地探索推进,为我国新型城市化的建设积累经验。

新型城市化是以城市群统领的城市化,是大中小城市与小城镇协调发展的城市化。作为新型城市化主体形态——城市群——的崛起,要有强大的核心区引领。金义新区建设的目的是整合提升城市群核心区,目标定位是浙中赶超崛起的新引擎,新型城市化的新探索,现代服务经济的新高地,保障周边发展的新支撑,绿色低碳经济的新典范,浙中城市群的"掌上明珠",浙江中西部地区经济发展的新龙头。合力共建新区有利于统筹协调城

市群内部分工合作、优势互补、资源共享、产业对接和空间布局的优化(加强紧密度);有利于通过高端要素聚合和浙中城市群的融合来增强核心区的功能(强核);有利于各县市区在城市群一体化进程中实现自身发展的最优化(耦合)。金义合力、八婺协力、引智借力、部门给力、凝神聚力建新区是历史赋予我们的庄严使命。新区建设要按天人合一的原则推进,作为天地之间的存在的人,为使自己生活得更美好而进行造城活动时,要遵循自然和社会发展的规律,求真(合规律性)、求善(合目的性)、求美(向外学习借鉴)、求智(选准路径)、求健(用对方法)。

五、同心合力共建金义都市新区的几点建议①

金华市第六次党代会报告明确提出:"高起点、高标准、高品位规划建设金义都市新区,大胆创新开发建设的体制机制,充分吸引省内外客商及各县(市、区)参与开发建设,努力打造高新产业集聚、金融商务繁荣、科教文卫发达、生态环境优美的国际化现代城区。"这是金华市委、市政府站在全局和战略高度做出的重大决策,体现了浙江省委、省政府对培育全省第四大都市区的战略要求,顺应了金华人民对浙中崛起的殷切期盼,找到了浙中城市群赶超发展的突破口。全市上下一定要思想上同心,工作上合力,深入实施"群城聚市"战略,通过金义合力、八婺协力、引资(智)借力、部门给力等多措并举,高起点规划、高标准建设、高强度投入、高效能管理,合力打造长三角南翼最具国际化、最具现代化、最具活力、最宜人居住的山水田园智慧新城。

(一)同心共建金义都市新区的重要意义

俗话说:"兄弟同心,其利断金。"思想上的同心同德是工作上合拍合力的重要前提。因此,首先要从思想层面充分认识同心共建金义都市新区的重要意义。

1.同心共建金义都市新区,是贯彻省委省政府重大决策部署的战略之举

《浙江省城镇体系规划(2011—2020年)》《浙江省国民经济和社会发展

---

① 这一部分内容系2012年金华市政府重大招标委托课题"如何举全市之力推进金义都市新区"研究成果,课题负责人:章胜峰(执笔),课题组成员:舒晓明、宗开宝、席祎静、陈晨、王娟娟、李荣生,研究成果由市委书记作序印发,供全市领导干部参阅。

第十二个五年规划纲要》《浙江省深入推进新型城市化纲要》提出,要加快杭州、宁波、温州、金华—义乌都市区的形成和发展。同心,共建金义都市新区,就是要全面贯彻落实省委、省政府决策部署,通过聚合主轴、培育核心城区,全力打造浙江中西部中心城市,为统筹区域协调发展、全面建设小康社会和"两富"现代化金华做出更大贡献。

2. 同心共建金义都市新区,是推进浙中赶超崛起的必由之路

实现"赶超发展、浙中崛起",必须加快区域中心城市建设,增强对高端要素的吸引力和承载力。同心共建金义都市新区,有利于用足用好义乌国际贸易综合改革试点和国土资源部低丘缓坡综合开发利用试点等政策资源,充分发挥义乌的活力、金华的潜力和各县(市、区)的实力,合力建成具有较强集聚辐射功能的都市新区,引领浙中城市群融合发展,从而加速实现浙中赶超崛起。

3. 同心共建金义都市新区,是推进新型城市化的必然之选

城市群是世界新型城市化发展的主体形态。同心共建金义都市新区,有利于发挥浙中城市群各成员的特色和优势,解决"群核"不强、"群集"不优、"群网"不密、"群合效应"偏弱等问题,加快金义大都市建设和城市群一体化进程。通过创新城市之间的合作共建机制,突破行政区划分割障碍,集聚优势资源,打造城市群黄金主轴,提升中心城市能级,为全省乃至全国推进新型城市化探索规律和积累经验。

(二)合力共建金义都市新区的实现路径

1. 金义合力,以金华市区和义乌为核心层集聚共建合力,推进金义一体化发展

金华市区要改变目前五个引擎分散发展的局面,发展重点向东延伸,向新区倾斜;义乌发展重点要转向义西南,市场新区向义西南布局,商贸特区政策通过义西南三镇向整个新区涵盖。建立新区产业集群与义乌市场紧密联动的机制,推动新区建设与义乌试点的良性互动。通过新区建设,拓展义乌的发展空间;通过义乌市场带动新区产业集群规模化成长和产业链延长、拓宽、提升,让新区产业深层次对接国际价值链条。相关政府职能部门与新区协调区八镇:一要建立电子政务等信息平台及时交换相关信息。二要建立联席会议制度,定期召开协调会,推进区域内的招商引资(智)、技术开发、

沟通协调等方面的工作。三要建立合作监督保障机制,杜绝合作中的不作为行为。金义合力将新区建设成以贸工联动为基础,国际商务为主导的都市区,加快金华义乌的一体化发展。

2.八婺协力,以八婺其他县市为紧密层,形成共建协力,加快八婺共同体建设

先通过新区的永康农业机械分园区建设,探索积累政府股份合作开发的试点经验,吸引优质农机企业集聚,共建农业机械核心技术研发、孵化与生产服务中心,进行技术改造和产业价值链升级,提升产品附加值,把分园区建设成具有农机产业集群发展特色的示范园区。同时,坚持政府主导,充分发挥市场配置资源的基础性作用,构建八婺互惠互利的分园区建设协调机制。确保各县(市、区)政府在分园区建设中经济发展的成本与收益对等,公共事务治理的权利与义务对等,竞争环境公平,发展机会同等,进而建立良好的信任与合作关系。东阳分园区应注重完善影视配套产业与设施,实现文化产业链延伸和价值提升,与东阳市域的文化产业互促共进。兰溪、浦江、武义、磐安的分园区应发挥各自优势,在新区共建研发设计、科技孵化、咨询服务、现代物流与科技金融等生产性服务业,发挥新区的科技与公共服务功能,对各自的产业结构进行改造升级,优化整个城市群的产业结构、培育创新能力。通过分园区建设,各县(市、区)与新区之间形成生产要素互补、上下游产业配套、城市分工合理的产业布局,提高产业和企业的核心竞争力,密切浙中地区经济发展的内在联系。探索建立一套协作机制,加强八婺之间的相互依赖性,把浙中城市群建设成为区域协调发展的共同体。

3.引资(智)借力,以海内外浙(婺)商与专家学者等参与新区建设的各界人士为拓展层,集聚共建外力

在招商引资的过程中,注重优选项目,特别重视对优质项目起关键作用的优秀人才的引进,利用高端智力提升新区各行业的专业技术水平和经营管理能力。采用外引与内培相结合方式,提升新区人口素质、优化劳动力结构,集聚技术研发、商贸、金融服务、教育、卫生等各类高素质人才,以人口素质提升推动经济转型升级。目前,金华籍的"两院院士"有13位,金华籍在外的创业成功人士众多。要大力引进海内外有意参与新区建设的浙(婺)商与专家学者,借力助推新区建设。要通过工科会等会展形式,创新技术要素传导机制,吸引在外高层次人才的智力回归,借助他们的力量,大幅度提高

新区企业的自主创新能力和经营管理能力。

4.部门努力,以市区各相关部门为夯实层,分工协作全力助推新区建设

规划部门对已初步形成的新区总体规划方案进行广泛的宣传、解读,充分听取各方面专家和广大民众的意见进行修改完善,使其更符合新区实际,体现新区特色。要突出利用具有本地山水特色的满塘水系和水库,规划建设彰显水城特色的"东方威尼斯";利用具有本地历史文化特色的古镇、名村、名人故居和观光农业等资源,规划建设人文风貌旅游区;以田园为特色,智慧为品质,名城为方向,努力打造田园智城。

建设部门按"田园智城"的规划,把微观传统园林思想同新区的自然山水结合起来进行开发建设。让城市开放空间和低丘缓坡的自然环境深度融合,成为生态和谐、宜人居住的"田在城中、城在园中"的现代山水田园新城。重点做好基础设施和生态保护两个新区支撑网络的规划建设,特别是要高品质地谋划好地下管道综合走廊的共同沟建设。集排水、防洪、水生态优化为一体的下水道建设。

发展改革部门强化项目工作,推进新区的产业集聚区建设。确保新区建设用地单个项目投资额要达 3 亿元以上,年产值 2 亿元以上,投资强度300 万元/亩以上;谋划拓展义乌试点政策在新区的实施,探索建立新区产业与义乌市场的联动机制,使新区产业在国际价值链分工中向"微笑曲线"的两端延伸。

招商部门进行专业化招商,大力引进优质项目、资金、技术和人才,在新区构建浙(婺)商的回归平台,与浙(婺)商精英项目对接,重视以商引商,引导浙(婺)商总部回迁。

交通部门按高起点、高标准、智能化的原则在新区构建发达顺畅的综合交通网络,新区的对外交通网络要与市区的国家级交通枢纽对接,与义乌大市场融合,进而融入长三角,接轨海西区。内部交通要具备快速通行、城市道路服务、人文生态等功能。开展金义轨道交通建设的可行性论证,着手进行新区与各县(市)城际公交(BRT)和货流集散站场建设,深度聚合金义主轴,推进"群城聚市"战略的实施。

国土资源部门精心抓好低丘缓坡综合利用试点工作,探索建立以"亩产论英雄"为核心内容的节约集约用地导向、约束和评判机制。对达不到年税收 10 万元/亩的企业进行约谈,督促其提高土地使用效率;对超过 10 万

元/亩的企业进行节约集约用地奖励,优先考虑安排其扩展生产用地。

水利部门按新区建成区人口达到 50 万人时,年用水量需要 1 亿立方米的要求调配水资源,改进新区供水设施,保证新区日供水规模达 27 万立方米。同时充分利用新区范围内水系资源,按用水水质要求分别提供生活用水、景观用水和绿化用水;发挥生态河道的泄洪、自净作用和水田的滞洪作用,增加雨水的渗透量,力争使建设后的暴雨径流量不大于建设前的水平。保证居民生活用水的同时,加强新区的防洪保安和水环境保护工作,维持生态用水。

国资监管部门牵头组建新区建设融资平台,与各县(市、区)共同出资成立新区开发投资股份有限公司,负责新区重大基础设施、重要公共设施及大型项目的融资建设。理顺各出资人之间的利益关系,化解出资与人事、话语权之间的矛盾;明确利益分配方式,平衡分红与保留当地发展资金的关系,避免今后的纷争。

财政地税部门运用财税杠杆对新区实行差异化扶持政策,发挥财政资金引导要素流动的作用,引导民间资金投向新区先进制造业和现代服务业;发挥市财政体制对新区的激励作用,通过新区开发投资股份有限公司为新区建设提供财力保障。

金融部门通过债权融资和股权融资,持续地满足新区实体经济发展的合理资金需求,依托政府财政或国有资本设立投资引导基金,充分吸纳民间资金投入。推动以民营资本为主体的各类创业(风险)投资基金、股权投资基金、产业投资基金、购并重组投资基金等的创设和引进,为新区建设和产业发展提供金融资本。

其他各部门要围绕中心,服务大局,群策群力,密切配合,全力支持和推进金义都市新区规划建设。

(三)同心合力共建金义都市新区的保障举措

1.加强组织领导

新区建设领导小组及其管委会作为协调管理机构,代表市一级政府对新区建设各项工作进行规划、建设、管理、沟通和协调。通过政策激励和行政推力,采用政府"股份制"合作开发机制,建立相应的协作平台和协商协同机制,发挥市场机制的资源配置和利益平衡作用,调动各级政府、企业和民众的积极性、创造性,推进新区建设。

2.理顺共建关系

理顺新区与市本级、金东区、义乌市之间的行政管理关系。在行政审批上,新区直接对接市政府部门,提高行政效率;市政府各部门依法通过延伸机构或委托代理等方式,将相关行政审批职权下放到新区;条件成熟后,在新区成立市政府第二办公区,完整行使市政府的相关行政职能,确保新区建设者办事不出新区。除了将新区经济社会发展的统计数据计入金东区外,新区对核心区(傅村、孝顺、鞋塘"两镇一办")进行经济社会建设直管,对协调区内其余6镇进行经济发展职能半托管。充分利用义西南三镇作为新区协调区的作用,使义乌商贸"特区"的政策向新区涵盖。通过协调区8镇的相向融合发展,共建综合性现代化新城区。

3.建立共建机制

一是创新利益共享机制:由各利益主体按照协商比例出资或出要素共同成立新区联合开发股份有限公司,公司负责新区规划实施、投资开发、招商引资和经营管理等工作,产生的收益由合作各方按协商比例分成。二是创新统筹开发机制:按照统一规划、统一政策、统一配套、统一管理的要求,凝聚各方力量开发新区。在市场运作与政府推动有机结合的基础上,积极探索各地政府、企业参与新区建设的投融资体制机制,支持他们以本地优势资源或项目参股入股新区建设。三是建立"飞地"收益协商分成机制:在合作共赢的原则下,积极与国内外大企业、大集团及浙(婺)商会接触和洽谈。大力引进各类优质大资本,在全国以至全球范围进行资源配置,以资源换高端产业,进行高密度开发建设。通过新区的共建机制,撬动浙中地区由分散发展走向集成崛起。

4.健全考核机制

对市机关各部门以激励为主进行绩效考核,考核结果作为干部使用依据之一;通过考核加分,鼓励其以创新的理念和超常规的办法为新区建设服务。同时,进行不作为问责、作为不力问责,强化责任意识。对各县(市、区)以"激励相容"的制度安排进行激励约束考核,使每个理性的经济主体追求各自利益的行为,与实现浙中崛起整体价值最大化的目标相吻合。建立一套科学规范、可量化的政府绩效考核综合指标体系,通过考核调动八婺各界参加新区建设的积极性,让每个成员在为新区多做贡献的同时成就自己的事业。

5.争取上级支持

新区建设规划的实施,项目的立项与批准需要上级政府的发展和改革委等部门的支持。建设资金的到位需要上级银行给予专项授信。推进城乡和区域一体化发展的户籍制度、社会保障制度、行政管理体制的改革创新需要上级政府给予更大的先行先试权。浙中地区的小城市群要向大而强的都市区转型发展,需要进一步增强金华市政府的统筹协调功能。总之,新区建设需要省政府及国家相关部委的大力支持,需要上升为省级战略以利于各项措施的落实。

第七章　户籍、土地制度改革的金华探索

　　党的十九大报告指出,我国社会主要矛盾已经由"人民日益增长的物质文化需要同落后的社会生产之间的矛盾"转化为"人民日益增长的美好生活需要和不平衡不充分的发展之间的矛盾"。发展不平衡不充分已经成为满足人民日益增长的美好生活需要的主要制约因素。在我国城镇化进程中,发展不平衡表现为区域与城乡空间发展不平衡,发展不充分表现为资源要素利用不充分、使用效率不高,不平衡不充分的发展使人们生活品质的提升速度快慢有别,质量参差不齐。我国正通过户籍制度和土地制度改革,消除城乡和区域之间发展不平衡不充分问题,以满足城乡居民对美好生活的需要。

第一节　权益均衡与品质提升:
户籍与土地制度改革的金华实践[①]

　　2002年习近平同志来金华调研时指出,农民市民化需要一个长期的过程,因为它不仅仅是非农就业问题,许多传统的观念、习惯和生活方式,都是从小养成的,不可能一进城一下子就改变了。"要仔细研究引导农民进城的办法,让农民这边进得来,那边回得去,来去自由,左右逢源,有进取之路,无后顾之忧。"金华对城乡户籍和土地制度改革进行探索,2015年在全省的统一安排下进行户籍制度改革,改革以"农村利益可保留、城镇利益可享受"为基本原则,以"条块结合、以块为主"为基本方式,取消"农业"与"非农业"户口性质,实行城乡统一的户口登记制度,逐步剥离依附在户口性质上的城乡差别公共政策,推动农村人口向城镇转移,逐步实现城镇基本公共服务常住

---

①　本节发表于《生产力研究》2018年第7期,第59-63页。

人口全覆盖。针对土地城镇化快于人口城镇化问题,金华从严合理供给城市建设用地,提高城市发展质量,严格控制新城新区建设,切实提高中心城市和城市群综合承载和资源优化配置能力,提升城市土地利用率和建设管理水平,实现高效集约发展。新型城镇化基本特征可概括为以人为本、产业支撑、布局优化、城乡统筹、绿色环保、内涵提升。金华以以人为本与产业支撑为主线,以城镇化为案例,探索城镇化由传统向现代转型的路径与举措。

一、居民权益均衡和城镇品质提升是新型城镇化的本质特征

基于我国国情和城镇化进程的现状,笔者认为新型城镇化的本质是居民权益均衡和城镇品质提升,它通过城镇化在由"旧"向"新"的转型发展过程中将六个特征表现出来。

(一)以人为本:推动"化地"转为"化人"

从统计数据来看,改革开放以来我国土地和人口的城镇化都在快速推进,1980年全国城市建成区面积为5000平方公里,2010年达到4.6万平方公里,扩大了8.2倍,城镇人口由1.9亿人增加到6.7亿人,增加了2.5倍。2000—2011年,我国城镇建成区面积增长了76.4%,而同期城镇人口只增长了50.5%,农村人口减少了1.33亿人,农村居民点用地却增加了3045万亩。可见,我国土地城镇化——"化地",明显快于人口城镇化——"化人"。由此引发的问题是,城镇建设用地增加规模大,但吸纳外来人口定居的规模小,农业转移人口难以市民化,不能与户籍居民平等分享城镇的公共服务,只能在城乡之间候鸟式迁徙。新型城镇化的首要任务是解决农业转移人口市民化问题,通过深化户籍制度和土地制度改革,建立城镇化的人地"挂钩"土地利用机制,节约集约利用土地;解决城镇吸纳外来人口并为他们提供公共服务、社会福利的资金缺口问题,让外来人口平等地分享居住地城市的公共权益和财产权益。

(二)产业支撑:推动"兴城"走向"兴业"

新型城镇化的关键是通过提高土地使用效率来提升城镇化的质量和水平。提升土地使用效率的关键是处理好城市建设规模扩张与产业结构优化的关系,防止出现城市产业支撑不力、功能不完善、布局不合理等问题,防止出现土地资源严重浪费的"空城"和"鬼城"。因此,需要由"兴城"走向"兴

业",通过夯实产业发展的根基,增强城市对产业发展的吸引力、承载力、融合力和支撑力,推进产业转型升级和城市功能提升。

(三)布局优化:推动"单一"走向"集群"

新型城镇化以城市群为主体形态,优化布局,促使城镇化由单打独斗走向集群发展。城市群体现着城镇化集约、集聚、集中发展的理念,它注重增强城市密集地区的人口和产业集聚能力,加强大城市与中小城镇间的经济联系与分工协作,提升区域整体集聚与辐射能力;目前,由"单一"走向"集群"的新型城镇化,更强调区域一体化的都市区规划与建设,就都市区内重要交通道路、产业平台、居住新区、医院学校等进行统一规划、协同建设,健全都市核心区现代服务功能,提升能级,形成一体化的城市功能集成和整合形态。

(四)城乡统筹:推动"二元"走向"一体"

新型城镇化科学统筹城乡发展,协调推进解决新二元体制(即城镇内部流动人口与户籍市民之间在就业、教育、社会保障、住房等领域的非同等待遇)和旧二元体制(即城乡居民之间收入与福利差距的悬殊)问题。由"二元"走向"一体",推进城镇化与新农村建设良性互动,推进城镇基本公共服务由主要对本地户籍人口提供向对常住人口提供、向农村延伸转变。

(五)绿色环保:推动"生产"转向"生态"

新型城镇化注重生产与生活问题,更重视环保与生态问题。传统城镇化过分强调"物"的城镇化,强调 GDP 的增长速度,导致大气、水和土壤环境质量的严重下降,尚未绿色,却已高碳,环境污染极为严重。新型城镇化则更加强调"生态"理念,要求慎砍树、不填湖、少拆房;突出"乡愁"思维,要让人看得见青山、望得见绿水、记得住乡愁。要求以良好的生态保障城镇化质量,让城市融入自然、与自然共生,实现绿色环保的可持续发展。

(六)内涵提升:推动"粗放"走向"精致"

世界城镇化率由 30% 到 50% 平均用了 50 年,美国用了 40 年,我国仅用了 15 年。速度过快,导致发展粗放,出现了布局不合理、功能缺失、交通拥堵等城市病。新型城镇化要求城市"集约精致有内涵",精品规划、精致建设和精细管理,提升城镇化的内涵,达到人地、人城、人业三个相宜。

二、新型城镇化面临挑战:如何实现居民权益均衡,城镇品质提升

城镇化由传统走向新型,须要以权益均衡与品质提升为主线,从以人为本的"化人"与产业支撑的"兴业"着手来推进。梳理我国改革开放以来城镇化历程,可发现集约高效、包容共享、可持续发展的新型城镇化需要户籍和土地制度改革协同推进,并应对众多挑战。

(一)我国城镇化由传统走向新型面临的挑战

1.城乡分割走向城乡互动,但出现了扭曲问题

改革开放前,我国在城乡制度分割的条件下搞城镇化——农民在农村搞农业,工人在城市搞工业,农民转为市民的条件苛刻,渠道狭窄,城镇化缓慢推进,城镇化率年均仅提高 0.25 百分点。改革开放以来,我国开始城乡互动的新型城镇化——允许农民进城务工经商,城乡分割的壁垒逐渐被打破。20 世纪 70 年代末到 90 年代初,国家实施控制大城市规模,合理发展中等城市,积极发展小城镇的城镇化方针,建制镇由 1978 年的 2173 个增至 2000 年的 20312 个,镇区人口由 1978 年的 5316 万人,增加到 2007 年底的 1.9 亿人,城镇化稳步推进,城镇化率年均提高 0.64 百分点。90 年代中期以来,随着市场化改革和经济开发区的建立,城镇化速度加快,城镇化率年均提高 1.2 百分点。但是我国城镇化在取得举世瞩目的成绩的同时,也出现了"化人"滞后于"化地"、"兴业"滞后于"兴城"等扭曲问题,其表现有三:一是农民身份转化滞后于职业转化,农民身份非农职业现象普遍存在;二是农村人口转移滞后于城镇空间拓展,城镇建成区人口密度下降;三是农业劳动力非农化滞后于农村土地的非农化,从事农业生产的劳动力偏多。在城乡互动的城镇化竞争中,大城市的集聚能力强,吸引人口、集聚产业、扩张规模速度快,"兴城"与"兴业"同步,城市品质快速提升,但新老居民间的权益差距大;小城镇对人口和产业的集聚能力弱,发展速度慢,品质提升和权益均衡的"化人"滞后于土地城镇化。

2.城乡二元户籍改为全国统一居住证制度,但公共权益不够均衡

1958 年,我国颁布《户口登记条例》,禁止农村人口进城镇谋生,这对控

制城镇人口数量、缓解城市压力方面发挥了积极作用,但用行政力量限制劳动力流动,并依据农与非农不同身份配置公共福利,结果造成了城乡分割的壁垒,导致城镇化进程缓慢。户籍制度真正症结是建立在城乡二元户籍制度基础上的社会待遇、福利的差异化,阻碍了生产要素的自由流动。然而,从基于原籍体系向基于居住体系的户籍制度改革中,由于改革合力的形成落后于制度设计的预期,出现了城乡差距的"旧二元体制"与本地户籍和外来人口差距的"新二元体制"并存,流动人口不能与户籍居民享受同等的教育、医疗、养老、社会救助等公共服务,特别是不容易获得购买保障性住房和承租廉租房的机会,结果到2011年当城市户籍居民拥有自己住房的比例达84%时,进城务工人员拥有自己的城市住房者仅为10%。对此,需要在建立全国统一居住证制度时,谋划好如何减少人口流动的障碍,建立富有效率的劳动力市场,使城镇化更有效率,进而解决越来越多的新旧二元体制问题,让人们合理地分享公共权益。

3. 城乡土地制度改革正在深化,但财产权益均衡问题仍难根本解决

党的十八届三中全会《中共中央关于全面深化改革若干重大问题的决定》提出要明确和加强农民土地财产权利,培育统一的城乡建设用地市场等。党的十九大报告指出,要"深化农村土地制度改革","深化农村集体产权制度改革,保障农民财产权益,壮大集体经济"。土地是农民最大的财产权益,我国农村土地归村集体所有,按用途可分为农业用地、宅基地和农村集体建设用地。土地资源配置与开发、增值收益分配是土地城镇化的核心问题。受用途管制和滞后的规划管控约束的影响,我国农村集体建设用地城镇化与人口城镇化不协调,引发农民财产权益保障不到位的矛盾和风险,依法赋予农民更多的财产性权利,成为土地制度改革的关键目标。如何深化土地制度改革,实现城乡居民财产权益均衡呢?新型城镇化是应然之举,它通过强化农民土地产权,增加农民在土地交易中获得利益,缩小城乡居民财产差距;通过农村宅基地和集体建设用地制度改革,增加建设用地供应渠道,缓解土地供需矛盾,让土地利用更加节约,实现城乡土地权益平等;通过征收房地产税和允许地方政府适度举债,为城市开辟新的收入来源。

(二)提升城镇化品质需要着力解决四大突出问题

1. 城镇化效率不高的问题

我国处在工业化转型期、城镇化加速期、农业现代化加快期。依据国家统计局数据,2011年我国城镇化率为51.3%,工业化率为46.8%,城镇人口超过农村人口,进入城市社会,但城镇化率与工业化率比值仍偏低,城镇化效率偏低。根据世界银行数据,2010年全球平均城镇化率为50.9%,工业化率为26.1%,城镇化率与工业化率比值为1.95,而中国该指标值为1.09;2010年,美国该指标值为4.1,法国为4.11,英国为4.09,德国为2.64,日本为2.48,它们的城市化率远高于工业化率,巴西为3.22,俄罗斯为1.97,南非为1.38,印度为1.15,它们的城市化效率都比我国高。

2. 大中小城市与小城镇发展不协调问题

由于中小城市产业结构单一,基础设施和公共服务落后,人口增长缓慢且不断向大城市流出,近20年来我国小城镇人口占城镇人口的比重减少了6百分点,出现了"大城市挤破头,小城市无人留"的现象,形成了小城市因要素资源人为短缺而萎缩,公共资源过度向大城市集中,被大城市高位锁定的不良趋势。我国城镇化效率不高,问题出在劳动密集型加工业集群发展的中小城市,而不是大城市,像北京、上海等地已经过度城镇化,因此需要对中小城市加以扶持,以实现城市群均衡发展。

3. 城乡之间发展不协调问题

城乡二元的制度安排促成新中国成立70多年的发展、近40年的高速增长,但也出现要素配置扭曲、城乡差距扩大、资源环境恶化、社会矛盾激化等问题。要实现城乡居民权益的均衡,使城乡分割的制度由"二元"走向"一体",这需要全国一盘棋,建立每个人都能获得基本公共服务的最低标准,由财政体系为各地区达到标准提供相应的资金保障。通过有效的制度安排,使城镇化与新农村建设互促共进,包容性发展。

4. 环境污染和不可持续发展问题

旧的城镇化过分强调"物"的城镇化,忽视对大气、水和土壤的治理,导致环境污染极为严重,影响了城镇化的可持续发展。新型城镇要将环境目标提高到与经济增长和社会发展目标同等重要的地位,加强绿色治理,实现可持续发展。

三、权益均衡与品质提升的浙江金华探索

新型城镇化的核心是通过以人为本,产业支撑等举措实现权益均衡与品质提升。浙江金华因受行政区划与管理体制等因素的影响,都市核心区一直难以整合成型,浙中大都市长期呼之不出。近几年在义乌农村宅基地和集体经营性建设用地改革的试点基础上,探寻符合自身特点的新型城镇化路径与举措。

(一)权益均衡与品质提升的地方特色:浙江金华的城镇化探索

改革开放以来,浙江土地城镇化与人口城镇化速度相差不大。1978—2016年,城市人口由137万人增加到3846.8万人,增长了27倍;城市建成区面积从136.8平方公里扩大到3247.22平方公里,增长了23倍;城乡居民的收入差距由1978年的2.01∶1扩大到2009年的2.51∶1的峰值后不断缩小。如金华城乡居民2009年收入差距为2.81∶1,2019年缩小为2.08∶1,其公共权益日趋均衡、财产权益差距日益收缩。但浙江高密度均质化的地理空间,因缺少1000万左右人口的特大城市带动,而呈现出大中小城镇并重发展格局。金华于1991年提出建设以金华市区为中心的小城市群的"集群"发展思路,城镇化由"单一"走向"集群"。1995年开始,以浙中城市群组合形式作为金华中心城市,着力发展大交通、培育大市场、开发大产业、开展大金华的"群网"建设。2015年,金华户籍制度改革,使城乡居民公共服务权益均衡的探索获重大突破,改革以"农村利益可保留、城镇利益可享受"为基本原则,以"条块结合、以块为主"为基本方式,取消"农业"与"非农业"户口性质,实行城乡统一的户口登记制度,逐步剥离依附在户口性质上的城乡差别公共政策,推动农村人口向城镇转移,逐步实现城镇基本公共服务常住人口全覆盖。通过零门槛的进城落户和招才引智政策落实,技能型、创业型人才不断集聚,金义都市核心区的城市能级提升,龙头引领作用显现。

(二)义乌农村土地制度改革试点为区域城镇化的权益均衡与品质提升探路

2015年义乌作为全国33个试点县之一,开展了农村宅基地制度和集体经营性建设用地入市改革。义乌的农村宅基地设立了"三权分置"制度,一

125

是维护村集体所有权,二是固化资格权,三是完善使用权,使农民基本居住权利有了更大保障,财产性收入增加,节约了土地利用,改善了人居环境;义乌农村集体经营性建设用地入市改革,增加新型城镇化筹钱渠道和村集体经济收入来源,增加建设用地供应渠道,缓解土地供需矛盾,让土地利用更加节约。当前,义乌农村土地(宅基地与集体经营性建设用地)制度改革中需要深入探讨的问题有:一是宅基地"三权分置"中的资格权还缺少法理研究和准确定义。它是否属于物权,为什么把它与使用权分开设置?相应研究有待深化。二是农村两地的集体所有权与政府规划权的关系有待理顺。三是农地增值收益的分配格局有待优化。

(三)推广义乌试点经验,实现权益均衡与品质提升

在新型城镇化背景下,推广复制义乌宅基地"三权分置"和农村集体经营性建设用地入市等土地制度改革试点经验,应坚持以市场为导向的政府规划,在规划引导下发挥市场对土地资源配置决定性作用,推进土地城镇化制度改革。

1. 形成农村土地制度改革的制度成果

对宅基地"三权分置"和农村集体经营性建设用地入市改革试点,做专题研究进行制度完善。如对农村宅基地和农村集体经营性建设用地的基准定价体系的建立要制度化,要以土地定级为基础,合理确定商业、工业、公共设施等用地的基准地价。又如建立健全统筹农村土地增值收益平衡和增值收益调节金制度,确保本村农民利益共享。

2. 提炼农村土地制度改革的理论成果

在改革试点基础上深入研究宅基地退出、土地征收和集体经营性建设用地入市的土地增值收益平衡机制,进一步完善农村"三块地"的改革思路,特别是农村宅基地和农村集体经营性建设用地的所有权与规划权谁高,其优化配置和合理使用的配置权由政府为主还是市场为主?农地用途转置后其收益如何分配,现有的分配格局如何调整?在"市场决定土地资源配置"呼声高涨的背景下,相应理论研究有待深化。

3. 放大义乌的农村土地制度改革试点的实践成果

土地制度改革的实践操作要有专门的机构来运行,如义乌市级层面成立农村土地联合会,各镇街成立农村土地整备公司,对入市地块进行整备和

前期开发,组织招商、统一入市,确保村集体组织分享土地收益。

4. 对宅基地"三权分置"进行法理研究和定义解读

为农村宅基地制度改革的统筹深化和成果推广提供理论支撑和制度保障。特别是宅基地的资格权问题是个新的理论探究和实践应用问题,它与集体成员资格之间的关系,与所有权和使用权之间的关系需要深入研究。

第二节　农地入市的权能拓展与权益均衡：
基于义乌"三块地"改革试点[①]

自 1949 年新中国成立以来,中国经历了"站进来"与"富起来"时代,迎来了"强起来"时代。土地作为自然的资源、农民的资产、创业者的资本,在"站进来"与"富起来"时代,对中国经济社会发展起了充分保障和巨大推动作用。为了更好地吸收与借鉴我国土地制度演化的经验教训,促使农村"三块地"改革在"强起来"时代顺利推进,本节以农地制度演化为主线,以义乌宅基地"三权分置"和集体经营性建设用地与国有土地"同等入市、同权同价"的改革实践为案例,探究破解城乡分割二元土地制度,稳慎地推进农地入市,实现权能拓展与权益均衡的对策。

我国 70 多年农地制度的演化,牵涉的利益主体复杂,"历史矛盾纠葛"多。进入以人为核心高质量发展的新型城镇化时期,农村土地制度的研究主要围绕资源配置主导力量和增值收益分配格局等关键环节展开。农地制度决定着农民与政府如何配置土地资源,分享土地增值收益,其每一步改革都具有"高度的复杂性和挑战性"。针对农地配置问题,有学者认为土地是外部性极强的资源,要得到更有效的利用,还应加强农民的产权,提高征地补偿,建立将农地转化为非农用地的新机制。有学者指出受农地转用信息不对称、资源垄断和负外部性等影响,有约束性的土地利用总体规划因"方法落后"总是控制不住非法的农地转用。当今土地制度改革,需要建立市场为导向的政府规划与规划引导的市场决定作用相结合的机制。针对农地转

[①] 本节系浙江省党校系统研究中心课题(编号 ZX21180)的研究成果。相关资政报告经金华市市长批转有关部门研究。

用的增值收益分配问题,有学者认为农村土地虽属村集体所有,但其转用过程被政府垄断,而利益相关者如何互动又不明确,尤其是农村居民处于劣势地位,在增值收益分配中占比低,由此引发的纠纷成为农村矛盾冲突的焦点,农地制度再不改革将面临极大的危险,需要探索建立操作性强的农地流转和收益分配制度,解决土地转用引发的社会矛盾。针对农地的使用与流转问题,有学者提出不仅要对《土地管理法》关于禁止农民将集体土地用于非农建设使用权转让的规定进行修订,而且要对《物权法》第 184 条、《担保法》第 37 条关于禁止宅基地使用权抵押、担保的规定进行废止,为"适度放活宅基地使用权"提供上位法支持,使农地得到合理、有效使用,保障农民的财产权益。

综上,农地入市改革是新的制度安排,学界高度肯定其创新价值和实践意义,并从不同学科积极探索了农地转用的产权配置与法律规范,为本研究奠定了基础并提供诸多启示。但现有研究也存在如下不足:一是理论层面对农地转用权能拓展与权益均衡的研究还不够系统,有待深化;二是实践层面针对性操作性强的对策研究不够充分,亟须加强。

一、新中国成立以来农村土地制度的演变过程

新中国成立以来,我国农村土地制度的演变可划分为三个阶段,第一个阶段是 1949—1955 年,没收地主富农占有的土地,分配给无地少地的农民耕种,实现农地私有私营;第二阶段是 1955—1982 年,经过合作社化到人民公社运动,农地由私有私营转变为共有公营;第三阶段是 1982 年至今,废除人民公社体制,实现农地共有私营,即村(组)集体所有家庭承包经营。表 7-1、表 7-2、表 7-3 直观展现各阶段农村土地制度的不同特征。

1. 私有私营阶段(1949—1955 年)

1950 年 6 月 30 日,新中国公布施行《中华人民共和国土地改革法(草案)》,明确"废除地主阶级封建剥削的土地所有制,实行农民的土地所有制",如表 7-1 所示,农村土地进入私有私营阶段,农民有了土地所有权,可以自由经营、自主买卖及出租土地。土地问题是关乎国计民生的根本问题,我党把土地紧紧地和"三农"联系在一起,通过土改为穷苦农民争取到了生存基础,使他们在法律意义上拥有了属于自己的土地,由此提高了农民对新政权的认同与支持,为建设新中国奠定了坚实的基础。不过,当时没有农用地与非农建设用地的区分,也未对城乡居民进行农地买卖的身份限制,此后的

农业合作化也未明令废止该法律。

表 7-1　私有私营阶段农村土地制度的演变历程

阶段	时间	法规文件名	核心观点
私有私营阶段	1950.06	《土地改革法》	土地改革完成后,由人民政府发给土地所有证,并承认一切土地所有者有自由经营、买卖及出租其土地权利

2. 共有公营阶段（1955—1982 年）

土改后,广大的贫下中农虽然分得了土地,但由于家底薄厚和个体能力差别很大,"自耕农"出现了返贫和两极分化现象,于是,党领导农民开展了合作化运动,开展农田水利等基础设施建设,提高土地的生产效率,防止能力差者返贫,确保农村稳定发展,进而支持国家的工业化。不过当时国家工业化以重工业为主,对农村剩余劳动力的吸纳有限,再加上实施"防止农民盲目流入城市""制止农村人口外流"等政策,大多数农民都在农地上劳作,很少向城市流动。此阶段农村土地制度的演变如表 7-2 所示,进入共有公营阶段,特别是《人民公社 60 条》,规定农村土地都归生产队集体所有,采取共有公营,社员不得买卖。然而,本想以"一大二公"的优势,"多快好省"地建设社会主义,但干好干坏差别不大的"大锅饭"体制挫伤了劳动者积极性,影响了生产效率。

表 7-2　共有公营阶段农村土地制度的演变历程

阶段	时间	法规文件名	核心观点
共有公营阶段	1955.11	《农业合作社示范章程》	逐步地把土地等生产资料公有化,但社员退社时可以带走他私人所有的土地等生产资料
	1956.06	《高级农业合作社示范章程》	社员入社的土地等生产资料不再分红,收入按劳分配,社员仍然有退社自由,农房和宅基地仍然是私产
	1962.09	《人民公社60 条》	生产队所有的土地(包括自留地、自留山、宅基地)一律不准出租和买卖,但社员对自己房屋有买卖和租赁权

3. 共有私营阶段（1982 年至今）

1982 年开始,中央连续下发了五个"一号文件",废除了人民公社体制,推行家庭联产承包责任制,允许农民务工经商、自理口粮进城落户,农地实现了共有私营。1988 年,全国人大宪法修正案,将土地的所有权与使用权分开,规定土地使用权可以依照法律的规定转让;同年修订的《土地管理法》规定,土地转让方法由国务院另行规定。1990 年,国务院 50 号令发布了《城镇国有土地使用权出让和转让暂行条例》,但一直没有出台过允许农村集体土地转让的具体办法,农地转用只剩下国家征收一条途径。21 世纪,随着工业化和城镇化的快速推进,村集体所有的土地经常面临农业种植与非农建设两种价值选择,进而造成土地价值悬殊的两种市场比较,土地的国家征收价格远低于出让价而导致政府与失地农民间的矛盾时有发生。2006 年,《国务院关于加强土地调控有关问题的通知》(国发〔2006〕31 号)规定:农民集体建设用地使用权流转,必须符合规划并严格限定在依法取得的建设用地范围内。2007 年,《国务院办公厅关于严格执行有关农村集体建设用地法律和政策的通知》(国办发〔2007〕71 号)明确了农村住宅用地只能分配给本村村民,城镇居民不得到农村购买宅基地和农民住宅。2008 年,党的十七届三中全会《中共中央关于推进农村改革发展若干重大问题的决定》提出"逐步建立城乡统一的建设用地市场"的改革方向,并要求依法取得的农村集体建设用地与国有土地享有平等权益。2013 年,党的十八届三中全会《中共中央关于全面深化改革若干重大问题的决定》提出在符合规划和用途管制前提下,允许农村集体经营性建设用地与国有土地同等入市、同权同价。2020 年,党的十九届五中全会《中共中央关于制定国民经济和社会发展第十四个五年规划和二〇三五年远景目标的建议》要"健全城乡统一的建设用地市场,积极探索实施农村集体经营性建设用地入市制度。建立土地征收公共利益有地认定机制,缩小征收范围"。

表 7-3 共有私营阶段农村土地制度的演变历程

阶段	时间	法规文件名	核心观点
共有私营阶段	1982.12	《宪法》第 10 条	任何组织或个人不得侵占、买卖、出租或以其他形式非法转让土地
	1986.06	《土地管理法》第 47 条	买卖、出租或者以其他形式非法转让土地的,没收非法所得,限期拆除或者没收建设物,并处以罚款
	1988.04	《宪法修正案》	土地使用权可以依照法律的规定转让

阶段	时间	法规文件名	核心观点
共有私营阶段	1988.12	《土地管理法(修订)》	国有土地和集体所有的土地的使用权可以依法转让。土地使用权转让的具体办法,由国务院另行规定
	1998.08	《土地管理法再次修订》第63条	农民集体所有的土地的使用权不得出让、转让或者出租用于非农业建设
	1999.05	国务院办公厅通知(国办发〔1999〕39号)	农民的住宅不得向城市居民出售,也不得批准城市居民占用农民集体土地建住宅
共有私营阶段	2006.08	国务院通知(国发〔2006〕31号)	农民集体建设用地使用权流转,必须符合规划并严格限定在依法取得的建设用地范围内
	2007.12	国务院办公厅通知(国办发〔2007〕71号)	农村住宅用地只能分配给本村村民,城镇居民不得到农村购买宅基地、农民住宅和"小产权房"
	2008.10	党的十七届三中全会《决定》	逐步建立城乡统一的建设用地市场。对依法取得的农村集体经营性建设用地,以公开规范的方式转让土地使用权,并与国有土地享有平等权益
	2013.11	党的十八届三中全会《决定》	在符合规划和用途管制前提下,允许农村集体经营性建设用地出让、租赁、入股,实行与国有土地同等入市、同权同价
	2014.12	中共中央办公厅、国务院办公厅通知(中办发〔2014〕71号)	在试点地区进行农村土地征收、集体经营性建设用地入市、宅基地制度改革等"三块地"改革

　　上述一系列文件与法规表明,我国土地制度的演变仅仅是政策总基调或社会各界的核心关注点有所差别,相关的政策法规之间不是完全分割的,而是一个随着经济社会发展不断调整的有机体。当前我国农地制度改革的基本思路是,在符合规划和用途管制前提下,发挥市场对资源配置的决定性作用,在产权明晰、权责明确基础上建立城乡统一的建设用地市场,但城市居民不得非法租用、占用农村集体所有土地。在此基础上,2015年全国人大授权国务院在浙江义乌等33个试点县(市、区)暂时调整实施《土地管理法》等法律,坚持"不能把农村土地集体所有制改垮了,不能把耕地改少了,不能把农民利益损害了"的原则,推进"三块地"改革试点,探索形

成制度创新成果。

二、权能拓展与权益均衡的探索：农地改革的义乌试点

从 70 多年土地制度演变历程看,我国农地资源配置长期存在政府意志与农民认知的反复调适与相互适应,存在政府规划权与农民所有权博弈,这是涉及效率与公平的博弈。近几年来开展的"三块地"改革,引发的权益调整牵涉主体复杂、难度大,需经过稳慎的试点再推开。义乌试点"探索宅基地所有权、资格权、使用权分置实现形式。保障进城落户农民土地承包权、宅基地使用权、集体收益分配权,鼓励依法自愿有偿转让"。在政府规划管治和用途管制的基础上,发挥市场对资源配置的决定性作用,拓展了农地的权能;建立了城乡统一的建设用地市场,使政府公权力与农民私权利动态均衡地分享着土地增值收益。

（一）宅基地制度改革义乌试点与权能拓展探索

2015 年,义乌在全国率先进行农村宅基地制度改革试点,参照农村承包地所有权、承包权、经营权"三权分置"制度,提出确立宅基地所有权、资格权、使用权"三权分置"制度体系,该制度写入 2018 年中央一号文件,成为中央层面的顶层设计,其中首次提出的"资格权"概念引起各界关注。试点先从佛堂镇坑口村开始,后在义乌全市推开,使市场调节主导的诱致性制度变迁上升为强制性制度实践,形成了以"三权分置"为特征的宅基地制度体系。具体内容有:一是维护宅基地的村集体所有权。由村民自主规划、自主分配、自主处置、自主管理宅基地,突出村民的主体地位;宅基地有偿调剂收益、有偿选位付费、转让所有权收益归集体所有,盈余分配由村民（代表）大会决定。坑口村以公开拍卖方式进行宅基地资格权的村内部有偿调剂,市场竞价产生的收入,村集体收 5% 管理费后收益归全体村民共享。二是活化宅基地资格权。依据"按人分配、按户控制"原则对宅基地资格权进行无偿分配,达到户有所居,但若有人自愿退出宅基地,村集体则统一回购,再通过市场配置有偿调剂给本集体经济组织其他成员。坑口村宅基地资格权调剂涉及 14 户,调剂总面积达到 573.56 平方米,成交额达 787.29 万元,均价为 1.37 万元/平方米。成交额扣除少量的村集体管理费用后,所得款项返还给宅基地资格权调出农户。三是完善宅基地使用权。按照"尊重事实、一户一宅、面积法定"原则,分类处理农村违章建房问题,如对超占面积一间（36 平

方米)及以上、超建层数一层及以上的严重违法建筑予以拆除,对少于上述面积和层数的,经村集体按市里规定的宅基地基准地价(2017 年 8 月 28 日义乌建立全国首个农村宅基地基准地价体系,有效盘活了农民资产)20 年一次性收取有偿使用费后,允许农民办证,但在不动产权证上以虚线标注表明不确权。另外,对完成了农村更新改造的村庄,允许宅基地使用权在本市农民间跨村镇转让,但受让人不得超过规定的按户控制面积;允许农户以具有不动产权证书的农村住房作为抵押物,向市内的金融机构申请贷款以实现使用权的金融功能。

从权能拓展来看,义乌宅基地"三权分置"改革落实了集体所有权,保障了农户资格权,适度放活了宅基地和农房使用权,保障了农民基本居住权利;产权明晰的宅基地在更大区域的农村居民间有偿转让,使农房抵押担保具有可操作性,活化了财产权,提升了现实价值和可以融资的潜在价值,增强了农村发展动能。

(二)义乌集体经营性建设用地入市与权益均衡探索

2016 年 9 月,义乌开始建立城乡统一的建设用地市场,开展农地入市试点。首先,建立与国有土地同权同价的交易平台、市场规则和服务监管体系,使农地的权能拓展有了可操作的载体;其次,遵循政府立制、群众议事、市场定价、收益共享的工作原则,促进政府公权和村民私权均衡;最后,在农地入市地价管理、异地调整、增值收益调整、抵押贷款等方面制定试行政策,形成兼顾国家、集体和个人的土地增值收益均衡分享机制。试点系统解决了四个问题:一是明确农民的主体地位,解决"谁来入市"的问题。明确农村集体经济组织是入市交易的卖方主体,由它代行集体土地所有权,对入市涉及的宗地情况、入市方式、起始地价、收益分配等重大事项进行自主协商,集体决策,全程公开,接受乡镇政府和村民代表监督。二是坚持存量和增量并重,确定"哪些地入市"。入市的土地主要包括由土地利用总体规划确定为工矿仓储、商服、旅游等非农经营性用途、并经依法登记的农村集体建设用地,少数是土地整治后的新增用地。三是坚持市场配置资源,规范管理"怎么入市"。借鉴国有土地入市做法,构建统一的交易平台、制度和程序进行规范管理,所有者通过公开招标、拍卖、挂牌出让或租赁供地等方式,将土地交由中标者使用,并订立书面合同,明确双方权利义务。四是建立共享机制,调节土地增值收益分配。按照收益均衡共享原则,核算确立用地成本和收益,明确土地增值收益调节金差别化收取方式。农地入市在扣除基础收益后按三级累进征收率征收调节金,即未超过基础收益 50% 的部分,征收率为 30%;超过基础收益 50% 但未超过 100% 的部分,征收率为 40%;超过基础收益 100% 的部分,征收率为 50%。这种收益共享的分配机制使村民收益高于政府收益,如义乌松门山社区,2017 年入市土地面积 5260 平方米(近 8 亩),出让收益 1288 万元,政府按累进递增收取调剂金 428 万元,村民和村集体经济组织获 860 万元,占 66.8%。截至 2018 年底,义乌累计完成入市土地 21 宗,总用地面积达 114.25 亩(约合 76167 平方米),成交价款 9174.87 万元,其中村民和村集体获益 7660 万元,占 83.7%。

从权益均衡来看,义乌农地入市试点改变了单一的政府主导农地转用方式,市场在土地资源配置中作用加大,农民在土地转用中的收益占比提升。

(三)义乌"三块地"改革需要进一步探讨的问题

义乌"三块地"改革试点突破了《土地管理法》对农地转让的禁止,停止了《刑法》《物权法》和《担保法》有关条款的执行,为相关法律条文修订提供案例支撑。下一步,改革要在其他地区顺利推进,除法律条款修订外,还应探讨如下问题。

1. 农地的集体所有权与地方政府规划权的矛盾问题

在农地配置博弈中,基于市场产权制度的所有权与基于政府管制制度的规划权谁高,是一个长期争论的问题。义乌农地转用试点对政府如何适应市场需求开展规划管制做了一些探索,使产权人在土地开发中享有更多受到某些限制的自由,此类经验需要在理论上深化研究。

2. 农村集体组织成员资格权与宅基地在全市范围内跨村转让问题

目前法律对农村集体成员的资格权未做出明确规定,资格权的含义及其获得或终止条件由集体组织自由裁量认定,与法律不够契合。另外,宅基地在全市农民中跨村转让并办证的做法缺乏法律依据。

3. 农地入市具体操作存在的问题

一是义乌农村符合入市流转的存量用地多为零星边角插花地块,因不能跨行政区调剂,土地资源配置效益低。二是农地入市中村集体通过"左手"倒"右手"的形式完成"招拍挂"程序,变相成为受让主体,其资格权受到质疑。

4. 权益均衡问题

农民从土地入市中获得的增值收益远高于被征收获得的收益,但要实现政府与农民权益的稳态均衡,还需有相关配套改革的统筹协调与联动推进。

三、深化农村建设用地制度改革,实现权能拓展与权益均衡的对策思考

义乌试点使农地转用不再单一的"征"字挂帅,而逐渐由"市"字当头,即以市场机制引导土地资源流转。总结推广义乌经验,统筹推进各项改革,正确处理政府与市场、产权与治权、公益与私利之间关系,达到权能拓展与权益均衡,可采取如下对策。

1. 深化农地入市理论研究

义乌试点打破了长期以来形成的"国有土地可以入市,农村土地不得转让"的局面,但农地集体所有权与政府规划权谁高,其配置权在政府与市场间如何平衡的研究有待深化。科斯提出,清楚界定的财产权利是市场的基础。阿尔钦将产权定义为"一种通过社会强制实现的对某种经济物品的多种用途进行选择的权利",并认为社会强制中"政府的力量"是第一位的。产权中最基本的权力是使用权,土地资源通过使用权转让可以提高使用效率,进而获得更多的利益。转让权从属于财产权,农地转让时涉及多方利益,会引发互相间的干扰,要使转让顺利进行需要政府这个"唯一可以合法使用暴力的权威第三方"介入,并通过规划的制定与执行来提供服务。在城镇化进程中经济集聚导致地价上升,此时,虽然国家法律不准农村集体建设用地直接入市,但市场有需求,农民经常用不同方式抵制单一的政府征收供地体制,法外农地转让现象长期存在。义乌试点的理论研究要对农地产权、权能拓展和权益均衡做清晰界定,以利于市场对资源配置起决定性作用;利于政府在制定和修改规划时精准考虑市场需求和公众诉求,用市场为导向的规划与规划引导的市场相结合的机制来推进农地入市。

2. 巩固农地入市制度成果

义乌改革试点是我国农村土地制度70多年演进史中的关键时段,其中的经验教训需要仔细剖析。在试点经验面上铺开之前,省乃至国家层面应

按照农地权能拓展和权益均衡的要求,研究制定《农村集体建设用地改革暂行办法》(下称《暂行办法》,2019 年一号文件提出要研究起草农村宅基地使用条例和制定农村集体经济组织法),明确农地与国土平等进入市场的权利,拓展农地的权能;缩小农地入市与被征收的增值收益分配差距,均衡两者的权益,以巩固农地入市制度成果。目前宅基地资格权的认定通常是设定一个截止期限,于该期限后进入的农村居民不具有本集体资产所有人的资格,以保护原集体成员的权益,防止集体资产被稀释,因此该《暂行办法》要统一全省乃至全国的村集体经济组织成员资格认定,依据资格明确占有、收益和处分权,实现一户一宅;明确集体成员可通过对自己的集体资产股份转让,永久退出该集体而让渡资格权。又如集体经营性建设用地要合法入市,则应对《土地管理法》《物权法》和《担保法》的相关条款进行修改,从法律层面支持农村住房和宅基地流转,解决农房闲置问题。《暂行办法》应建立制度化的农村建设用地基准定价体系,以土地定级为基础,合理确定商业、工业、公共设施等用地的基准地价;应明确土地增值基准定价、收益调节金征收方式及比例,明确宅基地退出和集体经营性建设用地入市的条件和操作规程,以防用地权属不清带来经济风险和社会隐患。

3. 放大农地入市实践成果

农村"三块地"改革要在实践中有序推进,一方面将试点工作深化与地方经济社会发展统筹起来,增强改革的系统性、整体性和协调性。要处理好缩小土地征收范围与加大农地入市力度的关系,打通跨行政区的农地入市指标余额调剂,丰富农地入市类型,拓展入市范围,完善征地制度和农地入市方式,提高农村建设用地配置效率;另一方面深入推进权能拓展和权益均衡的实践。一要探索建立农村住房和宅基地使用权的抵押、担保和转让制度,像义乌这样经济较发达地区,农房抵押融资和抵押物处置与城市商品房相差不大,应完善宅基地的用益物权权能,赋予宅基地在一定范围内的流转、有偿退出、继承及抵押的权利,让农民住房财产权与城市住宅产权的权益一致,使其向银行申请贷款时有平等的权利。二要健全农地用途转置后其收益分配机制,形成合理的分配格局。建立合理的集体经营性建设用地增值收益分配机制,在审计监督和政府监管下公开透明、公平公正地进行收益分配。三要有专门的机构来进行入市实践操作,统筹宅基地有偿退出和土地入市增值收益分配,完善土地增值收益调节金制度,在农村宅基地流转和经营性建设用地入市中做到存量与增量并重、多种用途并举。

4.强化统筹配套,推动与农地入市相关的制度联动改革

农村"三块地"改革的目标是建立城乡统一的建设用地市场,对此要深化土地、户籍和财政等制度联动改革,把农地产权改革与约束权力的其他改革结合起来统筹协调、联动推进。一要在城乡建设用地增减挂钩基础上建立"人地挂钩"机制,以城市吸纳人口为标准,进行土地资源有效配置,促使农村人口向城镇和中心村集中。二要以大中小城市与小城镇协调发展、城镇化与新农村建设良性互动为原则深化户籍制度改革,实施城乡融合共荣战略,强化城市群内部基础设施和公共服务的一体化,提高中小城市和小城镇对人口的吸引力。三要依据权责适应的原则推动财税制度改革,合理使用农地入市增值收益,健全以农业转移人口市民化为重点的财政转移支付制度,建立城乡要素双向流动的长效机制。

第八章 绿色城市化的地方探索

中国共产党在带领人民经历站起来、富起来，迎来强起来的百年历程中，人民对美好生活向往始终是其奋斗目标、让生活美起来既是党的奋斗目标、人们关注的焦点，也是绿色城市化的载体。习近平总书记指出，要"更好推进以人为核心的城镇化，使城市更健康、更安全、更宜居，成为人民群众高品质生活的空间"以完善城市化战略。然而，随着经济社会快速发展，以人与自然和谐共生，生态经济社会诸效益兼容为条件，以可持续发展为目标的绿色城市化正面临新矛盾新挑战，具体表现为：经济持续增长与环境污染严峻、环境容量有限之矛盾；经济总量扩张与资源供给有限、资源利用效率不高之矛盾；人们日益增长的优美生态环境需要与碳排放未达峰、优质生态产品供给不理想之矛盾。借此，要在生态文明思想和总体国家安全观指导下，以人民生命安全、身体健康、生态宜居为目标开展绿色城市化理论研究和实践探索。

第一节 绿色城市化的问题缘起与实践探索

党的十九届五中全会报告提出，要"促进经济社会发展全面绿色转型，建设人与自然和谐共生的现代化"。这对绿色发展和美丽中国建设提出了新要求。浙江正通过贯彻"全面绿色转型"思想，高水平绘好新时代"富春山居图"，推进城市化由 1.0 版浅绿向 2.0 版深绿迈进；由解决水、气和土等生态环境突出问题，满足人们低层次安全需要，向满足人们高层次审美需要迈进。在此背景下，本章以马克思主义生态利益理论为指导，把握生态利益关系矛盾，进而以浙江为案例探析绿色城市化的问题缘起及其实践路径，由此构成研究旨趣，从而为新型城市化建设提供新的理论和实践启示。

一、绿色城市化理论源流及现实问题缘起

对绿色城市化问题的研究,我们既要重视理论渊源,又要关注城市化进程,还要有全球视野和历史思考,深入了解、深刻认识 21 世纪我国由富起来向强起来、美起来迈进时城市化的变迁。

(一)绿色城市化的理论研究源流与政策演变

早在 1902 年,西方新城运动创始人埃比尼泽·霍华德就提出人与自然和谐相处的田园城市理论,引领着以伦敦为代表的绿色城市建设。法国学者最早提出绿色城市化理念,指出要通过绿色城市提高国家整体经济社会发展水平,实现环境、经济和社会的可持续发展;不要追求大都市化,而要通过高效率与可持续的城—镇—乡一体发展,实现经济社会环境共赢。20 世纪 30 年代,法国只有巴黎是特大城市,绝大部分城市人口居住在 2 万人口以下的小城市,进入 21 世纪巴黎等城市进行规模控制和社区多功能化改造,通过领土整治、征收环境税和发行绿色债券等举措,寻求城乡间与不同城市间均衡发展。回顾国外绿色城市化研究,从区域差异理论看,库兹涅茨揭示的西方发达国家随着经济增长,人们收入差距先逐渐扩大,到一定值后趋于稳定,再逐渐缩小的"倒 U 形曲线"假说,与"两山"理论先用绿水青山换金山银山,后既要金山银山也要保住绿水青山,再到绿水青山就是金山银山的绿色城市化逻辑一致。从生态学视阈看,受绿色思潮影响的法国式城市化,其绿色城市化研究正由谋求经济发展和福祉的"浅绿主义"向满足美好生态环境和审美需要的"深绿主义"演进。从公共物品供给量决定理论看,应通过基于庇古理论的资源税、环境税、碳税及生态补偿、循环补助、低碳补贴等推进财税制度改革,由政府有形之手协调区域间生态利益关系。从新制度经济学分析,可通过基于科斯理论的用水权、排污权、用能权、碳权制度改革,推进产权制度改革,由市场的无形之手协调流域内不同主体间的生态利益关系。

21 世纪初,浙江坚持以人为核心,注重环境和资源生态要素平衡,把可持续发展过程和结果作为内容和途径,率先实施新型城市化战略,在可持续发展条件下走生态城市化之路。2003 年,习近平同志指出,推进生态建设,打造"绿色浙江"有利于加快经济结构调整和产业布局优化,促进人们生产方式、生活方式、消费观念转变。然而,正如倒 U 形库兹涅茨曲线不会在经

济增长过程中自动出现一样,生态环境保护不会由企业在自由竞争的市场中自发产生,而需要政府外力推动。2013 年中央城镇化工作会议后,政府着力推进绿色循环低碳发展,促经济活动"尽可能减少对自然的干扰和损害,节约集约利用土地、水、能源等资源"。2014 年《国家新型城镇化规划(2014—2020 年)》颁布实施,首次提出要建设"绿色城市";2015 年中共中央、国务院《关于加快推进生态文明建设的意见》首次提出要"大力推进绿色城镇化";2016 年,习近平同志指出,生态保护是前提,共抓大保护,不搞大开发是当前的策略方法;绿色发展是结果,生态优先,绿色发展是未来的方向路径。我国绿色城市化要"形成节约资源和保护环境的空间格局、产业结构、生产方式、生活方式"。

(二)绿色城市化的现实问题缘起

1. 空间格局与产业结构难以满足人们日益增长美好生态环境需要问题

空间格局是人类通过产业活动,对生态环境施加影响形成不同生产生活生态区域的布局。农业文明时期,生产力水平低,人类对生态环境施加的影响尚处在生态环境自我调节和修复范围内,生态利益关系格局总体均衡。"依靠小农业与家庭工业相结合而存在的中国社会经济结构"在浙江乃至全中国普遍呈现,农业未对流域的生态利益关系格局均衡构成威胁。工业文明初期人们"用绿水青山换金山银山,很少考虑环境的承载力,一味索取资源",在发展生产力,提升经济实力的同时面临严峻的生态环境问题。随着工业化由传统向现代转型,人民对美好生态环境的需要日益增长,认识到"环境就是民生,青山就是美丽,蓝天也是幸福",绿水青山是人类共同利益所在。不过要使具有"潜在"价值的绿水青山变为"显在"的金山银山则需发展适宜产业,把生态优势转化为生态经济优势。

绿色城市化需要发展循环经济,在区域层面,按照工业生态学原理,建立一批循环经济企业、生态工业园区和城市再生资源回收产业,通过企业间物质能量信息集成,形成产业间共生耦合关系,使资源物尽其用,产品结构优化,区域和城市经济健康发展。在产业结构层面,构建以现代服务业和先进制造业为主体的资源节约型产业结构;依靠科技进步协调发展好产业之间的资源循环利用。实践证明,"绿色发展是构建高质量现代化经济体系的必然要求"。2019 年,国务院颁布实施《长江三角洲区域一体化发展规划纲要》,提出高水平建设由青浦、吴江、嘉善组成的长三角生态绿色一体化发展示范区,引领区域高质量发展。2020 年,《浙江省推进长江三角洲区域一体化发展行动方案》颁布实施,提出在环杭州湾、甬台温临港产业带和义甬舟开放大通道的"一环一带一通道"的空间架构内,统筹推进大湾区大花园大通道大都市区建设,打造长三角一体化发展的金南翼。

2.传统生产方式和粗放扩张模式与绿色城市化关系协调问题

改革开放初期,我国社会主要矛盾是人民日益增长的物质文化需要同落后的社会生产之间的矛盾。"先污染后治理,先破坏后修复"的产业发展模式与绿色发展相背离,城市发展重效率轻公平,重速度轻质量,以廉价生产要素吸引产业集聚,用"绿水青山"换取"生产空间",导致生态利益关系格局中特殊利益与共同利益的矛盾不断呈现,对可持续发展构成了严重挑战。据专家估计,2005 年我国创造同样产值所耗能源是日本的 7 倍,印度的 1.5 倍,其中石油消耗是美国的 4.2 倍,日本的 7.6 倍。2020 年新冠肺炎疫情全球蔓延的原因之一,便是对绿水青山的过度开发破坏了人与自然的和谐,迫使野生动物迁徙,增加其体内病源的扩散传播。

现阶段,我国社会主要矛盾是人民日益增长的美好生活需要和不平衡、不充分发展的矛盾,传统生产方式与城市粗放扩张模式导致区域发展不平衡、不充分。随着区域特殊利益不断强化,河流下游地区存在将高耗水、高耗能、高污染产业逐渐向中上游地区转移风险,这会引致全流域生态环境问题。因此,绿色城市化需要从全流域高质量一体化发展高度,处理好局部特殊利益与全局共同利益间的关系,促进全域经济社会生态关系均衡协调发展。

3.传统生活方式和治理方法与绿色城市化关系协调问题

传统生活方式对绿色发展和良好生态环境的重要性认识不足,过多消费资源,过量使用一次性用品,过度排放废水、废气和固体废物,垃圾不分类回收,河道负荷重,流域环境问题严峻。此时,特殊利益追求者"所追求的仅仅是自己的特殊的、对他们来说同他们的共同利益不相符合的利益"。这加剧了其与共同利益间的矛盾,促使人们为特殊利益去损害共同利益。如2016 年 12 月有不法分子为了自身利益将 2000 余吨生活垃圾从浙江海盐运出倒到江苏太仓长江水道,这种跨区域违法倾倒生活废弃物事件,造成大量垃圾在长江漂浮,污染水源。

生态环境问题除了由污染物排放总量超过环境承载能力引致外,还有技术原因引致的。由于碳排放尚未达峰值,今后若干年内,我国人为活动直接和间接排放的二氧化碳,与其通过植树造林等吸收的二氧化碳还不能相互抵消,不能实现二氧化碳"净零排放",即碳中和。为此,需要努力在碳中和的引领下制定达峰行动方案,逐渐提供理想的优质生态供给,满足人民日益增长的美好生态环境需要,促使城市化由满足安全需要的浅绿色城市化,向深绿色城市化提升。

二、2.0版绿色城市化的本质与核心特点:由浅绿色向深绿色提升

(一)2.0版绿色城市化的本质

2.0版绿色城市化本质是坚持以人为本,构建高质量发展的国土空间布局和支撑体系,促"强起来"与"美起来"相辅相成,互促共进。为此,要遵循生态学原理,系统工程学方法和循环经济发展理论,运用现代科技转变经济发展方式,大力发展生态效益型经济,使"经济社会发展格局、城镇空间布局、产业结构调整与资源环境承载能力相适应",构建绿色空间形态、产业结构、生产方式和生活方式,实现生态利益关系格局新均衡。

(二)2.0版绿色城市化的核心特点

1. 以人为核心,在浅绿向深绿演进中实现生态利益关系均衡

这表现在发展方向上,以人为核心的绿色城市化,在处理人与自然的关系时,从改变自然、征服自然转向调整与改善人的行为,提升生态系统质量和稳定性。按照党的十九大首次提出的"坚持以人民为中心的发展思想"和"永远把人民对美好生活的向往作为奋斗目标",促城市化由浅绿向深绿演进中实现生态利益关系均衡。此时,产业上要推动劳动密集向技术密集升级,空间上要实行多维度混合布局功能分区,以优化生态利益格局,建设人口与产业聚集,居住与就业共生的紧凑型城市。

2. 以绿色城市群为主体,为区域高质量发展提供新载体

这表现在空间形态上以绿色城市群为主体,为区域高质量发展提供新载体。1996年,国家"九五"计划首次提出,要"有逐步形成大中小城市和小城镇规模适度,布局和结构合理的城镇体系"。2006年,"十一五"规划首次

提出将城市群作为"推进城镇化的主体形态"。2013 年,中央城镇化工作会议提出,既让城市依托现有山水脉络,使居民望得见青山,看得见绿水,记得住乡愁,又注意保留村庄原始风貌,慎砍树、不填湖、少拆房。2015 年,中央城市工作会议提出"要以城市群为主体形态,科学规划城市空间布局,实现紧凑集约、高效绿色发展;将环境容量和城市综合承载能力作为确定城市定位和规模的基本依据"。2017 年,党的十九大首次提出要"以城市群为主体构建大中小城市和小城镇协调发展的城镇格局"。此后,我国城市化逐渐打破行政藩篱,推动城乡协调发展和区域联动发展,向绿色城市群迈进。

3. 以绿色产业结构为内核,推动经济转型、产业升级

这表现在经济形态上以绿色产业为城市群内核,构建以国内大循环为主体,国内国际双循环相互促进的新发展格局,并以此为"十四五"时期经济发展的重要战略基点。2001 年,国家"十五"计划提出发展绿色农业、绿色流通和绿色消费等产业,此后每个五年计划(规划)对绿色产业的内容不断加以丰富和完善,"十四五"规划提出要促进经济社会发展全面绿色转型。可见,中国将以绿色产业发展为核心,引进技术和产业特性与比较优势一致的企业,用信息技术推动绿色智慧发展,形成高质量一体化发展格局。通过绿色循环低碳发展和新旧动能转换促经济转型、产业升级,提升产业价值链,实现全球价值链攀升。

4. 以绿色制度建设为保障,推动生产方式和生活方式现代化

绿色城市化需要绿色制度来保障。就制度演化来看,2006 年"十一五"规划提出要"加快循环经济立法""实行清洁生产审核、环境标识和环境认证制度"。2011 年"十二五"规划提出对四大主体功能区"实行不同的污染物排放总量控制和环境标准""实行各有侧重的绩效评价"。2016 年"十三五"规划提出要"建设绿色城市",实行最严格的"水资源管理制度""落实损害责任终身追究制度"。2019 年,党的十九届四中全会《中共中央关于坚持和完善中国特色社会主义制度、推进国家治理体系和治理能力现代化若干重大问题的决定》提出要"坚持和完善生态文明制度体系"。2020 年"十四五"规划提出要"推动绿色发展"。这些绿色制度保障推动生产方式和生活方式现代化。

三、绿色城市化的浙江新探索：优化生态利益关系格局

浙江的绿色城市化坚持以人为核心,加强党的领导,做好顶层设计,通

过生态格局优化、生态文化普及化、生态城市健康化、生态城乡特色化、生态产业主导化、生态资源经济化、生态制度体系化和生态消费时尚化,促进可持续发展(如表 8-1 所示)。

表 8-1　传统城市化、1.0 版浅绿城市化与 2.0 版深绿城市化的区别

传统城市化	1.0 版浅绿城市化	2.0 版深绿城市化
见物不见人	以人为本	以人为核心
人与自然对立	人与自然和谐	人与自然生命共同体
化地过快于化人	化地较快于化人	化地与化人均衡
城乡区域分割	城乡区域融合	城乡区域一体
强调无工不富	注重"两山"并存	实现绿色产业主导
忽视生态产品价值	考虑生态产品价值	实现生态产品价值
无视生态环保制度	建生态环保补偿制度	生态环保制度体系化
破坏性一次性过度消费	保护节约适度消费	生态消费时尚化

(一)以人为核心优化生态利益关系,建设美丽和谐浙江

首先,坚持以人为核心优化生态利益关系格局,实施生态科技创新战略。浙江各级党委修正"见物不见人"的传统城市化,坚持以人为本,对接"一带一路"建设和长三角生态绿色一体化发展,按照中央顶层设计开展地方探索,在绿色城市建设中抑制自身短期利益、局部利益等特殊利益追求,强化全省乃至整个长江经济带生态环境利益格局优化。政府与企业合力实施生态科技创新战略,以自主创新为第一动力引领绿色发展,形成基础研究、应用研究、成果转化的科学体系,着力解决绿色不经济、循环不经济和低碳不经济等问题,促进产业升级和多样化。

其次,实施生态文化普及化战略,建设美丽和谐浙江。传统城市化用绿水青山换金山银山致使人与自然对立,绿色城市化认为生态是有生命、有价值的,人、自然、社会要和谐共生。为此,要实施生态文化普及化战略,形成生态自觉、生态自律的生态文化观,树立人与自然是生命共同体、人与人是命运共同体的理念,以文化人,让生态价值、生态道德、生态习俗内化于心并外化于行,促人们形成生态思想观念和生活习俗,共建美丽和谐浙江。

（二）以绿色城市建设为突破口，加快绿色都市区建设

首先，实施绿色城市健康化战略。传统城市化中地的城市化快于人的城市化，土地资源利用效率低，绿色城市健康化强调地的城市化与人的城市化均衡发展。浙江遵循新型城镇化规律，将一个个分裂的人口和产业集聚区域用保护性绿带连接起来，建设集生态属性的共生与智慧属性的和谐于一体的有现代功能气息的田园智城，将生态文明建设融入城镇化各方面和全过程，推进城市有机更新；通过网络数字城市建设和用生态绿带隔离组团城市建设，形成生产空间集约高效、生活空间宜居适度、生态空间山清水秀的布局，实现流域生态利益关系均衡。

其次，实施绿色城乡特色化战略，打造全系列宜居宜业宜游美丽幸福城乡。传统城市化城乡与区域分割，绿色城市化强调城乡融合和一体化发展。改革开放以来，浙江城市化从分散推进到面状布局，逐步形成了"大集中、小分散"的城市化格局。2006年，浙江率先开展区域统筹、城乡一体的新型城市化建设。2011年开始打造杭州、宁波、温州和金义四个都市区，促使省域非均衡协调发展。当前实施绿色城乡特色化战略，建设"山水林田湖草"生命共同体建设和"水路港岸产城"流域共同体，优化生态利益关系格局，让适合农业产业化经营的绿野良田和景色怡人的秀美山水合理地交错分布，用绿地来净化非农活动产生的脏空气和脏水，让人一出城区就能见到美丽的田园风光，让绿色城乡更适应原始环境。

（三）以绿色产业为发展底色，推进经济高质量转型升级

首先，实施绿色产业主导化战略，建设全产业美丽生态经济。传统城市化与工业化相伴随，在带来人口和产业空间集聚的同时，必定带来废水、废气、固体废弃物排放增加，带来环境压力和能耗压力。绿色城市化坚持"两山"理念，推崇绿色循环低碳发展，遏制黑色线性高碳低质量发展，培育绿色新兴产业，建设全产业美丽生态经济。浙江以打造国内大循环战略节点，国内国际双循环战略枢纽为抓手，通过大力发展绿色产业，筑好生态绿色屏障，捧好绿色发展金饭碗，打通绿水青山就是金山银山的转化通道。在沿杭州湾地区，强化智能制造产业创新功能，注重"浙江智造"升级；沿G60、甬台温特色产业带的新区，注重"浙江质造"升级，由此强化智能制造产业创新功能，打造创新智造之城。政府市场企业合力促产业结构升级，推动经济发展

方式转变,如宁波通过绿色产业发展自主化信息化形成先进的职业制造。

其次,实施生态资源经济化战略,加快形成绿色生产方式。传统城市化由 GDP 挂帅忽视生态承载力,绿色城市化要求高质量一体化绿色发展,建成全产业美丽生态经济。需要基于庇古理论改革财税制度,加大对流域源头保护区的财政转移支付,借此,要"落实政府主体责任,强化企业责任,按照谁污染、谁治理的原则,把生态环境破坏的外部成本内部化,"倒逼企业自发转型升级,自我修复生态。需要通过基于科斯理论的产权制度改革,运用市场机制实现生态产品价值,如义乌与东阳率先进行了水权交易,又如丽水正在进行将绿水青山蕴含的生态产品价值转化为金山银山的机制探索。

(四)以绿色制度建设为保障,实现生产生活方式的绿色化

首先,实施生态文明制度体系化战略,完善全领域美丽治理体系。传统城市化无视生态环境保护制度,绿色城市化要求生态文明制度体系化,浙江从生态文明制度体系化入手,健全强制性制度、选择性制度和引导性制度,正式制度、非正式制度和实施机制,源头性制度、过程性制度和末端性制度等制度,完善流域生态补偿机制和主体功能区生态补偿机制,形成全领域美丽治理体系,全面实现生态治理现代化。运行机制上促单中心、一刀切、碎片化的管理,向多中心、多元化、系统性的治理转变,推动人才、资金、技术向河流中上游地区流动;在考核机制上将更多反映城市治理的长期指标纳入考核体系中,消除官员变更带来的政策短视化效应,推动绿色生产方式落地生根。坚持和完善生态文明制度体系,造就人与自然共生的生态城市,解决城市病频发问题,以绿色制度保障绿色生产方式和生活方式。

其次,实施生态消费时尚化战略,建立市场化多元化生态补偿机制。传统城市化忽视消费行为对城市发展的影响,绿色城市化认为消费行为直接影响生态文明,而且具有传导性。浙江绿色城市化强调引导人们改变摆阔式消费、破坏性消费、奢侈性消费和一次性消费,养成适度性消费、保护性消费、节约型消费和重复性消费的习惯。开展节约型机关、绿色家庭、绿色学校、绿色社区创建和绿色出行行动,让绿色消费、循环消费、低碳消费成为社会风尚,通过生态消费时尚化助推现代绿色生活方式的养成。

四、结论与建议

(一)结论

绿色城市化是党带领人民经历站起来、富起来,迈向强起来,实现全面绿色转型的重要举措,是一项重塑自然的系统工程。目前尚无成熟经验可供借鉴,须遵循天人合一、道法自然的生态文明理念,坚持执两端而用其中的中庸思维,推进其由 1.0 版浅绿向 2.0 版深绿提升,同时防止陷入存在生态隐患和环境风险的墨绿陷阱,实现生态利益关系格局再均衡,达到人与自然和谐共生可持续发展。

(二)建议

浙江绿色城市化要以强起来与美起来融合为核心内容,按主体功能区的不同分类实施。开发区域以安全需要为核心,强化自然多样性保护,推行生态产品价值实现机制,追求简约适度之美;重点开发区域,强化绿色生活,低碳发展,有效缓解工业化引发的资源环境压力,追求富艳多姿之美;优化开发区域以审美需要为核心,强化生态修复和治理制度体系构建,追求不求人夸的之美。总之,浙江绿色城市化要以"碳中和"为目标,编制实施碳排放达峰行动方案,谋划"零碳"体系试点建设,推进生态利益关系整合与格局优化。

第二节　金义都市区生态与智慧城市建设机制与路径[①]

都市区的生态智慧城市建设是中国特色社会主义生态文明建设的具体实践,浙江以"绿水青山就是金山银山"理论为指导,以生态智慧城市建设为抓手,以生产方式和生活方式的绿色变革助推生态利益整合,进而实现区域生态利益关系格局的新均衡。钱学森曾致信吴良镛,提出把中国的山水诗词、古典园林和山水画融合在一起创立"山水城市"。2012 年,金华市开始规

---

① 本节发表于《中国社会科学报》2020 年 8 月 12 日第 5 版,同日,中国社会科学网加编者按进行推广。同时本节也系浙江省党校系统研究中心课题(编号 ZX15146)的研究成果。

划建设金义都市新区,其特色是与低丘缓坡深度融合的田园城市,让来新区居住的人们离开自然又返回自然。其功能定位为"高端产业为带动、科研创新为主导的田园型智慧城市"。新区绿色、智慧、低碳的城市化方式,在空间形态上有利于通过自然田园与科技智慧的有机结合,实现区域内城乡一体的协调发展;在功能关系上有利于改善区域竞争与合作关系,推进经济社会发展的转型升级;在发展方向上有利于处理生态环境改善与人类欲望持续满足的关系,实现田园智慧城市让人们生活更美好的愿望。

一、研究背景

生态与智慧城市建设是在知识经济和社会生态发展背景下,通过研发、技术和智慧创造高附加值产品和服务,减少物质消耗和污染,达到城市的生态、经济、社会和市民个人的协调发展。它是基于人们信息处理和储存能力倍增、工业化与信息化融合、应对和解决城市病频发问题的趋势而产生的,它主张多用信息、少用能源、少用管制、少受灾害,优化数字化城管系统,使智慧城市由"专项性智慧"逐步升级到"综合性智慧"。智慧城市建设应以知识产业集群为先导,以创新为原动力,促进城市的转型。作为一个经济总量小、增速快的新区,未来如何朝"田园智城、都市新区"目标有序推进,笔者以城乡二元向一体化转型发展为背景,吸收发展经济学、创新生态学、社会管理学的研究成果,从学科组合的角度作如下探讨:一是从都市区培育建设的历程中,探求新型城镇化发展规律;二是以金义新区为案例,在调研分析基础上,对金华市"田园智城"建设条件、原因、困难、问题等进行理论概述,探索"田园智城"建设新路径;三是梳理金华田园与智慧城市培育的基本情况,探析金义新区的未来发展趋势。

二、金义新区"田园智城"建设需要突破的关键问题

1974年诺贝尔经济学奖获得者哈耶克在批判建构理性主义中的"致命的自负"时说:"我们以为自己拥有足够的知识与力量建设自己想要的社会,而其实那些知识我们并不具备,这会给我们造成巨大的伤害。"新区"田园智城"建设是浙中地区赶超发展的重要战略举措,但就建设新区来说,我们拥有的知识与力量还不"足够"。成功建设新区的关键因素是提升人力和物质资本禀赋,适应新观念,加速产业升级,改善交通通信等硬件基础设施和制度设计等软件商业环境。这需要规划和设计,更需要探索和试验来积累知

识与力量。新区"田园智城"建设,迫切需要对如下几大关键问题进行突破:

一是人口集聚问题:如何使城镇化的水平与质量双提高,让人们在新区生活得更美好。城镇化水平不高、质量较差是我国城镇化进程中较为突出的问题,主要表现为大量农民工难以真正落户城镇。人口的城镇化即人口在城镇空间集聚是城镇化的核心,但它并非城镇化的全部。

二是空间形态问题:如何优化人口与经济空间布局,实现土地空间的城镇化与人口、产业城镇化的协调发展。2013 年 8 月 19 日《人民日报》评论认为:新型城镇化不是造城盛宴(1980 年全国城市建成区面积 5000 平方公里,2010 年达 4.6 万平方公里,扩大了 8.2 倍。城镇人口由 1.9 亿人增加到 6.7亿人,增加了 2.5 倍,土地城市化大大快于人口城市化)。2012 年国家发改委对 12 个省区的调查则显示,12 个省会城市规划建设 55 个新城区(沈阳要建 13 个),平均每个地级市要建 1.5 新城,41.6% 的县提出建新城。可见,各地建设新区的冲动很大,将会面临国家宏观调控的制约。但就我省主体功能区划分来看,金华属于重点开发的城市化地区,新区建设会得到扶持,现在的关键问题是如何把 3.8 万亩土地指标高效集约地利用起来,合理地集聚经济活动和人口。我们应按照省城镇体系规划的总体开发要求,协调区域的综合开发,进行当前利益与长远利益兼顾的永续开发,并努力实现各类人口在新区就业的同时享有同等的公共服务。

三是功能关系问题:如何促进新型城镇化与农业农村现代化相辅相成,统筹城乡发展,共享发展成果。浙中城市群已建设了多年,但大都市区一直呼之不出,金东与义西南的区域布局上虽适合带状发展,但由于村庄多、建制镇规模小,城市带尚未形成。浙中城市群如何由点状分布走向连绵状的统一体,金义都市核心区、中间区、边缘区的关系有待理清。为防止金华—义乌都市核心区摊大饼式发展和"城中村"现象出现,新区的各功能区应合理布局。

四是发展方向问题:如何按资源节约、环境友好原则,把新区这座田园智城建成城乡一体化的幸福乐园。田园智慧城市应该是高质量城镇化的典范,它以田园为特色,智慧为品质,名城为方向。目前,靠创新取胜的数据信息时代正在取代由规模取胜的工业时代,我们应了解新区的禀赋结构及其随时间的动态变化,发掘由禀赋结构动态变化决定的潜在比较优势,寻找与之相符的新产业并促进其增长。2012 年,我国劳动年龄人口第一次下降 345 万人,刘易斯拐点开始出现,人口红利开始消减,农村剩余劳动力由无限供给转变为有限剩余。在要素禀赋结构从劳动力多、资本少向资本较多、劳动力较少逐渐转变时,新区的产业选择要精细;引进的企业采取的技术和所在的产业特性,要与新区经济的要素禀赋结构所决定的比较优势一致。新区要注重用信息技术推动绿色发展、智慧发展。

三、田园智城建设的路径构想

金华将金义新区功能定位为"田园智城、都市新区",注重自然田园与科技智慧的有机结合,引进高端创新要素和优质项目,打造引领浙中未来发展的"智慧核心"和产业高地,推进浙中地区城乡一体化发展。金义新区"田园智城"建设的路径构想包括以下几点。

1. 空间形态上的发展转型

不再用单个城市资源集聚和规模扩张的眼光看待城镇化,而是把它放在整个都市区形态优化和功能增强的语境中推进城镇化。注重自然田园与科技智慧的有机结合,政府从区域的要素禀赋条件出发,为具有竞争力的产业甄别出市场机会,并根据区域现有条件和比较优势招商引资,引进符合本地发展特性的企业。以竞争性市场作为经济资源分配的根本机制,在发挥市场配置资源的基础作用的同时,制定相关政策,因势利导,促进县域经济向都市区经济的发展转型。城市中的田园既有农业生产功能,又有生态功能,新区作为田园城市,要按生态学原理建设,注重自然、经济、社会协调发展,物质、能量、信息高效利用。将生态文明建设融入新型城镇化的各方面和全过程,走质量为先、速度为辅、低碳生态之路。创造一个经济高效运行、人居环境优越、居民幸福指数高、充满活力、城乡一体协调发展的金华人的新家园。

2. 功能强化中的经济升级

县域经济的优势在于专业化分工,金华每个县都在具有比较优势的领域进行专业化生产,这在提高总产出的同时强化了专业化产业的功能。各县根据各自要素禀赋条件,通过基础设施的改善、解决外部性和协调性问题,帮助企业降低成本和风险进行产业升级。新区作为后来者,各个产业都要充分利用"义乌试点"的相关政策,发挥后发优势,循着进口、制造、出口的循环路径,从易到难实现技术升级和多样化。浙中区域按照"合作第一,竞争第二"的原则,改善竞争与合作关系。通过软硬件基础设施一体化规划建设,降低交易成本,扩大市场范围和规模,为产业发展提供良好的外部环境;通过建立完善的政策制度框架和健全的社会网络,来优化商业环境,降低签订和执行合同的成本,便于企业接触信息、资金和市场;通过软硬件基础设施改善,降低企业交易成本和投资的边际回报率,增强企业盈利能力,实现发展转型,从而推动区域经济优化升级。

3.功能关系上的管理转型

政府运用大数据处理技术构建现代智能管理模式,用信息知识唤醒管理智慧,为居民提供便捷服务。在城市中的治安管理、污染物外泄、收入分配不公和基础设施投资等领域,由于竞争的不完全和市场运行结果存在的缺陷,市场失灵的现象普遍存在。而城市智能管理新模式可以在一定程度上纠偏这种市场失灵。当然城市管理中还存在管理失灵现象。因此必须通过城市经济信息化、管理智能化、环境维护自动化、居民生活便捷化,不断破解管理失灵问题。按信息化、工业化和城镇化深度融合的要求,建设基础设施先进、信息网络通畅、科技应用普及、生产生活便利、城市管理高效、公共服务完备、生态环境优美的新区。

4.发展方向上的社会转型

政府改变以往对新老居民区别对待的政策,清除有碍社会公正的规则,推动以人的公平为目的的制度改革。促使农村人口城镇化和外来人口本地化,实现乡村与都市文明融合的可持续发展。新区要处理好生态环境改善与人类欲望持续满足的关系,通过生产发展、生活富裕、生态良好的有机结合与良性互动,促使现代社会结构形成,实现田园智慧城市让人们生活更美好的愿望。

四、都市区"田园智城"建设的对策建议

(一)要清醒认识,努力顺应新型城镇化规律

从世界各国城镇化历程来看,先发的领跑者是后发国家的赶超学习目标,作为全球发展领跑者的英国或美国在城镇化中发挥才智创造出具有创新性的新产品、新产业和新的经济社会发展模式,走在了前列。后发的德国、法国和日本从本国国情出发,发挥自身的比较优势,成功模仿并迎头赶上。再后的"亚洲四小龙""金砖四国"也在赶超中实现城镇化。新型城镇化

道路的特色是统筹城乡的一体化发展,该道路在金义都市区的发展特色则是在浙江省城镇体系规划的引导下,以都市核心区建设为重点,培育300万左右人口的都市核心区,建设集约化、紧凑型的生态智慧城市。

浙江省1998年率先提出城市化发展战略,2006年倡导新型城市化。2012年把都市区培育作为新型城市化的主方向。省委对浙中地区的发展定位考虑了很长时间,动了很多脑筋,在模棱两可中下决心,把三个都市区改为四个都市区,因为只有沿海,没有浙中、浙西南的发展,浙江的发展是不完整,不可持续的。为实现省域均衡发展,金华着力开展生态与智慧城市建设。

(二)要从理论、道路、制度三层面增强生态都市区建设的自信

在理论上,坚持田园智城的生态化、智慧化大方向,在城市建设要符合本地要素禀赋分布和结构所决定的比较优势,根据比较优势选择和培育有自生能力的企业。通过政府、市场及社会组织的多方合作,促进新区企业和产业的技术升级。提高都市核心区的质量和承载能力,增强规模效应。

在道路上,坚持金华市区与义乌相向互动(功能互补、融合发展),在金东—义西南战略发展区集聚优质资源、拓展产业空间。政府能否识别出由其禀赋结构(新区所拥有的)决定的具有潜在比较优势(新区可以做得更好的)产业,然后消除这些产业发展的约束(克服协调性和外部性问题)从而促使私营企业的进入与运行,促使它们迅速形成国内与国际竞争力。

在制度设计上,正确处理好各种利益的关系。建新区目的在于突破县域经济(行政区经济)小格局,拓展以中心城市为龙头的都市区经济(一体化经济)大布局,以更大的空间尺度来整合优化配置资源。由"县域经济"向"都市区经济"转型,需要突破县域经济发展的习惯思维和强县战略实施形成的路径依赖,需要通过制度变迁引导城市功能在新区的全覆盖。制度变迁的重要动力是逐利(通过资源配置来创造财富),根源在于思想冲撞(以平和心态对待变迁)。作为正式规则得到实施的制度因人类活动而生,是人造的工具,其关键作用是"创造秩序,从而减轻冲突并实现互利共赢"。

(三)要不断地在探索中推进新区建设

第一,发展转型路径的探索。新区的"田园智城"建设,要借鉴先进地区的经验,遵循新型城镇化规律,通过政府管理创新,健全市场机制来开展,但

不能把经济效率作为唯一的考量。要由政府主导,采用务实的技术性方法,逐步实施,避免带来不必要的社会和经济混乱,达到区域发展方式的根本性转变。要以文化和体制创新为基础、以制度创新为前提、以科技创新为动力、以产业创新为核心,转变经济社会发展方式。要用田园城市的绿地、农地来净化非农活动产生的脏空气和脏水,实现城市"自然—经济—社会"这一复合生态系统的可持续发展。政府要对整个都市区情况进行深入了解,根据新区的要素禀赋结构,采取相应政策措施,在全球经济一体化的背景下随时甄别并利用机遇。要与私人部门密切合作,确定如何解决协调性和外部性问题,从而帮助具有竞争力的企业进入潜在的行业并实现生产率增长。通过金义新区"田园智城"建设强化都市核心区的功能,改变浙江发展"头尖尾大腰身细"的局面,促进区域经济协调发展。推进新区建设需要转变干部工作作风,干工作要有狮子率队的狠劲、燕子垒窝的恒劲、蚂蚁啃骨头的韧劲、老牛爬坡的拼劲。

第二,经济升级目标的探讨。政府遵循比较优势的方法,从发达地区引进现代技术、产业和制度,因势利导促进新区产业升级和多样化,实现经济持续动态增长和结构现代化:一是选择正确的目标。选择具有类似禀赋结构和人均 GDP 高出自己一倍的高速增长区域,然后确定其过去 20 年发展良好的贸易产业,进行模仿和创新。二是消除约束。识别出技术升级或企业进一步进入的约束,并采取行动来消除这些约束。政府应该识别出一系列具有潜在比较优势的产业,并且从中支持那些已有部分企业自发进入且获得成功的产业,帮助先行者解决外部性和协调性等方面的基础性问题。三是引诱和吸引全球投资者。全球市场一体化加深使全球生产商能更容易挑选那些投入品价格最便宜的投资地点。吸引外资来迅速开启新行业,可在本地企业中产生大量的溢出效应,为他们提供一个学习和进入新行业的机会。四是壮大自我发现在规模。政府关注私企自发的自我发现,支持成功的私人创新在新产业中的推广。找出并消除那些影响企业技术升级或阻碍其他企业进入的壁垒。五是对工业园分类培育。用完善的基础设施提高生产效率,降低私人的生产和交易成本,提高资产收益,促进人力资本积累,集聚知识经济和知识传播。六是向正确的产业提供有限的激励。先驱企业有以下风险和代价:经营失败,则企业独自承担损失,但对其他企业有警示作用;创办成功,其他企业就可免费进入,瓜分利润。政府的关键作用是克服技术创新、产业升级和结构变迁中存在的协调与外部性问题。

第三,管理转型努力的方向。定性上完善党委领导、政府负责、社会协同、公众参与、法治保障的区域管理格局;定量上从城镇化水平、经济发展、社会进步、基础设施、公共服务、人居环境、城乡统筹等方面建立考核指标体系,通过合理的量化考核引导管理转型。城市管理过程中不断涌现出新问题,管理受到的扰动要素难以捉摸,随着管理方法不断创新,既有的管理理念、体系和方法会产生颠覆性变化。只有不断创新的、动态的、自我完善的城市管理才是城市进行良好管理的正确道路。遵循"多中心治理"的城市管理理念,实现城市善治。

第四,社会转型前景的展望。随着新区的都市区建设的推进,在市场势力和政府行为的牵引作用下,新区一些旧的就业机会正在消失,而另一些新的就业机会被创造了出来。新区要实现社会转型,政府就得重视对人力资本的教育、培训及健康等方面的投资。人力资本提供了员工应对风险和不确定的能力,它的形成是一个长期的过程,且需要与物质资本的积累和经济中的产业升级相称。因此,需要做好以下几项工作:一要建立高质量的教育系统,培育能在技术前沿工作的人才。二要建立有利于企业研发的税收体系并给予财政预算支持。三要政府对作为纯公共产品的基础研究进行直接投资。四要严格实施专利制度,让企业创造的新产品、新工艺能在合理的期限内获得创新带来的租金。

第三节　长三角高质量一体化背景下 浙江新区绿色化建设

随着我国经济进入高质量发展的新阶段,2019 年 12 月 1 日,经中共中央政治局审议通过的《长江三角洲区域一体化发展规划纲要》(以下简称《长三角规划纲要》)颁布实施,长三角更高质量一体化发展上升为国家战略。《长三角规划纲要》提出高水平建设由青浦、吴江、嘉善组成的长三角生态绿色一体化发展示范区,引领长三角地区生态绿色发展。2020 年 1 月 8 日《浙江省推进长江三角洲区域一体化发展行动方案》(以下简称《浙江省行动方案》)颁布实施,相继在环杭州湾、甬台温临港产业带和义甬舟开放大通道的"一环一带一通道"的空间架构内,整合开发平台,设立杭州钱塘、宁波前湾、绍兴滨海、湖州南太湖、金华金义及台州湾新区等一批高能级标志性创新平台,开展生态绿色一体化新区建设。"十四五"期间,浙江如何通过绿色新区建设,建立资源高效利用、环境有效保护的机制,引领区域高质量协调发展呢? 这值得深入探究。

一、传统长三角一体化与浙江开发区建设的特征

随着社会主义市场经济体制建立,1992 年长三角沪苏浙的 14 个城市经济协作办成立主任联席会,就经济联合、协作和可持续发展进行探索,28 年来,协作范围几经调整,扩大到沪苏浙皖全域,并将金华等 27 个城市定为中心城市。浙江 1992 年以来各类开发区如雨后春笋般涌现,1998 年在全国率先实施城市化战略,2006 年又率先实施新型城市化战略,政府出台税收和用地优惠政策,建设开发区,城市化速度加快。在传统长三角一体化背景下,浙江由开发区建设推进的城市化在空间、产业、市场、治理方面呈现出以下特征。

(一)空间布局特征

推进要素一体化配置,打造长三角南翼的"经济走廊"。长期以来浙江依托沪杭甬、甬台温、杭金衢、金丽温等交通廊道,逐步形成环杭州湾、温台沿海、浙中三个城市群,通过开发区建设参与长三角一体化发展,联动推进城市化和新农村建设,沿交通廊道优化要素配置。多年来,浙江主动承接上海辐射和功能疏解,积极参与长三角地区合作与交流,强化区际经济联系,谋划绿色低碳发展。打造"经济走廊",优化城市群规模和空间布局,增强长三角向华南地区的辐射力,吸引商流、人流、资金流、信息流、技术流向浙江集聚。

(二)产业发展特征

遵循比较优势优化产业结构,打造具有浙江特色的产业体系。在长三角产业框架中上海以研发、金融、港口贸易和管理控制等总部功能见长,江苏的制造业有其比较优势、浙江则以商贸服务业见长,安徽的"芯屏器合"新兴产业有较大知名度。浙江各级各类开发区根据要素禀赋结构决定的比较优势,发展特色产业,加强区域协作,推动要素优化配置,形成各具特色的多样化产业集群,促进绿色低碳发展。如杭州以数字经济为特色打造沿杭州湾智造大走廊,宁波以开放创新为特色打造义甬舟开放大通道和北翼产业

制造大走廊,温州以国际时尚智造为特色打造环大罗山科创走廊和沿海先进智造产业带,金义以丝路开放为特色打造金义主轴和义东浦、永武、金兰产业带。

(三)市场协同特征

强化市场机制对要素配置的作用,协同建立一体化市场体系。随着要素和产品在地区间自由流动加快,长三角市场一体化程度加深,浙江强化市场机制在经济系统中的作用,运用市场力量共建开放性的合作平台,实行统一的市场监管标准,推进劳动力、土地、技术及金融资源的市场协同,为空间和产业一体化提供动力源泉,为绿色发展创造条件。如通过工业用地"招拍挂"、东阳义乌等地的水权交易、"亩产论英雄"等改革举措,优化资源配置,推动经济转型升级;通过农村土地制度改革,盘活农村资源和农民资产,打通壁垒,促进要素顺畅流动;出台财政、金融、研发创新、人才引进等支持政策,实行投资自由化和便利化,优化营商环境。

(四)治理协同特征

完善政府、市场与社会多主体协同治理的体制机制,提升地方治理现代化水平。长三角各级政府采取规划对接、战略协同、专题合作、市场统一、机制完善等举措主导区域发展。浙江采用治理契约等政策工具,理顺政府、市场与社会多主体间复杂博弈关系,探明政府与市场的作用边界,建设跨区域、跨部门的信息共享平台。通过政务信息系统的共建共享,开展交互式协同办公,有效整合组团城市政府的政务信息,共同采集、储备和使用有共享价值的信息资源,提高协同治理的水平和效益,在医疗教育等公共服务领域建立低成本、均等化、广覆盖机制,初步实现绿色治理。

通过传统一体化发展,长三角的综合发展指数居我国 19 个国家级城市群之首,长三角南翼的浙江,其开发区建设在空间、产业、市场、治理层面展开。当前,绿色发展和协同发展正成为长三角更高质量发展的新要求,浙江顺势而为,着手整合开发区、产业园区等平台,设立省级新区,着力在空间形态上促进自然田园与科技智慧有机结合,为区域高质量发展提供新载体;在经济形态上改善竞争与合作关系,发挥市场对资源配置的决定性作用,推动经济转型产业升级;在治理方式上运用大数据、云计算、区块链、人工智能等前沿技术,推动治理由数据化经智能化向智慧化发展,进而处理好生态环境改善与人类欲望持续满足的关系,推进绿色协同发展。

二、长三角高质量一体化背景下的浙江新区绿色化面临的问题

目前长三角面积达 35.8 万平方公里,与德国相当,人口 2.2 亿人,是德国的 2.68 倍,2019 年经济总量为 3.4 万亿美元,超过英国,人均 GDP 达 1.5 万美元,远低于美国纽约城市群的人均 6.8 万美元。习近平总书记 2018 年 11 月 5 日在首届中国国际进口博览会上宣布支持长三角一体化发展并将其上升为国家战略;2019 年 12 月 4 日在上海调研时又提出,上海要增强全球资源配置功能、科技创新策源功能、高端产业引领功能和开放枢纽门户功能等"四大功能"。《长三角规划纲要》提出上海要建设国际经济、金融、贸易、航运和科技创新"五个中心"。在长三角进入更高质量一体化发展的新阶段,浙江在实施《浙江省推进长三角洲区域一体化发展行动方案》过程中,相继提出打造杭州钱塘、湖州南太湖、宁波前湾、绍兴滨海、金华金义和台州湾等 6 个新区,建设高能级创新平台和生态绿色示范区。此间,须通过新区间发展差异的比较,探讨解决要素使用效率提升难度大、环保制约日趋严重等问题的办法。

(一)浙江省级新区的 9 项主要经济指标差距明显(见表 8-2)

表 8-2 浙江省 6 大省级新区 2018 年 9 项经济指标比较　　　　单位:亿元

主要内容	钱塘新区	前湾新区	滨海新区	南太湖新区	金义新区	台州湾新区
地区生产总值	1007.9	660	760	200	230.7	
GDP 占全市比重	7.04%	6.14%	14.03%	6.94%	5.44%	
规上工业增加值	681.6	390	240	52.8	48.6	
服务业增加值	247.6	210	340	130	113.01	
工业总产值	2924	2337	1200	240	235.48	319
固定资产投资	357.6	326	350	191.6	140.68	
货物出口总额	434.95	251	350	48.3	117.89	64.4
财政总收入	221.5	180	160	49.3	33.51	
一般公共预算收入	115.1	92	90	29.1	20.39	

数据来源:根据相关统计年鉴整理。

从表 8-2 列举数据看,金义新区、南太湖新区、台州湾新区基本处于同一

发展水平,与钱塘、前湾、滨海新区的经济总量差距较大。从地区生产总值、财政总收入、工业总产值、规上工业增加值来看,总量最小的金义新区只是钱塘新区的23%、15%、8%、7%;从地区生产总值在全市占比看,绍兴滨海新的占比最高,为14.03%,金义新区仅为5.44%,占比最低。浙江的6个新区均能享受跨境电商综合试验区的政策,金义新区作为义乌国际贸易综合改革试验区的组成部分,在国际贸易、跨境电商、现代物流等方面有较好的基础,其服务业增加值、货物出口总额与其他新区差距不大。浙江建省级新区是为了打造标志性创新大平台,共同构建长三角产业创新协同体系,实现绿色低碳循环发展。为此,需要在功能布局、产业集群和科技创新等方面找准比较优劣势,扬长避短,形成优势互补、高质量一体化的经济格局,促进区域协同发展。

(二)浙江省级新区平台整合、功能定位与空间布局比较(见表8-3)

表8-3 浙江省6大省级新区整合、定位、基础设施比较

主要内容	钱塘新区	前湾新区	滨海新区	南太湖新区	金义新区	台州湾新区
平台整合	整合杭州经开区、综保区、萧山临江高新区,共531.7平方公里	整合宁波杭州湾经开区(含慈溪余姚)前湾综保区,共604平方公里	整合绍兴袍江经开区、高新区、滨海新城江滨区,共430平方公里	整合湖州经开区和太湖旅游度假区,共225平方公里	整合金东区、金华新兴产业集聚区、都市新区,共661.8平方公里	整合台州湾循环经济产业集聚区和台州高新区,共138.46平方公里
战略定位	世界级智能制造产业集群,长三角产城融合示范区,省标志性改革开放平台,杭州湾数字经济与高端制造融合创新引领区	世界级先进制造业基地,长三角一体化发展标志性战略大平台,沪浙高水平合作引领区,杭州湾融合发展未来之城	大湾区发展重要增长极,全省传统产业转型升级示范区,杭绍甬一体化发展先行区,杭州湾南翼生态宜居新城	全省两山理念转化实践示范区,长三角区域发展重要增长极,浙北高端产业集聚地,南太湖地区美丽宜居新城	全国国际贸易综合改革先行区,全省海陆开放大通道示范区,浙江中西部崛起引领区,金义都市区一体化发展新城区	长三角民营经济高质量发展示范区,大湾区临港产业带合作新高地,浙东南先进制造引领区,台州湾港城融合新城区

续表

主要内容	钱塘新区	前湾新区	滨海新区	南太湖新区	金义新区	台州湾新区
空间布局	环杭州湾建现代产业体系、钱江南岸建现代制造业带,北岸建5G生命健康、装备制造业带,下沙、大江东仁合、杭海柯桥组团	构筑一港两极三廊四区的环杭州湾空间格局,甬台温临港产业带打造沪浙产业合作发展区,义甬舟开放大通道提升运力	杭绍甬主轴:柯桥—滨海—上虞智造带、滨海—袍江创新带;形成一核:滨海新城;四片:越城高新、袍江创新、上虞智造、柯桥时尚片	智慧科技城、长东新经济集聚片、仁皇公共服务片、丘城度假片,发展数字经济、生物医药旅游康养等绿色低碳循环产业	新区分东城和西城;打造义乌国际贸易综合改革试验区功能平台、金华科创平台、满塘湖城市功能平台	一主体:与南北湾区协同;三带:生态养生、沿海产业创新、海洋休闲旅游带;打造三门、头门、台州、玉环发展区

从表 8-3 可以发现,由于发展历程和功能定位不同,各新区的平台整合、发展战略、空间布局等有较大差异,表明浙江的新区有各具特色的比较与竞争优势、要素与环境优势、资源配置能力优势,需要用差异化发展战略优化空间优势,实现高质量一体化发展。传统长三角一体化侧重从宏观层面探讨区域一体化发展,过于宏大的战略视角容易忽视不同区域的特殊性因素,难以关注不同区域的差异化特征,区域发展战略的实施效果不很理想。当前区域发展正面临如下问题,如长三角核心区与边缘区差距很大,像钱塘与金义新区发展差距如何解决,各自城市功能如何配套;浙江各新区的空间布局如何协同;新区间如何打破行政壁垒,推动要素自由流动;等等。这需要政府以提升要素使用效率和实现绿色发展为目标,制定精准性对策加以解决。

(三)浙江省级新区产业政策、科技创新与区域治理比较(见表 8-4)

表 8-4 浙江省 6 大省级新区产城融合、技术创新与区域治理比较

主要内容	钱塘新区	前湾新区	滨海新区	南太湖新区	金义新区	台州湾新区
产业政策	打造生物医药、数字经济、汽车、航空航天集成电路、智能装配新材料产业	发展汽车制造、高端装备、生命健康、新材料、电子信息、现代服务产业	培育电子信息、现代医药、智能制造、新兴产业和集成电路产业	构建数字经济、新能源汽车、生物医药、休闲旅游等绿色产业	构建先进制造、新材料、电子商务、现代物流等现代产业集群	打造新能源汽车、航空航天装备、缝制设备、时尚家具等产业
科技创新	拥有 14 所高校、25 万师生、170 万平方米创新平台、190 名国千、省千领军人才、347 家国家高新技术企业	打造吉利研究院、复旦大学宁波研究院等创新平台,推动企业从"制造"转向"智造"	建设 5 平方公里科技城,以高端装备和现代服务业为主攻方向打造科创大平台	科技城已集聚 61 个项目,培育引进重要人才近 200 名,培育高新技术企业 64 家	布局了科技城,拥有 2 所高校、5 家研究机构、4 家省级企业研究院、3 家市级孵化器	5 年内将建成 15 万平方米科技园,孵化国家级高新企业 10 家、省级科技企业 40 家
区域治理	统筹协调解决重大问题和重要事项,托管相关镇村,建立大部制行政审批服务机制	探索沪甬产业协同,开放联动创新合作模式,建设浙沪合作示范区	新区对柯桥滨海工业区、上虞开发区统筹规划建设和招商引资,并进行生态保护	统一组织规划建设、生态保护,借长三角水、浇南太湖田,实践"两山"理念	整合金东义乌资源放权赋能,编制规划,集中力量集聚资源集成政策	整合资源,完善机制,强化区域协同,编制实施规划,整合推动高质量发展

　　浙江新区按一个平台、一个主体、一套班子、多块牌子运行,希望改变长期以来传统长三角地区一体化形成的重经济增长速度规模效益、轻生态建设和环境质量的发展模式。从表 8-4 可以发现,浙江针对不同类型新区,制定了不同的产业、科技和区域治理政策,实现差异性的区域发展目标,防止不同地区争取相同政策待遇而降低要素的统筹使用效率,推进新区以创新为动力实现绿色发展。不同类型新区实现生态绿色发展需要解决的问题不同,如处环杭州湾先发地区经济总量大的钱塘、前湾、滨海新区,其科技创新能力强,重点是防范因产业层次和技术含量不高,引致资源能源消耗大、环境污染严重等问题;而经济总量较小的金义、南太湖、台州湾新区,重点应是

强化科技创新、产业准入和环保准入标准,严防"三废"及噪音对可持续发展的危害。

三、健全高质量一体化协同机制,推进浙江新区绿色化发展

长三角地处我国东部沿海和长江两大经济发展轴线的交汇处,集"黄金海岸"和"黄金水道"区位优势于一身,是我国广大内陆地区与世界交往的重要节点。新时代,在世界级城市群建设和"双循环"背景下,长三角生态绿色高质量一体化发展日趋重要。《长三角规划纲要》用一个单章的篇幅对横跨沪苏浙的"长三角地区生态绿色一体化发展示范区"进行了重点部署,全面构建区域一体化发展体制机制,引领区域协调发展。浙江要在尊重各区域独特性的前提下,通过开发平台整合建新区来健全协同机制,转变传统长三角一体化中形成的核心—外围间的"主导与依附"式发展路径,推进绿色协同发展。为此,要在空间协同中促要素流动,实现区域联动发展;在经济协同中促分工集聚和技术创新,实现产业创新和市场一体发展;在治理协同中提升治理水平和效益,形成共建共享的制度供给。

(一)构建空间协同机制

在深度融入长三角一体化空间布局中推进新区绿色化,实现联动发展。长三角高质量一体化是在更高起点上的再出发,浙江要通过绿色新区建设健全空间协同机制,构建经济上紧密联系,功能上分工合作,交通上联合一体的经济社会网络空间。一方面对接上海建设全球资源配置功能平台,提高资源使用效率。如国家级舟山群岛新区协同上海,在长江经济带和21世纪海上丝绸之路崛起中发挥核心驱动作用;又如杭州钱塘新区数字贸易平台,舟山成品油交易平台,其他新区承接上海非核心功能共建的特色资源平台,均要与上海有效融通对接,承接高端要素的流入;同时,新区依托各城市原有的产业、文化和社区功能,依托城乡接合部的地理位置和交通区位优势,提高竞争力和对周边地区的辐射带动力,增强区域与城乡的融合度和关联度。另一方面通过新区建设强化"一环一带一通道"空间架构在联结长三角和海西经济区的廊带作用,提升浙中区域连接浙西南和浙东北的通道作用,强化温台和浙中城市群建设。由此,既"补短板"把金义、南太湖、台州湾等新区培育成高能级战略平台,提高区域综合承载能力,又"拉长板"提升杭州钱塘、宁波前湾、绍兴滨海等新区科技研发水平,建设绿色发展标杆,并按

绿色新区的要求编制规划、保障资源、挖掘文化、保护生态、协调空间规模，推进联动发展，缩小地区差距和城乡差距。

(二)建立产业协同机制

在大产业区建设中推进新区绿色化，实现产业创新发展。浙江绿色新区建设要以长三角高质量一体化为目标，通过大产业区建设，发展高端高新产业，强化科技创新策源功能和高端产业引领功能，提高资源使用效率。新区一方面要与上海及其他中心城市探索建立有效的合作机制，开展在基础科学、关键技术和产业创新三个策源力的建设，利用产业集聚和产业化用地优势，建设一批飞地型创新成果转化基地，在产业协同中实现低碳高效绿色发展。另一方面要在世界级产业集群的大产业区建设中推进绿色化。《长三角规划纲要》提出要在电子信息、生物医药、航空航天、高端装备、新材料、节能环保、汽车、绿色化工、纺织服装、智能家电十大领域，形成若干个具有全球具有影响力的世界级产业群。要在全球的生产制造总量中拥有较大份额，在关键技术上拥有自主知识产权，在产业的市场主体力量及标准规则制定上拥有主导型的大企业及其配套群。新区要根据世界级产业群要求，发挥各地比较优势，打造 G60 科创走廊、义甬舟开放大通道等高能级科创载体，打造新科技革命和产业变革的重要策源地；要瞄准产业链高端，打造创新链、价值链，推进产业组织、商业模式、供应链、物流链深度创新，建设大产业区支撑浙江参与全球竞争。

(三)健全市场协同机制

在国内国际双循环相互促进格局中推进新区绿色化，实现市场一体化发展。空间和产业的协同是区域协同在地理和经济上的表现形态，其本质是打破市场分割，建立市场协同机制。长三角高质量一体化需要市场机制推动劳动力、土地、技术及金融资源在长三角以致更大的范围内优化配置，提高要素流通速度和使用效率。在"一带一路"建设走向深入、中美贸易摩擦走向长期化及世界面临百年未有之大变局的新形势下，浙江要在长三角高质量一体化背景下建设绿色新区，打造国内大循环战略节点和国内国际双循环战略枢纽；要对标全球性需求功能，助推上海开放枢纽功能建设，形成世界级供给能力和全球竞争力。绿色新区建设既要重视市场在资源配置中的决定性作用，彰显企业主体地位，由企业推动创新资源跨区域配置，又要更好地发挥政府在规划编制、基础设施配套、资源要素保障、生态环境保护方面的"有为""有效"作用;既要遵循差异化需求牵引多样化供给,多样化供给决定差异化需求原理,提升供给体系对国家需求的适配性,实现低碳循环发展,又要破除行政主体设置的各种有形和无形的行政壁垒,建立统一的市场准入和市场监管标准,促进要素自由流动,提高要素使用效率。

(四)完善治理协同机制

在共建共享的实践中推进新区绿色化,实现社会治理现代化。长三角高质量一体化发展要求经济生态社会文化诸领域都要一体化,然而,当前长三角地区核心区为守住项目、保持增长,经常出台补贴政策;而边缘区为争取项目、做大经济,不断推出税收、用地优惠政策,致使各地绿色发展标准不一。为此,浙江要以构建多样性、差异化前提下的发展共同体为目标,与长三角其他地区协商建立区域利益协调机制,通过制度创新统筹推进绿色新区建设:一要推广新安江生态补偿机制试点经验。建立以生态补偿为核心的生态成本共担机制,协调好新区建设与流域性共同治理和生态功能区建设间的补偿关系,进行跨区域合作的利益协调。二要构建一体化的绿色生态体系。要有鲜明的生态特色,实现特色产业、生态景观、文体体验和商业旅游的有机结合,使绿化不仅美观,而且能够美化人心。三要构建一体化的环境联保机制。一方面提高居民环保意识和参与治理的热情,养成绿色低碳的生活方式;另一方面深化数据共享平台和联合执法机制建设,统一标准对企业排污、生活排污、农药化肥使用、废弃物处置等进行监控和处置。

第九章　金义都市区的城乡协同发展

新型城镇化不是新一轮城镇化,而是以城市群为主体的区域城镇化和以都市区为特征的城市区域化,其核心是农民的市民化和城乡基本公共服务的均等化。李克强 2012 年 12 月 28 日在会见世界银行行长金墉时曾指出:"中国已进入中等收入国家行列,但发展还不平衡,尤其是城乡差距量大面广,差距就是潜力,未来几十年最大的发展潜力在城镇化。我们推进城镇化,是要走工业化、信息化、城镇化、农业现代化同步发展的路子。"这为我们研究新型城镇化进程问题指明了方向。党的十八届三中全会强调:"城乡二元结构是制约城乡一体化发展的主要障碍。"要改变城乡二元结构,缩小城乡发展差距,必须推进城乡一体化发展。

长期以来,我国偏重大中城市发展的城镇化,没有使小城镇协调发展起来,导致"城市病"与"农村病"并存。现实发展要求我们重视小城镇发展,尤其是要有选择地发展重点小城镇。中心镇是介于城乡之间,区位条件好、综合实力强、发展潜力大,具有组织本区域生产、流通和生活等综合功能的中心城镇。它是城镇体系的末梢,连接城乡的纽带,统筹城乡发展的重要节点,在城乡一体化发展中有十分重要的作用。浙江省 1994 年 11 月召开农村工作会议,提出推进小城镇综合改革试点,着手建设百个现代化小城镇,开始了中心镇培育的试点工作。1999 年,浙江省选定了 114 个镇进行综合改革试点(其中 28 个为全国试点镇),着力培育中心镇。2000 年,浙江省政府发布《关于公布浙江省中心镇名单的通知》,公布了 136 个省级中心镇(金华有 14 个,其中 3 个是县城)。2006 年 4 月,浙江省《关于全面推进社会主义新农村建设的决定》中提出实施中心镇培育工程,选择培育 200 个中心镇。2007 年 4 月,浙江省政府《关于加快推进中心镇培育工程的若干意见》,在全省选择了 141 个特色鲜明、经济发达、辐射能力强的中心镇,列入省"十一五"中心镇培育工程。2015 年,浙江省启动区域新增长点的特色小镇创建,以特色小镇理念和方法分块改造提升开发区和工业园区,推进城市发展方式转变。

第一节　金华培育中心镇推进城乡一体化发展[①]

　　浙江广大农村地区难以直接与某个大城市对接,对它们辐射带动作用大的是为数众多的小城镇。金华市域有 75 个小城镇星罗棋布,2000 年开始从中选择有发展潜力的 24 个作为中心镇进行培育,通过中心镇培育与都市新区建设两手抓,努力缩小城乡差距,推进城乡一体化发展,实现农民生产方式和生活质量的城镇化,从源头上夯实城乡一体化的基础。培育中心镇是统筹城乡发展的重要举措,目的是支持有条件的农民通过进城务工经商来安家落户。

一、背景与主题：金华培育中心镇势在必行

1.研究背景:农村城镇化的理论与实践

　　从国内情况看,中心镇是具有一定区位优势和发展潜力的小城镇,其发展目标是小城市。改革开放以来,费孝通发表了《小城镇,大问题》等系列文章,通过小城镇内部机制的多方面探讨,阐述了小城镇与区域经济发展之间的关系。由此催生了中国城镇化道路和小城镇建设理论研究的热潮。费孝通认为,我国农村剩余劳动力转移会由"离土不离乡"与"离乡不背井",向"离土又离乡"与"离乡又背井"的形式转变,他主张把城乡二元结构和城乡差别,与农民一起融合到小城镇里。20 世纪 90 年代以来,大多数学者都放弃了"农民离土不离乡"的观点,强调小城镇发展要适度集中,以克服"数量多、规模小"的弊端。党的十六大提出实现大中小城市和小城镇协调发展的新型城镇化,不再提重点发展小城镇的口号。10 多年来,广东、浙江、江苏等省把中心镇培育作为小城镇发展的重点,学界对中心镇建设的研究日益重视,形成了一些有一定影响力的研究成果。有学者认为中心镇是统筹城乡发展的节点,中心镇建设为城乡一体化探路。又有学者通过探讨中心镇与新农村建设的关系,认为发展中心镇是解决"三农"问题的重要方式,农民虽

[①]　本节由两篇论文组合而成:中心镇培育成小城市路径研究——以浙江金华为例[J].经济论坛,2018 (9):91-94,系浙江省党校系统研究中心课题(编号:ZX12134)的研究成果;金华市中心镇培育的实践与探索[J].金华职业技术学院学报,2012(2):34-38,系浙江省党校系统研究中心课题(编号:ZX11117)的研究成果。

离土离乡,但实现了近距离转移。

从国际经验看,在大都市地区中,大城市周围的卫星城是中心城镇的主要形式,它们承担制造业和大城市人口疏散职能。发达国家区域性中心城镇是满足人们对现代舒适生活追求的理想场所,在那里创新活力与传统生活交汇融合。2008年全球金融危机以来,由德国引领的城乡一体化发展的莱茵模式备受学界政界关注。与欧洲其他国家相比,同受金融危机影响的德国不仅经济发展强劲,而且社会和谐稳定,主要得益于其城乡一体化发展的社会政策和均衡化的基础设施投资。注重中小城市培育与功能提升是莱茵模式的核心,中小城市的"增长极"效应可以促进农村区域经济社会发展,初期以生产要素向增长极集中的极化效应为主,后期以生产要素向腹地分散的扩散效应为主。国内外经验表明:区域性中心城镇发展已成为当代世界城市化的主要趋势,城镇人口在10万～100万人,发挥着"增长极"效应,是一定区域内经济社会发展的重要突破口和新的增长核心。欧美"与自然为邻,同时又能享受成熟配套"的中小城市生活也是我们所向往的。

2.历史进程:中心镇培育的探索历程

小城镇是由农村集镇发展而来的。集镇是商品经济发展的产物,大多由水陆交通要道上的定期集市发展而来,是一定区域范围内农村经济的中心。由于农民与其他小生产者在此进行商品交换,逐步集聚了一些手工业、商贸服务业和文教事业,进而形成有较多居民聚居的集镇。计划经济时代,由于忽视商品生产,我国大部分地区的集镇没有成为农村城镇化的载体而得到应有的发展,有的甚至有所衰落。据统计,1953年全国镇人口为3372万人,1957年则降至3027万人,1978年增长到5316万人,比1953年增加了57.65%,低于全国城镇人口的自然增长率。同时,镇的数量也有所下降,1954年全国共有建制镇5400个,到1978年全国镇的数量降至2850个。[1]改革开放以来小城镇的数量增加很快,1980年全国城市规划工作会议提出了"控制大城市规模,合理发展中等城市,积极发展小城市"的城市发展总方针。建设部等部委确立了以小城镇为重点的村镇建设工作方针,促进小城镇的发展。根据相关统计,2000年我国有45462个乡镇,其中有建制镇19060个,在建制镇中有2126个县或县级市的城关镇。到2007年底,全国小城镇(包括城关镇和建制镇)有2.13万个,达到顶峰,比1978年(2173个)

---

[1] 民政部.中华人民共和国行政区划手册[M].北京:光明日报出版社,1986:15.

增加了近 9 倍。到 2013 年,我国建制镇有 20117 个,其中有 1927 个县(市)城;2014 年,我国建制镇有 20401 个,镇的数量虽有增加和波动,但城乡分割的二元结构未发生根本改变。

进入 21 世纪,我国的城镇化战略由小城镇优先发展转为大中小城市与小城镇协调发展。2010 年,浙江省培育的中心镇增加到 200 个(此时全省有 762 个镇),并将其中条件最好的 27 个中心镇,作为小城市培育试点。城市、中心镇、集镇、农村在本质上是不同的地理空间概念,城乡在地理空间上的异质性正是城镇化的前提,以中心镇为主战场之一,形成农村城镇化的基本框架和格局,与当前浙江农村的实际吻合。金华采取都市区与中心镇并重发展的做法,根源在于浙中地区各县市发展条件均较好的高密度均质化空间。与杭州、宁波、绍兴等地区比,金华的 75 个镇体量总体较小,随着城区的集聚发展,一部分镇将不可避免地难以较快发展,甚至萎缩,另一部分镇则会快速发展。

2001 年初,金华市政府公布了 18 个市级中心镇(金政〔2001〕16 号),加上 14 个省级中心镇,金华共有 32 个省市级的中心镇。近年来,由于行政区划调整,先后有 5 个中心镇改为街道办事处,3 个中心镇纳入城区范围。2007 年,浙江省政府确定的 141 个省级中心镇中金华有 15 个,加上金华市级中心镇 9 个,总共 24 个省市级的中心镇。2002 年,金华把中心镇建设作为推进城乡一体化的突破口,出台多个政策性文件,对 24 个中心镇(省级第一批 15 个、第二批 4 个,市级 5 个)加以培育。2006 年,金华市委、市政府出台《关于加快重点中心镇发展的若干意见》(市委〔2006〕23 号),选取浙中城市群规划"一轴一环"空间架构上的汤溪、孝顺、横店、佛堂、古山等 5 个节点小城镇,作为重点中心镇培育。2010 年,根据全省统一安排对横店、佛堂按小城市进行培育,发挥了典型示范作用。2011 年,《浙中城市群规划》提出,"浙中城市群应以中心镇为节点,促进村庄优化布局,农民集聚。进一步完善中心镇规划,完善中心镇基础设施和住房保障,引导中心镇合理发展,特色发展"。金华开始把中心镇纳入浙中城市群规划进行建设,创新体制机制,增强中心镇的城市功能,发挥其在统筹城乡发展中的节点作用,推进城乡一体化发展。

3. 行为特色:金华市中心镇培育模式的区域特色

金华按照浙江省中心镇培育工程的要求,依照"依法下放、能放则放"的原则,对中心镇进行"强镇扩权",赋予中心镇财政、规费、资金扶持、土地、户籍等 10 个方面的县级经济社会管理权限,强化中心镇政府农村科技、信息、就业和社会保障、义务教育、公共医疗卫生等公共服务职能。逐步理顺中心镇条块关系,垂直部门派驻中心镇的机构及主要领导干部的考核纳入中心镇考核体系,主要领导干部任免须事先征求当地党委意见,同时建立了中心镇培育专项资金,用于支持列入省政府中心镇培育工程名单的中心镇的建设补助。金华把中心镇培育工作业绩列入市、县两级政府领导班子新农村建设考核内容,确保这项工作的顺利推进。10 多年来,金华全面推进了 24 个中心镇建设,形成了 4 类培育模式。梳理全市中心镇培育的基本情况,有助于摸索中心镇向小城市演变的规律,寻找农村城镇化的有效路径和中心镇培育的可行模式。

一是小城市培育模式。名列"金华市强镇"第一、第二的横店镇与佛堂镇,被列为省首批小城市培育试点,其培育目标是达到具有内生的持续增长能力的规模在 10 万～20 万人口的小城市,培育方式侧重基础设施和人居环境的改善,力求产业特色鲜明、生态环境良好、公共服务齐全。同时,率先赋予其小城市的权限和功能,通过一些过渡性制度安排,提升其服务功能、管理水平与集聚辐射能力。进而,逐步改变城乡二元结构,缩小城乡、工农差别,实现城乡一体化发展。

二是经济开发区模式。金东的孝顺,婺城的白龙桥、汤溪,义乌的苏溪,磐安的尖山等镇按经济开发区模式进行培育。各中心镇与开发区之间的关系有较大差异,苏溪、尖山属与开发区合二为一型,孝顺、汤溪、白龙桥属开发区托管型。经济开发区是政府通过提供优惠政策和较好的环境,吸引投资者来集中开发土地、产业或当地资源的区域。中心镇与开发区通过资源整合,增强镇域经济发展的聚集效应。两者之间的经济社会管理权限有一定区分,区域内的经济、社会和行政管理体制有了一定分工。按经济开发区模式培育的中心镇,虽然两者之间存在摩擦,但总的趋向是在不断促进镇域经济社会快速发展的。

三是工业强镇扩权培育模式。义乌的上溪、义亭,东阳的巍山、南马、歌山,永康的芝英、古山、龙山,兰溪的游埠、诸葛,浦江的黄宅、郑宅,武义的桐琴、王宅,金东的曹宅等中心镇,均属于工业经济强镇,集镇的块状经济和民营经济发展较快。实施强镇扩权政策以来,扶持中心镇发展的政策措施逐步委托给了镇政府直接行使,县级政府部门进行审批事项备案。需上报省、市审批的事项,县有关部门在收到中心镇的文件后,直接"见章跟章",履行上报手续,提高审批效率。强镇扩权使中心镇有了部分县级政府管理职能,其经济发展、城镇建设与行政管理之间形成了良性循环。以经济开发区和工业强镇扩权模式进行培育的中心镇,培育方式侧重经济发展和生活现代化水平的提高。

四是统筹城乡发展空间布局模式。武义柳城镇、兰溪马涧镇由于工业产业支撑弱,财政困难,集镇建设资金靠上级扶持。银行、财税、供销等部门相继撤销,中心镇经济职能弱化。中心镇扩权的政策效用很小,主要依靠设项目库争取上级部门的资金支持来建设中心镇,其培育方式侧重区域均衡发展与秀丽田园风光营造。柳城镇建设给我们的启示是:中心镇并不一定是经济强镇,而要考虑区域的协调发展,注重集镇基础设施的完善和对周边村庄的生产生活服务。柳城把旅游业作为经济发展的动力源,2005 年开始,与省旅游科研院一起做了有地方特色的旅游开发,实施"十百千万"工程,即十里荷花、百里森林、千年古刹、万亩茶园。目前,柳城的特色旅游对当地的发展带动很大。马涧镇作为山区中心镇建设与柳城镇有一定的相似性。

4.现实意义:培育中心镇是实现农村城镇化的有效途径

将农村区域的中心镇培育成小城市是城镇化的战略重点之一,这不仅能更多地吸纳农村人口进城落户,缩小城乡差距,而且能扩大内需,为我国经济社会发展拓展新空间提供持久动力。对农村区域中心镇培育问题进行系统和专门的研究,有现实意义:一是体现规律性、方向性。从发达国家看,小城镇是承载城镇人口的主体,人口自由流动后,首先发展的是大城市周边的小城镇。目前,我国居住在小城镇的人口仅占城镇人口的 40%,与德国(70%)、美国(50%以上)等发达国家比,还有很大的发展空间。二是具有示范性、可操作性。金华对 24 个中心镇进行分类培育和重点扶持,发挥重点中心镇在向小城市发展中示范作用,以点带面,带动一般中心镇的发展。由于金华区域内部发展差距较大,采用全面推进中的分类培育,与重点扶持中的典型示范相结合的方式推进中心镇向小城市发展,具有可操作性。三是凸显战略性、全局性。金华特色的中心镇培育方式,体现了科学发展观和和谐社会建设的战略思想在浙中地区城镇化进程中的实践,对其经验进行理论总结和提升,具有全局意义。

二、机遇与挑战：金华中心镇培育取得的绩效与面临的挑战

金华从 75 个小城镇中挑选 1/3 进行中心镇和小城市培育,这是解决

"三农"问题的重大战略决策,是农村千载难逢的发展机遇。金华通过中心镇培育推进城镇化取得了明显绩效,中心镇"责大权小功能弱,事多钱少难办事"的权责不平衡局面有了改善,但要将中心镇培育成小城市有许多不可预料的事情,会面临风险与挑战。

(一)金华中心镇培育的绩效

对上,与县级政府的关系日趋协调,强化了镇政府的行政管理权限。县级政府通过严格规范的行政授权、委托代理和机构延伸等法定程序,赋予重点中心镇部分县级经济社会管理权限,镇政府责大、权小、功能弱的状况有了较大改善。如按小城市试点培育的佛堂镇,通过强镇扩权,其权限由55项扩大到122项。2010年1月,义乌市综合行政执法局佛堂大队组建成立,与镇综合执法办公室合署办公,编制35人,将23个部门2163项行政处罚权,整体划转综合执法办公室(大队)行使,使该镇基本具备了县级政府的执法权力,切实解决了权责不一致问题。

对下,发挥了以城带乡的"二传手"作用,承上启下带动新农村建设。金华按浙中城市群城镇体系架构布局培育的24个中心镇,尽管培育模式不同,但都形成了自身的"造血功能"机制,提高了农村资源的利用效率,发挥了以城带乡作用。特别是地处浙中城市群"一轴一环"空间架构上的5个重点中心镇,镇区的软硬件基础设施较完善,辐射带动作用更显著。随着产业的集聚发展,它们具备了较雄厚的经济实力,在城镇化和新农村建设双轮驱动中,发挥了以城带乡的"二传手"作用,实现了要素在城乡之间的合理流动。

对内,通过硬件建设和体制机制创新,优化了镇域经济发展和镇区居民生活的环境,提高了政府的效能和公共服务水平。随着"一路二厂三网"基础设施建设和"一校两院三中心"社会事业建设的推进[1],中心镇的经济发展与居民生活的环境有了较大改善。强镇扩权政策的落实,创新了中心镇管理的体制机制,激发了干部群众创新创业的热情,增强了镇域经济社会发展的能力,提高了政府行政管理的效能和提供公共服务的水平。

对外,通过人口集中、产业集聚,加快了农村城镇化建设,发挥了典型示

---

[1] "一路二厂三网":一路是指一条高标准的进镇道路,二厂是指自来水厂、污水处理厂,三网是指自来水供应网、垃圾收集转运处理网、通村公交网。"一校二院三中心":一校是指一所高标准的普通高中或职业高中,二院是指中心卫生院、综合性敬老院,三中心是指文化中心、科普中心、体育中心。

范作用。浙中地区通过中心镇培育推进城镇化,鼓励农民到中心镇投资开展生产经营活动,使城乡居民收入差距有所缩小,2012 年浙中地区城乡居民收入比为 2.37∶1,远低于全国的 3.1∶1。这既改变了小城镇小而散的状况,又加快了农村城镇化进程,使城乡差距缩小,使农民在近距离转移中实现市民化。金华 24 个中心镇在人口集中、产业发展与集聚,特别是消化吸收区域内外农村剩余劳动力等方面,起了典型示范作用。

(二)金华中心镇培育面临的挑战

从全省中心镇培育与发展情况来看,金华的中心镇发展水平偏低,速度偏慢,规模偏小。浙江省列入第一批小城市培育的 27 个镇,平均区域面积为 135.9 平方公里,平均建成区面积为 6.1 平方公里;200 个中心镇平均区域面积为 119.3 平方公里。金华的小城市和中心镇,无论是规模还是实力都低于全省平均水平,在全省百强镇评选中金华只有横店入围,且排名靠后。金华将中心镇培育成小城市,要接受以下 4 个方面的挑战。

1. 发展转型的挑战

新型城镇化,体现在中心镇培育上,就是不再用农村集镇的眼光看待中心镇,不再把中心镇放在农业社会的背景下进行建设,而是把它作为现代化语境中的小城市加以培育。金华与省内发达地区在中心镇和小城市培育中的差距,是我们面临的挑战。造成差距的根源是思想认识不到位导致了政策落实不理想。具体表现在以下 4 个方面:一是认为现在城区的建设任务很重,没有物力与财力去建设中心镇;二是认为相对新农村建设的村庄整治与旧村改造等硬任务,中心镇建设可以暂时缓一缓,资源与物资先用于新农村建设;三是认为中心镇是经济相对发达的小城镇,应对县级财政收入做出更大的贡献;四是认为县级财政是吃饭财政,收入有限而需要支出的地方太多,没有财力对中心镇给予更多的扶持和倾斜。由于认识不到位,省市文件制定的关于扶持中心镇发展的许多政策的落实被打了折扣。如文件中规定的财政超收全留、城市建设维护费全返、土地出让金净收益全留、环境保护排污费全留等政策均不同程度地存在执行不到位问题,致使中心镇建设的资金要素供给不足。正在赶超崛起的金华,如何加快农村中心镇建设,形成城市的软硬件设施的建设框架,增强其"造血功能",实现城乡一体化发展,是我们应解决的首要问题。

2.经济升级的挑战

中心镇是有地方特色的块状经济的集聚点,金华的块状经济多为"内源型"、劳动密集型"低、小、散"企业,经济转型升级任务重。经济升级当然离不开吸引人才、实施创新驱动,但中心镇集聚高端要素难,对高端人才的吸引力有限,其经济升级更多地依靠技术引进和消化吸收再创新。较低层次的技术创新推动产业链演进和价值链提升,离不开土地和资金等要素的保障。中心镇由于用地指标紧张和发展资金不足,产业发展空间有限,有好项目但没有用地指标、缺少建设资金。农保率高、用地指标有限,融资渠道单一、建设资金紧张是制约中心镇产业发展、经济升级的主要瓶颈。制约瓶颈出现的原因:一是实力强的中心镇地方财政超收部分没有全额返还给中心镇,实力弱的中心镇财政返还数额有限,派不上大用场,如兰溪3个中心镇每镇每年财政返还平均只有21万元。二是用地指标少、土地出让金净收益少,且各县市不予全额返还,造成中心镇建设资金紧缺。三是市场化多元筹资机制没有建立起来,没有形成政府、企事业单位、行政村、民间资金多元投入的运行机制。中心镇是农村物流、人流、资金流、技术流和信息流的初级集散地,当其建成区面积达到5平方公里,集聚人口达到5万人以上时,集聚辐射才能初步显现。目前,金华达到上述规模的中心镇只是少数,中心镇只有做大产业规模,才能吸引人口就业与居住,才谈得上经济的升级。政府与企业如何共同推动块状经济向产业集群转变,如何依靠科技创新,提升产业、产品的竞争力;如何通过引进外资与内源经济结合,实现镇域经济结构的优化升级? 这些是我们应重点解决的问题。

3.管理转型的挑战

中心镇"权小责任大、位低任务重",其管理体制不顺问题主要表现为:一是"看得见管不到,管得到看不见"的事与权分享问题仍然存在。工商、财税、环保、建设、规划、国土、水利、文化、社会治安等部门对中心镇的授权还不够充分,有待进一步落实。二是财政管理体制有待进一步理顺。中心镇作为一级政府应有完整的预决算财政。特别是按经济开发区模式培育的中心镇,镇政府与开发区之间的经济社会管理的权限与责任有待进一步理顺。三是镇政府的治理体系和镇干部的治理能力有待改进。中心镇上有本地户口的居民偏少,外来劳动者及其子女较多,对他们的管理应改变以往区别对待的政策和方式。镇政府应如何改善非本地户籍人口生产生活设施,为他们提供真正需要的公共产品,使他们在就业、医疗、教育、社会保障等方面享有本地居民同等的待遇;如何寓管理于服务中,促使农村人口城镇化和外来人口本地化? 这是我们应下功夫解决的问题。

4.社会转型的挑战

当前城乡发展不平衡不协调,仍然是我国经济社会发展存在的突出问题,是我们推进现代化必须解决的重大问题。要从根本上改变城乡二元结构,扭转城乡发展差距拉大的趋势,必须推进城乡发展一体化。而中心镇是城乡一体化的节点,担负着形成以工促农、以城带乡、工农互惠、城乡一体新型工农城乡关系的重任。中心镇与周边农村地缘相连、血缘相亲、习俗相近、文化相通,是农民就近平等参与现代化进程、共同分享现代化成果的理想之地。中心镇作为农民市民化的理想场所,如何由集镇转变成环境优美、交通便捷、服务便利的现代化小城市;如何以低生活成本、高生活品质吸引人,让农民在中心镇上享受与城市居民同等的就业、教育、医疗、社保等公共服务;如何实现乡村文明与都市文明的结合,实现人与人、人与自然和谐发展,达到农村城镇化、城市田园化? 这些是我们需要长期努力解决的问题。

三、对策建议:以务实举措推进金华中心镇建设

针对金华中心镇培育面临的新情况、新问题,我们应遵循新型城镇化规律,在充分发挥市场在资源配置中的决定性作用的同时,正确发挥政府的作用;应从统筹城乡发展的角度,借用多学科的知识,探究一套系统推进中心镇建设的科学运行模式,发挥中心镇在城乡一体化发展中的承上启下、拉动内需和消化农村劳动力的作用,促进城乡协调发展。目前,制约中心镇发展的核心问题有两类:一类是经济强镇基础设施、教育、文化医疗、人口等社会事业严重滞后,公共服务能力有待加强;另一类是经济实力较弱的中心镇,小马拉大车,责权不对称。中心镇要转型升级,做优做强做特,必须接受体制机制创新的挑战,从三方面深化体制机制改革:一是留钱,把原本上缴的一部分财政收入留在镇里;二是扩权,赋予中心镇部分县级经济社会管理权限;三是高配,将党政一把手和县派驻镇的机构正职岗位高配一级。

金华要实现"赶超崛起",就得在发展的速度与质量上超越其他地区,中心镇建设应是"赶超崛起"有效抓手之一。在中心镇培育中,我们应按照习总书记的要求,从现实生活中和群众思想上迫切需要解决的问题抓起,认真

研究新情况,解决新问题,坚持规划指导,不贪大图快,不盲目追求人口比例增加和镇区面积扩大,注重中心镇发展转型和经济升级,实现高质量的城镇化。要增强忧患意识,做到居安思危,既要有"等不得"的满腔热情,又要有"急不得"的冷静思考,推进实践创新与制度创新。要以务实举措推进中心镇建设,把中心镇打造成农村经济社会发展的增长极,使其在城镇化和新农村建设中发挥集聚功能、辐射功能、连接功能和融合功能。通过中心镇的做大做强,来增强农村自身的"造血功能",避免资源低效利用的"农村病"。

1.发展转型的路径选择

遵循城镇化规律,走各具特色的城镇化道路。由于大中城市就业和居住难度大、成本高,农民很难在那里拓展自身生存和发展的空间。金华要在抓都市新区建设的同时,注重中心镇的小城市化,发挥中心镇的统筹城乡发展功能作用。一方面促进农村人口和产业向中心镇集聚,发展规模经济和范围经济,进而发挥集聚效应;另一方面优化中心镇功能,利用其较强的经济、文化、科技、人才等资源优势,带动周边乡村经济、文化和科技的发展,让现代文明通过中心镇向农村辐射,提高农村公共服务水平和农民生活质量,逐步解决城乡分割、分治的二元结构问题。金华中心镇在发展转型的路径选择上,要因地制宜,特别是浙中城市群"一轴一环"空间架构上的 5 个重点中心镇,要依据各自的资源禀赋,发挥各自的比较优势,走各具特色的城镇化道路,建成节点小城市。横店镇应注重"工业化、影视文化、城市化"三轮驱动的和谐发展,不断丰富全国闻名的"横店经验",实现从影视实验区、特色工业园区向新型小城市转型,率先建成以影视文化旅游为特色的小城市。佛堂镇应抓住小城市培育试点的机遇,在综合行政执法体制改革试点基础上,创新中心镇管理服务机制,增强政府的履职能力和服务水平,在加强历史文化名镇保护利用的同时,抓好义南工业园区开发建设,积极融入金义都市新区,建成明星小城市。孝顺镇、汤溪镇应紧紧围绕服从服务金义都市新区建设和金西开发两个大局,借助都市区和开发区建设的强势推力,做好借势发展文章,努力建设金义黄金主轴上的新兴都市区和工贸旅游型小城市。古山镇应以"五金大镇、文化名镇"为发展目标,大力发展先进制造业的同时,着力改善民生,优化人居环境,促进生产、生活与生态文明协调发展。5个重点中心镇要起示范作用,带领其他中心镇拓展绿色、低碳、宜居的发展空间,建成具有"一镇一品"的特色镇,给农民提供就近转移就业的发展机会。

2.经济升级的目标宗旨

注重集聚集约发展、科技创新发展和"产城融合"发展。经济升级的核心是产业升级。金华中心镇培育应抓住新兴产业集聚区和义乌商贸服务业集聚区建设的机遇,鼓励企业用具有自主知识产权的技术促进产品升级;依托浙中城市群的城镇体系,构建从都市区到中心镇的产业链。各中心镇都应注重信息化与工业化深度融合,积极融入两个集聚区来谋划高效生态农业、先进制造业和现代服务业的融合发展,注重集聚集约、科技创新和"产城融合"发展。5个重点中心镇要率先垂范,突出特色,以项目建设引领经济健康发展。特别是横店要继续按"影视为表、旅游为里、文化为魂"的经营理念,走要素完善、配套齐全、特色鲜明的文化产业化发展之路;佛堂要在"千年古镇、百年商埠、佛教圣地"这一特色资源利用上做文章,突出文化创意产业的发展,建成名副其实的"中国历史文化名镇"。其他中心镇也要牢固树立产业为魂的理念,大力招商引资,招才引智,创办科技创新型企业,实现资源的集聚集约利用;要注重一、二、三产业的协同发展,创造就业机会,吸引人口集聚,实现产业发展与镇区建设的双轮驱动,双向提升;要注重二、三产业区、居住区和生态农业区在空间上的深度融合,打造智能科技与绿色生态的"田园智城"。

3.管理转型的努力方向

优质服务,科学管理,增强新老居民的归属感。新型城镇化的过程也是农民市民化的过程,但绝大多数"候鸟式"就业的农民在大中城市难以安居,不能真正在城市落脚,对所在城市就没有归属感。[①] 将中心镇培育成小城市可在一定程度上摆脱这种困境。党的十八届三中全会《中共中央关于全面深化改革若干重大问题的决定》指出:"对吸纳人口多、经济实力强的镇,可赋予同人口和经济规模相适应的管理权。"随着新居民的增多,中心镇应从以下几个方面充分行使相应的管理权。一要加大户籍制度改革力度、创新人口管理的体制机制。"创新人口管理,加快户籍制度改革,全面放开建制镇和小城市落户限制"要求,破除城乡分割的二元户籍制度,让新居民更加充

---

① 据农村问题专家李珀榕研究,近10年来我国转移的农村人口只是农村总人口的10%左右,且绝大部分是城市周边被国家征收了土地的农民,真正能在城市落户扎根的农村流动人口仅占农村总人口的2%左右。

分地享受与当地居民同等的待遇,从而促使农村人口城镇化和外来人口本地化,实现区域户籍的一元化。二要大力推进安居工程建设。"稳步推进城镇基本公共服务常住人口全覆盖,把进城落户农民完全纳入城镇住房和社会保障体系,在农村参加的养老保险和医疗保险规范接入城镇社保体系"的要求,大力推进安居工程建设,让新老居民安居乐业。汤溪、古山等中心镇通过下山脱贫、异地奔小康等项目,以农村宅基地置换中心镇住房,促进农村人口向中心镇集聚,圆了本地农民的进城梦;同时建设公寓式住宅区,廉价租售给外来务工者,鼓励他们参加社会保险,并把他们纳入城镇住房保障体系,让他们安心地在本地就业。三要积极探索推进各类进镇人口在子女教育、养老、医疗保障等民生待遇的均等化。中心镇要通过完善社会保障制度,建好新老居民民生待遇均等化的新平台。

4.社会转型的前景展望

促使现代社会结构初步形成。随着农村人口不断地向小城镇集聚,中心镇成了农民市民化的主要阵地。我们不应将农民市民化的难度想得太大。其成本实际上是政府、企业和个人分摊的,且很多成本会在一二十年内逐渐摊薄,政府财力完全可以承受。中心镇的发展方向是小城市,中国设市标准之一是县人民政府驻地镇的从事非农业的人口不低于10万人,其中具有非农户口的从事非农产业的人口不低于7万人。2011年,列入省小城市培育的横店镇总人口为13.5万人,佛堂镇总人口为18.55万人,但两镇绝大多数是农村人口。金华应努力构建城乡一体化发展的制度框架和运行机制,在中心镇实施农民市民化政策,提升城镇品质,促使中心镇形成现代社会结构:(1)鼓励农民进中心镇就业和定居。农民进小城市就业和定居,可获得较高的收入、较优的居住环境和均等的生活福利,同时可改变区域就业结构、城市化率、消费结构、社会阶层等社会结构指标滞后于经济结构的局面。(2)注重产业结构的优化升级。进城农民收入增加了,就会增加对家电、摩托车、汽车等高档耐用消费品的需求,这不仅可扩大内需,也有利于优化消费结构和生产结构。(3)注重提升城镇化的品质。中心镇在多年的发展中保留了一些乡村文化,又接受都市文化的辐射,是都市文化与乡村文化交汇的中间地带。中心镇的发展能够超越单纯经济学意义上的人口集聚和产业集群,实现城乡的真正融合。进中心镇定居的农民,其思想观念和心理状态都会与积极进取的市民趋同,他们之间相互影响,互为条件,会提升城镇化的品质,形成现代社会结构。

中心镇,相对于城市具有农村集镇的某些特征,相对于乡村和集镇又具有城市的某些特征。农民在中心镇实现市民化,不仅成本低、压力小,而且心里感到舒适愉快。金华中心镇要以厚德载物的博大胸怀、和而不同的宽容精神、海纳百川的吸纳能力、虚怀若谷的谦虚品格,在不断完善的制度架构的支撑下,建成人与自然和谐发展的新空间,昂扬地向现代化小城市迈进。

第二节　中心镇向小城市发展的横店与佛堂案例^①

2010年底,浙江省委、省政府做出把中心镇培育成现代化小城市的战略决策,2011年开始选定经济基础好、发展潜力大的69个(其中金华6个)重点小城镇进行小城市培育。东阳横店与义乌佛堂是首批重点培育的小城镇。作为国家级影视实验区的横店提出力争用10年时间建成"影视名城、休闲新城、幸福之都"。作为中国历史文化名镇的佛堂确立了打造"产业新城、文化名城、旅游强镇、人居花园"的目标,力争至2020年建成浙中城市群的重要节点城市和义乌国际商贸城的南翼副中心。在大中小城市与小城镇协调发展的新型城镇化进程中,横店与佛堂的共同特色是文化产业在其化茧为蝶的小城市培育中发挥着重要作用,文化力对其发展的牵引作用各具特色。影视文化和古镇文化彰显出各自的城市灵魂,成为城市竞争力、凝聚力、自信心的源泉。

一、缘起与背景：横店与影视旅游文化结缘，佛堂挖掘古镇文化

横店原本是个被群山环抱的小镇,多山地荒坡,土质差,自然条件不好,搞种植业成本高收益低,无法形成产业化。改革开放以来,横店集团因工业崛起,2005年名列中国企业500强第173位。多年来,集团形成了"共创共有共富共享"的社团所有制经济体制,这种独特的经济体制和相应的经营模式,为影视拍摄基地建设和影视文化旅游产业的发展奠定了物质和制度基础。横店初办文化设施,只是为了满足发展工业而富起来的横店人日益迫

---

① 本节发表于《丽水学院学报》2019年第4期,第21-25页。

切的文化需求,建影剧院、体育馆、歌舞厅、文化村等设施,以此来丰富群众的文化生活,同时吸引人才、留住人才。建文化村过程中搞了神话荟萃、封神宫等建筑,这些较为粗糙的文化项目是横店发展文化产业的第一次尝试。开始也产生了轰动效应,吸引了周边百姓到横店来旅游,但与其他地方以神话宫之类的项目刮起的文化设施旅游风一样,由于没有特色,周边百姓看过了新鲜,旅游热潮就过去了。横店与影视旅游文化结缘起始于1995年电视剧《鸦片战争》拍摄基地——"广州街"建设的启发,横店人认识到把荒坡地改造成适合拍摄各种影视片的外景基地,既有利于保护和改造环境,又可以促进影视文化产业发展,并能带动旅游和其他第三产业发展,这是一举多得的好事。随着"香港街、清明上河图、明清宫苑、江南水乡"等拍摄基地的建成,横店影视城声名鹊起。1999年8月,美国影视权威杂志《好莱坞报道》称横店拍摄基地为"中国好莱坞";2000年,国家旅游局授予横店影视城国家首批4A级旅游区称号;2003年,国家广电总局批准在横店设立第一个国家级影视产业实验区。

佛堂被称为"千年古镇、百年商埠、佛教圣地",是个有千年文化底蕴和辉煌历史的传奇名镇,2007年被建设部和国家文物局授予"中国历史文化名镇"。佛堂因佛缘而名,因商贸而盛,美国南加州大学人类学教授顾尤勤(Eugene Cooper)1998年对佛堂进行考察后认为,因宗教而引发的佛堂商业行为从一个侧面代表着中国商业发展之根。佛堂的名字可追溯到南北朝时期的梁代(502—557),印度天竺僧嵩头陀(达摩)来到现佛堂镇所在的区域传教,有一年农历十月初十,义乌江发洪水,当地不少百姓被洪水所困。他投磬江中,将磬变成一只小船,将百姓渡到安全地带。为纪念传说中的达摩事迹,老百姓在达摩救人的地方建了渡磬寺,后取名双林寺。双林寺始祖傅大士是佛教中国化的先驱,与达摩、宝志并列为梁代三大士,早在1400多年前就提倡"中华儒、释、道三教合一"的和谐思想。国学大师南怀瑾在著作《神话》中称赞傅大士"以儒行为基、道学为首、佛法为中心",开创中国禅宗原始的宗风。传说每年农历"十月十",佛堂人为纪念傅大士正式讲学弘法而举办庙会。在唐、宋、元历朝,双林寺中香火不断,往来香客、小商小贩集聚落户,逐渐发展成了集市——佛堂市。到明清时期,随着徽商、绍商相继介入,佛堂成为一个商埠流通重镇。清宣统二年(1910),佛堂成立了义乌范围内第一家商会,下设同业会。为在激烈的商战中抢占商机,1932年佛堂商会对双林寺的佛教文化进行了拓展和丰富,使传统的庙会提升为物资与文化的交流大会,成为促进当地经济发展的重要平台。近年来,"十月十民俗文化节"被注入了新的文化内涵,除了传统的物资交流盛会外,还推出了一系列的民俗文化内容。中国历史文化名城保护委员会副主任罗哲文曾说:"在佛堂看不到历史的断层,从梁代开始一直是延续的,各种文化要素齐全。"

横店与佛堂一方面通过思想观念、文化传统、科学技术、乡规民俗等的潜移默化的作用,为居民提供精神动力和智力支持;另一方面培育文化产业,使之成为经济发展新的支柱产业,牵引区域经济社会发展。文化具有无形的力量,对两镇社会和经济产生巨大的作用。横店与佛堂是浙中地区中心镇向小城市演变的样本,将这一演变过程放置于文化力推动的环境中,循着两镇人创业的足迹、发展的历程,从经济文化互动发展的角度进行比较分析,探索发展规律,有助于提升文化力对经济社会进步的牵引作用。

二、现状与基础:文化力牵引横店与佛堂向小城市发展

文化是人们从实践中创造出来,又被运用于实践的一种客观存在,当它转化为改变自然、社会和人自身的力量时,就成为文化力。文化力是给予科技进步、经济发展、社会繁荣以无限力量的原动力,是"人类的第二个太阳"。如同太阳促成植物发芽、成长、开花一样,文化力可以让人丰富的内生创造力开花。文化把过去和现在、历史与现实联系在一起,引导人们走向未来。在中心镇向小城市演变过程中的横店与佛堂,作为一种牵引力的文化,正发挥着越来越重要的作用,不断地牵引人们向更高的目标迈进。

1. 两镇的基础条件与文化力的作用

横店距离东阳市区 18 公里,无铁路,有高速公路互通口,正在建通用机场。强镇扩权改革以来,横店被赋予县一级行政管理和公共服务权限。佛堂距离义乌市区 13 公里,无铁路,有两个高速公路互通口。依托义乌市场发展电子商务,推动服务业集群发展,作为全国经济发达镇行政管理体制改革的试点,佛堂被赋予 2163 项行政处罚权而成为"中国权力最大镇"。两镇发展情况如表 9-1 所示。

表 9-1 2010 年和 2017 年横店与佛堂小城市发展情况比较

小城市培育		村/居数	土地面积		人口/万人		经济/亿元		
			镇域/平方公里	建成区/平方公里	常住人口	户籍人口	财政收入/亿元	生产总值/亿元	农民人均收入/元
横店	2010 年	17/94	121	17	13.5	8.41	7.5	工业总产值:139.19	16280
	2017 年	17/94	121	13.7	17.7	8.9	44.68	GDP:163	36855
佛堂	2010 年	106/3	134.1	12	18.55	8.03	4.82	工业总产值:157.3	16717
	2017 年	99/2	134.1	25.1	22	8.3	10.2	GDP:121.7	37900

横店有 17 个行政村共 94 个社区,开展小城市培育以来增加了 4.2 万人常住人口,2016 年第三产业税收开始超过第二产业,2017 年财政收入高达44.68 亿元(税收 38 亿元),超过磐安、浦江等县,其中第三产业税收占比52.6%,体现出影视旅游文化产业的高端化与高附加值。骄人成绩背后是横店人牢固树立了"培育文化力,促进生产力"的理念,通过发展影视文化产业带动旅游等第三产业,促进生产力发展。

佛堂有 99 个行政村共 2 个社区,小城市培育以来增加了 3.45 万人常住人口,独特的地方木雕、砖雕、石雕等工艺传统建筑的物质文化遗产得到保护,由民间艺术、传统节日与生活习俗组成的非物质文化遗产得到挖掘,由农耕文化和工商业文化融合共生且具有区域特色的历史风貌得以彰显。

进行小城市培育以来,两镇居民的人均收入都翻了一番多,不过,佛堂文化产业的拉动作用还不强,产业结构仍是工业主导,2017 年其游客量仅160 多万人次,不到横店的 10%(横店游客量为 1872 万人次),财政收入也仅是横店的 22.8%。

2. 横店依托影视旅游文化产业牵引中心镇向小城市发展

与农村工业化相伴而行的是城镇化,但因自然资源、经济发展水平和历史文化的差异,各地城镇化的道路有所不同。横店走上了一条通过影视文化产业牵引中心镇向小城市发展的颇具自身特色的城镇化道路。1995 年在横店拍摄完成电影《鸦片战争》后,历史真实与艺术创造完美结合的"广州街"立刻声名远扬,吸引了众多的影视剧组和旅游观光者。横店集团董事长徐文荣意识到,影视文化产业是一项既环保又可使老百姓增加就业,更有可能带动整个横店旅游和经济发展的产业。但影视文化产业是一项高风险的产业,短期投入大、收入低、投入产出不成正比例,因回收周期长,需要长期的良好运营,才能获得好的回报。横店集团决策层通过两次创业研讨,形成了以下共识:从长远来看,横店富,不富在工业,而富在第三产业,特别是以影视旅游业为主的文化产业。横店集团的发展要进行战略性调整,把搞工业经济赚来的钱投入影视文化中,集中精力搞影视文化产业,建设影视城。于是,横店人面对激烈的市场竞争,采取灵活多样的经营策略,致力于发展影视文化产业。2001年当其他影视拍摄基地开始滑坡时,横店集团决定其影视基地对剧组免收场租费开放,大量剧组蜂拥而入,偏僻的山区小镇开始"一年到头,天天有戏"。影视文化产业带动了影视旅游业、餐饮住宿、道具服装制作及拍摄器材租赁等第三产业的发展,横店农民既可赚取外来剧团和游客的钱,又可作为群众演员参与影视剧的拍摄。2004年,横店影视城被确定为中国首个影视产业实验区,从"城"到"实验区",横店文化产业担负起中国影视业发展的重任,成为铸造影视产业的"孵化器"。横店人正在将"实验区"打造成在国内外有影响力、集聚力和辐射力的"中国好莱坞"。

3. 佛堂通过对古镇文化的保护利用,促进中心镇向小城市发展

古镇佛堂在清朝嘉庆年间(1796—1820)已有街镇,是邻县及义乌江沿岸的重要农副产品集散地和通商口岸,为浙江省四大古镇之一。佛堂拥有丰富而深厚的历史文化积淀,留存了很多保护良好的名居、木雕等具有高超技艺的历史文化遗产。21世纪前由于对古代坐商文化研究重视不够,佛堂古镇开发利用落伍了。2001年以来,义乌市成立佛堂古镇保护开发利用领导小组和工作班子,开始重视对佛堂古镇历史文化遗产的保护和利用。聘请同济大学阮仪三教授等名城保护专家为顾问,对古镇进行保护开发的详细规划,制定相应的规章制度,初步形成以政府为主、全社会共同参与的历史文化遗产保护格局。累计投资近10亿元对古镇建筑进行修复保护,对古镇文化进行挖掘整理,现在走在古镇老街上,有点穿越到20世纪70年代的感觉,老式剃头店、供销社、婚庆用品店,处处透出浓浓的乡土风味。而大批保存较好的民居、商铺、宗祠、庙宇、牌坊、码头等,处处流露出古朴淳厚的清代商埠遗风。目前的佛堂可谓是聚古镇民俗风情、古镇商埠文化、佛教文化、古村落文化、传统农耕文化、现代文化产业于一身的绝佳展示地,向世人展示了一幅完整的、立体的、多彩的"清风商埠图"。作为义乌第一大镇的佛

堂正在大力培育和扶持文化、旅游、都市农业等三大主导产业,加快以现代化小城市建设为目标的商埠文化古镇、佛教文化名镇、文化产业大镇和综合实力强镇的建设。

佛堂古镇文化是义乌古商业文化发源地之一,义乌的商业文化是"义北行商"与"义南坐商"文化的统一体。"义北拨浪鼓文化"是义乌"行商"的代表,体现着"勤耕好学、刚正勇为"的精神;义南佛堂古镇商埠文化是义乌坐商的源泉,折射出一种"诚信包容"的气度。佛堂不仅是义乌城市框架六大组团中最重要的组团,而且是金义都市核心区的重要组成部分,在现代化小城市建设中正在强势崛起。

横店与佛堂,一个以影视文化为特色发展旅游,一个以古镇文化为特色发展旅游,以发展旅游业为切入点进行小城市的培育与建设,顺应了低碳城市建设的理念。文化旅游是无烟的"工业"、无校舍的"教育"、无广告的"宣传"、无会场的"外交",它卖的不是资源而是创意。文化旅游产业发展的关键是要激发新的创意,将同质化的资源通过异质化的创意,错位开发,焕发新的活力。两镇向特色小城市发展,就应在文化旅游业的发展上多下功夫。

4.横店与佛堂向小城市演变的战略意义

将中心镇培育成现代化小城市,是浙江省实施以新型城市化为主导,加快推进城乡一体化新战略的关键举措。横店与佛堂向小城市演变的战略意义表现为:一是通过实力强的中心镇的特色化和差异化发展,培育现代小城市,有利于改善浙中区域城市少集镇多的状况。把中心镇培育成为农村特色产业集群发展和人口集中居住的新平台,可加快农民向市民转化,加快特色文化产业集群发展。二是推动特大型中心镇率先向现代小城市演变,有利于优化区域城镇体系布局,为城乡融合发展和扩大内需提供动力。突出文化力牵引作用的横店与佛堂的小城市培育,是以人为本、以城带乡的新型城镇化范式之一。三是横店与佛堂的小城市培育顺应了绿色、低碳、可持续发展的新型城市化趋势,能让农民在绿色、低碳的小城市中安居乐业,有利于城乡联姻,构建田园城市。

三、未来与对策:让人们在小城市里生活得更美好

亚里士多德曾说:"人们来到城市,是为了生活,人们居住在城市,是为了生活得更好。"中心镇演变成小城市应是人们改造自然、适应环境所取得的文明成果。其主要特色应该是绿色城镇与美丽乡村相得益彰的城乡一体

化田园城市。城市是人们日常生活的家园,应山水相伴,天人合一,人们物质和精神的需要都能不断地得到满足。城市绝非是简单的物质现象,简单的人工构筑物,它是一种心理状态,是各种礼俗和传统构成的整体,是这些礼俗中所包含并随着传统流传的那些统一思想和感情所构成的整体。[①] 党的十七届六中全会《中共中央关于深化文化体制改革、推动社会主义文化大发展大繁荣若干重大问题的决定》指出,"要发掘城市文化资源,发展特色文化产业,建设特色文化城市"。影视文化名城横店和国家历史文化名镇佛堂,如何外塑精品小城市形象,内铸特色文化旅游城市精神,依靠文化力的牵引提升城市品质,使城市形态、文化神态、市民心态内外和谐,激发发展活力,这是小城市培育中应着力解决的问题。

1.转变城市发展理念,注重人本、质量、统筹发展

弗里德曼把城市文化、城市生活方式和价值观在农村的地域扩散过程定义为城市化的核心内容之一。接受城市文化扩散并带动农村发展的节点小城市是农民安居乐业的理想家园,它体现出农村经济社会、生态环境的状况,反映出农村面貌、农民生活乃至农村文明的总体水平。将中心镇培育成小城市,就是通过改善农民的生活条件,吸引农民进城就业落户,享受城乡一体化的好处。为此,要:(1)树立以人为本的理念。确立人在生产力发展和社会进步中的主体地位,人们的生活质量状况是城市价值的核心和检验城市发展的唯一标准。随着以 GDP 为核心的城市经济增长和城市化水平的提升,人民的生活水平、福利程度、幸福指数也要同步提高。在小城市培育中注重服务人性化,居住环境优化,让城市文明成果惠及全体居民,促进社会事业不断进步。(2)树立质量为先的发展理念。以提高城市化发展质量为核心内容,注重城市功能提升、历史文化传承、个性品位塑造和人文关怀服务。在人口、土地城镇化的快速推进中防止资源环境承载力的透支。城镇的生命力在于它在发展历史中积累的文化底蕴,在迈向现代的时候要传承和弘扬历史文化,防止千城一面。通过建筑风格、地域文化、生活方式彰显其个性特色,满足群众的精神文化需要。(3)树立城乡统筹的发展理念。中心镇向小城市演变的过程,也是破除城乡分割的过程,把城市和农村的经济社会发展作为一个整体来统一规划,通盘考虑,把城乡发展中存在的问题及其相互因果关系综合起来进行研究,统筹加以解决。这些问题包括

① [美]帕克,伯吉斯,麦肯齐.城市社会学[M].宋俊岭,吴建华,王登斌,译.北京:华夏出版社,1987:1.

城乡生产力布局、就业、基础设施建设、社会事业发展和社会保障体系等。(4)树立浙中一盘棋的城市群都市区发展理念。横店与佛堂作为小城市培育的示范性中心镇,应纳入浙中城市群和金义都市区发展的总体规划中加以谋划,在城市群都市区发展机制的协调下,合理规划产业布局、资源保护和优化配置,特别是要处理好横店与东阳城区、佛堂与金义都市核心区的关系。在浙中一体化发展中要建立统一的市场体系,依托互惠互利的合作机制和便利高效的服务环境,促进要素自由流动和优化组合,实现良性互动,合作共赢。

2. 突出小城市发展特色

自党的十六大提出走中国特色城镇化道路以来,城市特色化问题越来越受到政府和民众的关注与重视,关注基于历史人文或环境景观的城市个性的培育,重视城市地方环境文化资源的保护开发和生活方式及其品质的提升,注重城市的可识别性,提升城市软实力,打造特色城市。

横店以"影视为表",因影视业而扬名,现在连镇区的道路、标识等细节都充分融合了影视元素。横店由影视名城发展为休闲新城、幸福之都,着力点放在旅游上;以"旅游为里",把旅游和影视紧密结合起来,开发体验式旅游,让游客体验影视剧中的"另类快感",形成影视与旅游表里如一、良性循环的横店文化产业发展模式。

佛堂正利用国家历史文化名镇的优势,通过古镇保护开发,有效地实现了历史遗存的真实性、风貌的完整性和生活的延续性,找到自然古朴和现代生活最好的结合点,促进旅游文化产业的发展。

利用"四荒"地建影视拍摄基地的横店与传承古镇历史文化的佛堂,通过整合自然资源,适应当地经济社会发展特征,充分利用特有的资源环境,突出错位发展、差异竞争来树立城市特色。

横店以影视旅游文化为特色,佛堂以古镇文化保护利用为特色,追求城市个性化发展。把文化上升为小城市的灵魂,提升城市的文化品位,正是当今小城市发展的方向。普林斯顿大学校长雪莉·蒂尔曼曾说"小就是美",普林斯顿这所"小"大学之所以能成为世界一流大学,是因为该校不贪大求全,而是集中精力和资源,以专注和负责的态度把严格的本科教育和学术化的研究生教育这两件事做到了极致。舒马赫 1973 年在著作《小的是美好的》中写道,人类执迷的所谓工业化大规模生产,表面光鲜亮丽,实际上不过是在过度取用地球的资源,造成前所未有的环境破坏,更使人类丧失尊严,成为利润和机器的附庸。为此,他呼吁让一切回归到人类本身,破除对大规模和增长速度的迷信,以小巧的工作单元、适中的资源取用和"帮助人而非奴役人"为目的的中间技术,实现人与自然的协调发展。横店立足于建设特色鲜明的东阳市域经济副中心,着力建成"城在山中、水在园中、房在林中、林在草中、人在花中"的生态休闲、有幸福感的宜居小城市,正如徐文荣所说:"办工厂是赚钱的,搞文化是造福百姓的。工厂办得再好,都不如文化产业持久。""若干年后,这些拍戏和旅游用的房子将变成古董,这就是有没有文化的区别。"佛堂在加大历史文化名镇保护力度的同时,进一步深入挖掘整理古镇的历史、民俗、建筑等优秀文化内涵,创新表现形式,让古镇文化更丰富多彩,更灿烂辉煌。

3. 实现小城市的可持续发展

浙江城市化的特色是大中小城市网络交织状发展,浙中地区由于缺乏带动力强的大城市,中小城市在拉动农村城镇化中的作用凸显。自2010年浙江省将横店和佛堂列为首批向小城市发展的中心镇进行培育,两镇在工业强镇的基础上注重文化力的牵引作用,提升小城市可持续发展能力。(1)重视保存和发扬光大各具特色的文化脉络,加强对历史人文景观的保护。目前城镇建设中存在较为严重的问题是因文化理念缺失而使城市景观趋同,为有效避免这种状况的出现,无论是横店创建影视文化名城,还是佛堂进行历史文化名镇的保护,都注重建设自然风貌与文化景观交融和谐的生态环境。他们通过完善人文设施,发挥文化中心的功能,赋予小城市文化丰富的载体。(2)塑造城市人文精神,促使本土文化与外来文化和谐相处。城市化的核心是人的城市化。在本地农村人口、外来人口与原镇区居民多元主体融合的过程中,需要把文化软实力建设作为硬任务来完成,在人们日常生产生活中以特色小城市建设目标振奋人,以浙中城市群发展战略凝聚人,以发展成就激励人,以现代化发展前景鼓舞人。海纳百川,和而不同,塑造城市人文精神,为区域经济社会发展提供精神动力。(3)加快培育和发展文化产业,发挥人民群众的主体作用,优化区域经济发展结构。文化不仅是经济发展的内驱力,更是一个很大的产业,通过发展文化产业,可以带动第三产业的发展,带动老百姓走上致富路。无论是影视文化还是古镇文化,其开发利用初期投入大、收入微,投入产出不成正比。但这是一项长期的惠民产业,环保、无污染且能增加就业,能带动当地旅游和经济发展。在工业经济产能过剩的情况下,发展文化产业还能为"转方式、调结构"发挥特殊的不可替代的作用,以低碳高附加值推动小城市发展。(4)让小城市成为提升城市化水平和带动新农村建设的新平台。小城市通过自身的魅力集聚产业,吸纳周边农民进城谋生与居住,进而带动周边农村发展。形成城市化与新农村建设联动推进和良性互动的机制,既要破解浙中地区小城镇多而不强、城镇产业园区多而不专的问题,又要尽力缩小城乡差距,实现城乡基本公共服务均等化,促进城乡一体的可持续发展。

4. 提升文化的软实力和硬实力

文化为人们提供精神动力和智力支持,是可以内化为人的精神力量的软实力;文化又是综合国力竞争的重要因素,是经济社会发展的重要支撑,是硬实力。横店人拥有对文化产业商机的高度敏感性和精明的头脑,创造了令人惊奇的几乎是零资源的影视旅游文化经济。佛堂深厚的历史文化积淀和坐商传统,培育了兼容并蓄、海纳百川的人文精神,大力提升了当地文化软实力与文化竞争力。浙中两座小城自然景观与人文景观交相辉映,轮流领跑,造就了灿烂繁荣的文化,牵引着两地经济社会的发展。

在中心镇向小城市演变过程中,作为软实力的文化引领风气之先,横店依靠创新提升文化软实力。在市场竞争中提升影视产业科技含量和作品质量,提升"横店影视"品牌,打造对国内外都极具集聚力、辐射力的影视产业基地,把横店建成名副其实的"东方好莱坞"。佛堂古镇旅游文化一头连接着古老文明,一头连接着日常消费,要通过古商业文化、佛教文化和古民居文化"三位一体"的保护开发,以及"义乌商城购物,佛堂古镇旅游"的资源整合,扩大佛堂古镇的知名度,做大旅游产业,创建文化旅游名城。以横店与佛堂为代表的小城市最终将成为浙中地区宜居、宜业、宜游的田园城市,成为农民市民化的新家园和城乡一体发展的新社区。

第三节 特色小镇创建:
"产城人文"四位一体的金华探索[①]

为了应对产业转型升级,破解经济结构转化和动力转换等现实难题,解

---

① 本节发表于《城市学刊》2018 年第 3 期,第 11-16 页,系浙江省党校系统研究中心课题(编号:ZX19177)的研究成果。

决都市核心区空间布局"过密"、非核心区要素配置"过疏",城乡二元分割、人居环境不佳等问题,2015 年,金华与浙江全省同步启动区域新增长点的特色小镇创建,推进"散布式"蔓延的网络状城市群向集约紧凑发展的组团式都市区转型。随着特色小镇创建"金华方案"逐步形成,从学理上提炼和总结特色做法和经验,积极应对挑战,形成"产城人文"四位一体发展格局,对提高以人为核心新型城镇化水平有重要意义。

一、小镇创建及其特色

从短期看,特色小镇与传统建制镇有较大区别,主要体现在提出的背景、目标、措施等方面,特色小镇是聚焦于产业转型升级、跨区域空间布局优化和居民获得感提升的经济区概念,目的是打造以人为核心,创新驱动、产业或文化特色鲜明、产城融合的空间平台;建制镇是由省级政府批准设立,区域面积与界限明确,属联结城乡纽带的行政区概念,目的是推动大中小城市和小城镇协调发展,城市与乡村互促共进。从长期看,它们在功能、规模、布局等方面基本相同,两者相得益彰、互为支撑。我国"十三五"规划纲要提出,要因地制宜发展特色鲜明、产城融合、充满魅力的小城镇。2016 年 2 月,国务院印发《关于深入推进新型城镇化建设的若干意见》,把特色小镇作为新型城镇化载体,发展特色产业,传承民俗文化,疏解大城市中心城区功能,服务"三农",全面提升城市综合承载力,带动农业现代化和农民就近城镇化,这使发轫于浙江的特色小镇由地方行为上升为国家要求。同年 7 月,住建部等三部委发布《关于开展特色小镇培育工作的通知》,对特色小镇的产业形态、生态环境、传统文化、设施服务、体制机制等提出具体要求,从制度层面减少了小镇创建的某些不确定性。浙江选定的 113 个特色小镇,既不是传统建制镇,也不是普通产业园区或风景区,而是为突破传统小城镇要素集聚能力弱、资源使用效率低等瓶颈所进行的创建探索。它是特色产业集聚、体制机制灵活、文化底蕴丰富、生态环境优美、旅游资源具备、社交社区完善,多种功能叠加的"产城人文"四位一体开放、可共享的新空间,它有机地组合了双创、文旅、社区功能,并且跨区域发展,博得了头彩,得到了中央的肯定,与正在开展的四大都市区建设互促共进,相得益彰。三年多来,金华聚焦信息经济、先进装备制造、健康生物医药、文化影视时尚和休闲旅游服务五大千亿产业,兼顾中药、木雕、水晶等历史经典产业,以产业转型升级和融合发展为目标,以特色化、集聚化、规模化为核心,遵循"突出产业特色、重视规划引领、注重现实基础"原则,经省政府批准,选定金华新能源汽车小镇、义乌丝路金融小镇和绿色动力小镇、东阳木雕小镇、永康赫灵方岩小镇、武义温泉小镇、浦江水晶小镇、磐安江南药镇等8个分别代表区域内发达、中等和欠发达县(市)特色经济发展缩影的小镇,依据标准①逐步将其打造成"小空间大集聚大作为、小平台大产业大发展、小载体大创新大创业"的空间平台。

金华的特色小镇创建,在推进"产城人文"四位一体发展中,呈现出具有地方特色的积极效应。第一,特色产业与城市融合发展有了新战略支点。抓特色产业,控建筑面积,特色小镇成为提高资源配置效率,优化都市区空间布局的新支点。通过信息化与工业化深度融合,传统汽摩配、水晶等制造业小镇主体产业附加值低、效率不高、污染严重、功能单一等有了改观,实现了产业升级和特色彰显。8个省级特色小镇6个布局在都市区环状综合交通廊道上,2个在县城新区,空间疏密度逐渐合理,城市功能得到提升。第二,以城带乡发展有了新动力支撑。特色小镇创建增强了城乡融合度和关联度,助力农村复兴。小镇通过3A级以上景区建设,借助旅游业重新组合资本书化人才产业等要素,与自然景观、美丽乡村、现代农业融合,从而拥有"高颜值",以城带乡发展有了新动力支撑。第三,小镇自身建设有了新的品质提升。通过"产城人文"融合,服务功能集成,小镇由1.0版"一镇一品",经过2.0版的传统产业集聚和3.0版风情旅游,逐渐向4.0版"新兴经济体"迈进。以新理念、新机制、新载体推进产业集聚、创新和升级,营造天蓝、地净、水清、山绿的空间环境,产业开始"特而强",气质走向"精而美"。第四,特色小镇中居民有了获得感的新提升。与传统建制镇工业园区或旅游景区将产业发展与居民生活人为割裂不同,特色小镇坚持以人为中心,与本地居民全方位互动,进行公共服务供给侧改革,新老居民共享优质服务,提升获得感。

在特色小镇创建进程中,金华从两方面探索前行,展示了它的特色做法:一是全面推进中的分类创建与培育。首先由县级政府根据产业特色和城镇空间格局,初选适宜开展特色小镇创建的区域增长点;然后按"宽进严定"的原则,依据"自愿申报、分批审定、分级创建、年度考核、验收命名"的程

① 浙江省规定每个特色小镇规划空间范围约为3平方公里,建设面积约为1平方公里,计划3年完成固定资产投资30亿~50亿元,且按3A级以上景区标准进行创建。

序,优选 25 个有一定规模、优势和潜力的产业园区、农村镇区及城市相对独立的街区,作为特色小镇申请报批;最后市创建联席会议采用"自主创建、达标认定"方式,依规审定,建立名录库,进行"企业主体、市场化运作、政府引导、规范与服务"的动态创建与分类培育,推进小镇的产业、文化、旅游、社区等功能融合。二是难题破解中的典型示范。金华以 8 个省级创建的特色小镇为典型,依据各自资源禀赋和比较优势,培育特色产业,创新举措,破解产业升级和小镇品质提升的现实难题,展示难以复制、可持续呈现的魅力,发挥示范作用(见表 9-2)。

表 9-2　金华列入省级创建特色小镇的定位、特征、举措与示范作用

小镇名称	产业定位	典型特征	创建举措	示范作用
金华新能源汽车小镇、义乌绿色动力小镇	打造高端装备制造业	以新能源汽车、绿色动力汽车研制为发展方向,培育产业转型升级典型	分别由众泰和吉利两大民企主导,各完成投资 30 多亿元,专利拥有量 40 个,新能源＋汽车文化旅游功能彰显	新能源汽车小镇 2016 年入选省经济与信息化领域高端装备制造类标杆小镇
义乌丝路金融小镇	集聚金融服务等新兴产业	布局金融服务、文化会展、互联网＋的功能,创建区域现代服务经济发展典型	以 0.75 平方公里金融服务功能区为核心,以服务市场采购为特色,吸引 500 强企业 6 家	成为金融创新窗口、贸易业转型发展金名片
武义温泉小镇、永康赫灵方岩小镇	升级休闲养生旅游文化等传统产业	挖掘山水人文题材,赋予休闲、体验、健康功能,培育旅游文化与社区功能结合典型	以生态为基底、休闲为龙头、养生为核心、文化体验为灵魂创建温泉小镇。依托自然景观,历史人文和制造工艺打造方岩旅游小镇	以泛旅游产业模式推进景区和城镇协同发展,打造度假养生产业集聚区和旅游目的地
磐安江南药镇、东阳木雕小镇、浦江水晶小镇	复兴中药材、木雕、水晶等历史经典产业	把文化基因植入产业发展全过程,培育在全省范围内具有相对唯一性的历史经典特色产业典型	磐安促进药材深加工与文化旅游产业融合发展;东阳挖掘历史文化遗产,弘扬木雕文化,传承大师工艺;浦江提升传统水晶产业的智能化	磐安打造江南山地景观和中药材健康产业基地。东阳打造红木产业研发基地。浦江打造全球水晶产销中心

二、金华特色小镇创建面临的挑战

就目前情况看,金华特色小镇创建,面临区域创新发展、经济和城市转型发展、顶层设计应然与制度运行实然偏差等不利于"产城人文"一体发展的挑战。

(一)区域创新发展挑战

因长期实施强县战略,职能虚化的地级金华市形成了"散布式"发展的空间格局,市本级经济实力弱、跨县协调发展难,都市区一体化氛围淡。如何优化发展模式、人才结构和实现区域创新发展,是特色小镇创建面临的首要挑战。具体内容有:一是改变传统开发区模式的挑战。传统开发区用税收与用地政策优惠的招商引资模式吸引企业入驻,存在资源利用效率低、粗放式同业恶性竞争、县际过度竞争等问题,难以在都市区大格局中用共建共享理念和科技、制度、文化整体创新方式来统筹小镇规划、建设和运营。二是人才引进难的挑战。小镇集聚人才、技术、知识等高端创新要素难,如水晶小镇、木雕小镇所需的加工技师,在学历、头衔等方面与政府设定的人才优惠政策不匹配。小镇如何适应人才的不同特点,提高匹配度,用事业和优质公共服务聚才留才,相关政策有待完善。三是创建激励机制不健全的挑战。尚未在都市区大格局中建立激励机制,市县两级对创建工作应承担什么责任、怎样承担责任尚不清晰。重招商引资、税收增幅等经济"硬绩效",轻招才引智、公共服务等社会"软配套"以及自然风貌、生活生态等"硬设施",结果难以通过小镇创建引导区域创新要素流动、技术成果转化和科技人员薪酬体制改革,难以破"散"促"聚",建设功能"聚而合"的"众创空间",形成都市区一体化发展的新合力。

(二)经济发展方式转变挑战

如何顺应县域块状经济向都市区产业集聚区经济转型发展,实现主导产业由传统工业向新兴产业、高新技术产业转变,产业结构由"低小散"向"高精尖"升级,是创建工作的又一挑战。特色产业是特色小镇的核心要素,找准特色、凸显特色、放大特色,是小镇创建的关键所在,但以建制镇为基数计算,目前浙江省市两级每1.3个镇就有一个正在创建或培育的特色小镇,这种遍地开花式的做法,不利于特色培育和产业升级。金华各县(市)经过

30 多年的市场竞争,虽形成了小商品、小五金等全球知名的特色产业区(块状经济),但 25 个特色小镇,就总体来看镇民创新氛围不浓、镇区创业优势不足、镇域竞争能力不强,"产业低端、资源利用粗放"的痼疾仍在。2016 年,磐安江南药镇年度考核,因特色产业占比、高端要素集聚度不达标,特色文化形象展示得零分而被列为警告小镇,这表明小镇经济要达到"特而强"任重道远。

(三)城市发展方式转变挑战

特色小镇是城市发展方式由数量扩张、规模扩大向质量提高、功能加强转变的载体。浙江的城镇化正由城市群向更注重一体化规划的都市区转型发展,金义都市区正处在城市化的集聚极化发展阶段,就主体功能区划来看,属于适度扩大产业和城镇空间的重点开发区域。金华的特色小镇作为都市区的有机组成部分,需要依据省域城镇体系规划和县域城乡发展规划合理选址布局,承担城市修补、生态修复、产业修缮的功能,推进以县城为中心的城镇化向以都市区为中心的都市化转型。如何通过都市区与特色小镇的互促共建,形成人、自然、社会和谐共处,健康高质发展的格局,是创建工作的另一挑战。特色小镇不是公共设施水准低、城镇功能优势不足的传统小城镇,而是"产城人文"功能融合的综合发展平台,但目前创建工作多关注经济指标,对品质提升和社区建设不够重视,特别是未列入省级创建的另外17 个小镇,不同程度地存在着产业集聚度不高、产业区与居住社区割裂、生产生活融合难等问题。对此,政府需要思考:怎样通过小镇创建增强吸引力、凝聚力和黏性,用最少的空间资源最优布局生产力,促使城市发展方式转变;怎样抓好 3 平方公里左右的空间布局,既平衡特色产业发展、公共产品供给和自然生态保护的关系,又鼓励企业和民众在微观经济活动中充分竞争,激励创新,推动经济社会协调发展;怎样通过有凝聚力的社区建设,建立良好的社群关系留住人才,使小镇在都市区大格局中彰显"聚而合"功能,推进成果共享的包容性发展。

(四)制度设计应然与小镇创建实然偏差挑战

浙江特色小镇由产业园区、镇区、街区演化而来,先用自组织行为进行"自主创建、达标认定",再由上级政府按以人为本原则,进行产业文化旅游融合发展的制度设计和政策扶持,落实督促引导、后进警告和末位淘汰制度。但从近年来的实践看,特色小镇政策制度设计应然与创建实然不同程度地存在偏差,如政策规定小镇要在 3 年内完成 30 亿～50 亿元的投资额,这对金华旅游类和历史经典产业类的小镇来说难以实现;又如用 3～5 年时间实现"产城人文"融合,金华大多数小镇都感到比较困难。可见,急于求成,用统一规定的标准来规范特色各异的小镇创建,很难实现顶层设计灵活性与创建工作实效性的统一。哈耶克曾说,制度是自发演化的结果,演化是一个渐进的过程,制度的安排要适应区域发展趋势,遵循客观规律。威廉姆斯认为,制度(正式规则)得到实施,其关键作用是"创造秩序,从而减轻冲突并实现互利共赢"。如何顺势应时,建立适宜的制度架构,让不同的特色小镇有符合自身实际的政策制度供给,一镇一策地进行创建,以规范市场主体和政府部门的行为,维护秩序、减少冲突,实现多方共赢,这是创建工作的更大挑战。

三、金华特色小镇创建的路径选择

针对上述挑战,结合 2017 年浙江省政府提出的加快以特色小镇理念和方法分块改造提升开发区和工业园区,促进地方产业转型升级,深化供给侧结构性改革,推进城市发展方式转变的要求,金华遵循"产城人文"融合发展的城市化基本逻辑和规律,发挥市场机制的决定性作用和地方政府的核心作用,选择适合自身实际的路径,以创新资源为支撑,创新驱动为动力,创新思维为保障,把特色小镇"做精做细"与金义都市区"做大做强"有机结合,促使小镇产业升级、开发区改造与都市区空间布局优化协同,资源要素、公共服务的创新性供给与人们的个性化需求有效对接。陈剑平院士指出,犹如有机体的细胞,有分工、有合作一样,特色小镇也可运用既关注个体发育——单个小镇发展,又注重群体进化——系统性的生物学思路来创建,概言之,不仅把单个小镇做精做细,也要整体上考虑它们的联系、融合与互补。借此,我们将以提升居民物质、精神和情感诸方面获得感为目标,处理好市场、政府、企业、民众之间的关系,形成"政府有形之手、市场无形之手、民众勤劳之手"的合力,完善市场有效、政府作为、企业愿担、民众尽责"产城人文"一体发展的特色小镇创建方案。

(一)在有效市场主导下实现集约发展

特色小镇是一种新兴的经济发展模式和创新形态,要在有效市场的主导下顺势而为,在整个都市区,以至全国全球大布局中优化资源配置,实现经济发展方式的创新。以金华为例,无论是传统"汽摩"产业提升的新能源汽车小镇,还是新兴汽车发动机生产的绿色动力小镇,作为装备制造产业的集聚地,充分发挥市场机制对资源配置的决定性作用,在生产专业化分工深化与市场范围扩大的良性互动中,发挥自身禀赋优势,瞄准产业链高端,进行工艺技术创新和经营模式改进,用中高端产品和服务提高供给的有效性,构筑特色产业高地。像木雕、水晶、中药材等传统产业小镇,面向市场,立足具有自身独特优势的主导产业和深厚的历史人文底蕴,打造为特色产业生存、发展、演化提供所需资源的完整产业生态圈,引进行业领军企业及高端人才,增强产业创新能力,培育具有行业竞争力的"单打冠军",促进传统产业迈向中高端;像方岩、温泉等旅游小镇,依托独特的历史人文积累和山水自然禀赋,对旅游资源、相关产业、生态环境和公共服务进行全方位、系统化优化提升,推进小镇资源整合、产业融合,营造旅游产业的商业生态系统。发挥 8 个省级创建小镇的典型示范作用,结合资源禀赋和区位优势,明确主导产业和特色产业,强化 25 个小镇与金义都市区各组团(金兰、义东浦、永武、横磐四组团)城市产业间的协作协同。在都市区共建共享中推进特色小镇创建,改造提升传统产业,培育新兴产业,形成转型升级新动能,延长、拓宽、提升特色产业链,融入国际价值链,在价值增量创造与分配中掌握主动权,实现产业集约发展,提升居民的物质财富获得感。

(二)在有为政府引导下实现紧凑发展

城市群(都市区)是当今世界城市化的主体形态,金华 80% 的特色小镇布局在都市区环状综合交通廊道(同心圆)上,其中核心区(主轴线)上有 7 个,这有助于推进金华、义乌双向聚合发展,实现强县战略向都市区战略转型。下一步,按浙江重点开发的主体功能区要求建设都市区,努力同步实现都市规模扩张与居民获得感的提升。因势利导,创新发展模式和运行机制,"一镇一模式"地对特色小镇进行分类培育和考核,做到水到渠成而不一哄而上,放权激励而不包办代替,科学评估而不死板僵硬,积极有为而不过度参与,既重视特色产业历史人文内涵的深度挖掘,又防止喜新厌旧,达到瓶新酒也新,实现"历史文化名镇"与"创新活力之镇"协调发展。明确特色小镇是具有特色产业导向、景观旅游和居住生活功能的项目集合体,不同的小镇功能差别很大,如水晶小镇与丝路金融小镇,它们产业与功能迥异,发展前景、考核标准与方法也应不同。依据不同类别制定有足够弹性空间的考核标准对它们进行培育,通过考核促使不同类型特色小镇的"产城人文"多元功能有机融合,更好地满足不同人的物质精神需求,力求每个小镇大到整体布局、道路、建筑,小到装饰、标识都能充分体现和塑造自己的文化特色。同时,善于用特色小镇的创建理念和方法分块改造提升开发区和工业园区,促使专业化特色产业与城市区位更加融合匹配;善于创新城市治理方式,动员各主体群策群力在小镇特色产业、美丽景观、人文底蕴和社区功能的一体化创建中推进都市核心区一体化发展,八婺共同体同城化建设,实现城市紧凑发展和居民精神获得感的提升。

(三)在领军企业领导下实现品牌化发展

目前特色小镇的创建主要还是政府推动,事实上,只要给予一定的制度安排,企业推动"产城人文"融合可能更具专业性,领军企业善于乘势而上,在地方政府与一盘散沙的中小企业间搭建创新创业平台,成为小镇创建的"顶梁柱"和贴心人。小镇要围绕领军企业开展产业链招商和公共配套活动,2006年,实力雄厚的旅游运营商"中青旅"加盟桐乡乌镇,在小镇开创了政府、企业、创业基金复合多元的经营开发模式,使水乡古镇既保留原有风貌,又进行适度的商业开发。金华新能源汽车小镇作为先进制造业代表,正发挥众泰、大华科技、吉利等整车制造龙头企业的引领和创新驱动作用,整合动力电池、电机、电控等关键零部件制造企业,创造"华科速度",打造全国重要的新能源汽车研发制造和展示体验中心。实际上,由敢于担风险、能起推动性作用的领军企业唱主角,不仅可避免创建主体单一化,而且可与中小企业融洽地共推技术创新,形成新增长极,推动小镇品牌提升与共享。政府应该创新制度安排,注重发掘企业家的作用,通过共建服务平台,创新开发模式,为中小企业的创业衍生提供物质和精神条件,推进特色小镇品牌化发展,提升居民情感获得感。

(四)在包容性治理下实现政府、企业与民众的三元互动发展

特色小镇是区域创新发展载体,需要遵循以人为核心的包容性发展理念,在包容性治理下应时而动,通过"政府引导、市场主导、社会参与"有机结合推进制度创新。首先,发挥政府"有形之手"的引导作用。引导木雕小镇、江南药镇、水晶小镇等传统产业进行现代乃至后现代意义的改造,集聚特色

产业、打造特色景观,达到"产城人文"融合,增强小镇在全球化、信息化中的竞争力;引导新能源汽车小镇、丝路金融小镇、绿色动力小镇与周边中小城市的开发区和工业园区共生共赢,引导温泉小镇、方岩小镇旅游功能的彰显。其次,发挥市场"无形之手"的主导作用。小镇要遵循经济发展规律进行产业选择,恪守"一镇一业",差异定位、细分领域,逐步形成横向错位发展,纵向分工协作的跨县协同发展格局,在都市区范围内形成产业合理布局和上下游联动机制,避免产业结构的同构化、同质化发展,打造有优势的特色产业。最后,发挥民众"勤劳之手"的主体作用。在特色小镇的创建过程中,具有"双创"精神的勤劳创业者,是很好的短跑选手,容易实现从创意到"研发实验模型"的短期创新,但"进不了决赛,因为自始至终,有效的创新活动都是一场长跑比赛,一场耐力的较量,后半段的力量才是最重要的"[①]。在小镇创建长跑中,领军企业要当好领跑者,为众多中小企业提供相关知识和管理经验,与它们共生共长、共享共赢。

总之,政府、企业、社会要"三手合力"、良性互动,以生产(产业)为基础,以生活(社区)为核心,以生态(环境)为保障,力求产业发展与社区生活、环境营造相辅相成,"产城人文"一体发展,进而激发各主体共创动力和共建活力,绽放创建成果共享魅力,提升小镇居民整体获得感和幸福感。

第四节　金华城镇化和新农村建设
互促共进的汤溪实践[②]

城镇化与新农村建设是我国城乡一体化发展战略的两大组成部分。目前我国经济社会发展总体上已进入由工业化推动发展向城镇化引领发展的新阶段,习近平总书记指出,"城镇化是一个自然历史过程,是我国发展必然要遇到的经济社会发展过程"。我们要"遵循规律,因势利导,使之成为一个顺势而为、水到渠成的发展过程"。中国特色的新型城镇化要求破除城乡分割的二元结构,统筹城乡一体化发展,在这个意义下我国小城镇发展被赋予

---

① 奥地利著名管理学家弗雷德蒙德·马利克在《管理:技艺之精髓》中指出,创新"就好比一场赛跑,小企业可能是很好的短跑选手,但却进不了决赛,因为自始至终,有效的创新活动都是一场长跑比赛,一场耐力的较量,后半段的力量才是最重要的"。详见《学习时报》2016 年 11 月 7 日第 2 版。

② 本节发表于《金华职业技术学院学报》2021 年第 2 期,第 15-19 页。

了新的意义,发展小城镇要遵循城镇化规律,建立城镇化与新农村建设互促共进的机制,推进大中小城市和小城镇协调发展,推进城乡一体化发展。此时,既要处理好城镇人口集中、产业集聚和进城农民市民化之间的关系,又要加快新农村建设与发展,扭转城乡居民收入差距不断扩大的趋势。近些年来我国城镇化实践对大中城市发展的偏重,使小城镇"协调"发展的难度加大,城镇化在取得巨大成就的同时,出现了人口过多、交通拥挤、环境污染的"城市病"与资源利用效率低的"农村病"并存的问题。要使"协调"发展能正常推进,需要对小城镇的发展进行扶持,尤其是要发展繁荣重点小城镇。到 2020 年底,我国完成了三批新型城镇化综合试点城市(镇)试点工作,希望通过发展重点城镇来消除"城市病"与"农村病"。汤溪镇作为第三批试点镇,其探索过程中形成的经验,值得总结推广。

汤溪镇是长三角城市群 27 个中心城市之一的金华市的边缘小镇,是金华开发区西片区所在地。在新型城镇化综合试点期间,汤溪镇依托古县城的人文资源、自然禀赋和现实基础,承续历史文脉,推进城乡融合,实现有根发展;利用社会资本,注重技术和文化的网络联通性,在城乡融合中实现有情发展;发动民众根据当地经济社会发展需要、建立共建共治共享机制,实现有生机发展;处理好发展脉络与长远工作目标的关系,实现可持续发展。汤溪试点较好地平衡了乡村凋敝与大中城市繁荣两者间关系,为中心城市远郊小城镇产城融合,市际边界地区公共服务中心建设,以及就近城镇化提供了较为成型的样板,为城乡一体化发展探寻出了适当的制度安排和政策规制。

一、承续文脉,完善城乡融合机制,实现有根发展

有根发展意味着试点镇具有历史延续性和独特性。汤溪是原"金华八县"之一,自明朝成化七年(1471)置县以来,汤溪就一直是县治所在地。1958 年 10 月 28 日撤销汤溪县并入金华县,1985 年恢复建制镇,由于曾经有近 500 年的县治历史,汤溪镇一直是金华西部经济、政治、文化中心,1996 年被列入金华市首批五个省级中心镇之一,2016 年 11 月被列入国家新型城镇化综合试点镇。有 500 多年县治的汤溪人形成了共同的语言、习俗、饮食习惯和文化底蕴,对汤溪县有认同感,民众要求恢复汤溪县的呼声一直未停。位于金华西部距市区 25 公里,地处金华、衢州、丽水三个地市及婺城、兰溪、龙游、遂昌四县边隅的汤溪,其镇域面积达 106.82 平方公里,辖 72 个行政

村和 1 个居委会,小城市培育承续历史文化,重视有根的发展。如表 9-3
所示。

表 9-3 汤溪小城市培育发展情况比较

年份	建成区人口与面积		镇域人口/万人		经济情况			
	面积/平方公里	人口/万人	常住人口	户籍人口	规上企业数/个	财政收入/亿元	规上工业总产值/亿元	农民人均收入/元
2009	6.81	3.9	5.01	4.62	317	0.4975	不到 10	8013
2019	10	5.1	6.89	4.69	483	2.9	44.59	15000

自 2002 年开始,金华进行中心镇建设,共有 24 个中心镇,汤溪是进行
重点培育的 5 个中心镇之一,特别是作为省级和国家级新型城镇化试点以
来,汤溪镇有了长足的发展。2019 年与 2009 年相比,汤溪建成区面积增加
了 3.19 平方公里,建成区人口增加了 1.2 万人,常住人口增加了 1.88 万,户
籍人口增加不多,常住人口城镇化率为 59.5%,户籍人口城镇化率为
37.5%。2009 年,规上企业增加 317 家,农民人均纯收入增加约 7000 元,财
政总收入增加 2.4 亿元。到 2019 年规上企业 483 家,实现规上工业总产值
44.59 亿元,规上工业新产品产值 12.63 亿元,全社会固定资产投资 9.01
亿,其中工业投资 7.69 亿。

汤溪的新型城镇化试点,注重承续厚重的历史积淀、多样的自然资源和
敢为人先的创业精神,实现有根的发展。首先,开发具有地方特质的旅游
业。汤溪镇有着独特的历史文化和人文景观,境内有省级风景名胜区——
九峰山,有丰子恺祖居、陶公祠等一系列名人故居,以寺平村的古村落农家
乐为典型的乡村观光旅游也正在兴起。试点期间汤溪将境内省级风景名胜
区和人文景观等资源禀赋加以整合,形成较为完整的景观体系,建设"建工
业城、游九峰山、逛城隍庙、品汤溪菜"的旅游产业链,配套发展交通、观光、
休闲、养生、食宿等功能,打造"一山一禅一古城、一江一泉一乐园"的集山水
观光、温泉养生、休闲旅游为一体的旅游区,培育汤溪经济发展新增长点。
其次,发展具有历史传承的餐饮业和茶馆业。汤溪菜传承地方食材,烹饪出
独特味道,成为深埋在汤溪人味蕾中、具有浓郁地方特色的乡情菜品,随着
岁月变迁,菜品经过无数变化和演绎,融入汤溪人的智慧,沉淀出独特风味,
发展出小有名气的餐饮业。茶馆是汤溪人休闲娱乐的场所,它承载着信息
交流、买卖求职、调解纠纷等功能;茶馆业是汤溪的民俗文化产业,泡茶馆是

具有地方特色的生活方式;农耕时代的汤溪男人在劳作之余、午休之时喜欢到茶馆边喝茶解渴,边交流所见所闻,进茶馆喝茶的大多是关心当地经济政治社会文化发展的人,他们互通信息并对时局做些评论,茶馆成为市民沟通的平台。最后,发展现代制造业。汤溪镇依托 2003 年成立的金西开发区,在承续文脉基础上,按照金华市"一中两翼两三角"的战略布局,根据市场需求和本地资源环境承载能力,招商引资,培育与国家新型城镇化综合试点相适应的产业,形成符合地方特色且有序分布的产业链分工体系,推进产城融合发展,建设具有工贸和旅游特色的小城镇。2013 年开始,汤溪镇实施产业集群化战略,发展汽摩配、轻工纺织、食品加工等主导产业,创建健康生物产业园,积极推进块状经济向产业集群转型升级。

费孝通先生认为,小城镇是我国城市化道路的方向和捷径,他主张把城乡二元结构和城乡差别,与农民一起融合到小城镇里,通过小城镇二、三产业的发展,吸收农村剩余劳力,优化生产力布局,缩小工农、城乡差距,实现一体化发展。汤溪新型城镇化试点时取得的有根发展的成效表现为:一方面充分发挥本地自然与人文资源优势,借助开发区平台,培育以旅游养生和农产品加工为核心的产业,为本地农民提供适合的就业机会;另一方面积极利用上级政府对试点镇的投融资、用地指标等扶持政策,培育特色小城镇,让新老居民通过小镇建设走出城乡分割的格局,通过城乡互动和统筹发展,建立城乡融合机制,推进城乡一体化发展,缩小城乡差别。根植于金西三镇的 10 万居民与日益增多的外来建设者,将承续汤溪古县的历史文脉,重视金西有根的发展,面向未来,实现了新的跨越。

二、需求引导,促进社会资本联通,着力有情的发展

汤溪镇虽然基础薄、起步晚、空间窄,没有低成本开发的先发优势,但有低丘缓坡的黄土丘陵的优势,有先进地区对技术社会资本和文化社会资本利用的经验,有外地城乡互促共进的成熟机制可资借鉴。21 世纪,我国确立了大中小城市和小城镇协调发展的中国特色的城镇化道路,并强调要重点发展小城镇,把有条件的中心镇逐步培育成小城市。在新型城镇化试点中,汤溪主动借助开发区平台进行现代化语境的小城市培育,按照开发区总体发展战略规划,遵循技术和文化社会资本的联通性与交互性要求,优选项目,集聚产业;加强镇区基础设施建设和公共产品开发,拓展发展空间,促其成为人口集中的新主体、产业集聚的新高地、功能集成的新平台、要素集约

的新载体,通过重点镇与新农村建设互促共进,推进开发成果共享的有情发展。

首先,挖掘技术和文化社会资本作用,实现深情发展。汤溪试点优化中心城市与远郊小城镇之间的资源配置,在统筹协调中加深两地感情,实现协调发展。一是强化汤溪镇作为金华市远郊的制造与休闲基地的节点功能作用,利用传统技艺和新兴技术相结合的技术社会资本,在黄土丘陵招商引资办企业,吸引农民进镇打工、经商和居住,让农民传统技艺得以很好地传承和弘扬,在黄土变黄金中实现人、自然、社会间的和谐发展,荒山、荒地变成了聚宝盆,美化了金西大地。二是挖掘老县城内历史积淀而成的具有地方特色的文化遗存、民俗风情和人文精神,推进社会资本与市场需求融合互促,让源远流长的文化为古镇兴盛提供条件,实现文化社会资本与市场需求的有机结合;挖掘有悠久历史的省重点中学、市中心医院金西院区等优质公共服务资源,开通市区快速公交线,让古镇基础设施更完善,公共服务更便利,城乡关系更融洽。

其次,在农民就近市民化中实现真情发展。汤溪一方面实施九峰水库移民安置和下山脱贫等项目,在四县边界地区的重点镇建了8个人口集聚区,通过周边村庄人口"上移"、地域外人口"平移"和城市人口"下移"等多种方式,吸纳2万多外来人口来镇区就业和落户,中心镇成了希望成为市民的农村居民就业落户的理想场所。另一方面,抓住开发区工业快速发展的机遇,出台优惠政策让在镇区有稳定职业和住房,且有意向就近市民化的农民,在试点镇享受城镇化成果,实现安居乐业。

最后,将技术社会资本和文化社会资本的根植性与市场需求结合,实现友情发展。市场需求是特色产业成功与否的关键,技术是地方特色产业的灵魂,对技术的传承改进是产业发展的前提。汤溪试点加深了来小城镇工作与生活的人之间的友谊。一是发挥技术社会资本的作用,建立劳动力信息库,掌握就业和技能情况,开展免费技能培训和辅导,引导农民就近就业创业,实现产业转型与劳动力技术传承有机结合;二是发挥文化社会资本的作用,利用文化传统、民风民俗,树立文化品牌,利用旅游业及传统产业的基础和品牌进行特色打造和创建。三是发挥市场需求对产业形成或转型升级的作用,根据需求变化和金华产业集聚区建设的需要优化产业布局。特色制造业瞄准世界500强等大企业,引进项目,拉长支柱产业链,形成产业优势和定向合作关系,成为产业中不可取代的一环。增进感情交流的服务业,针对快速城镇化和工作快节奏,依托自然禀赋和自身优势,开发休闲旅游、养生度假等服务产品,满足人们健康生活的需求。

汤溪学习第一批试点镇龙港的经验,推进小城镇行政管理、财政、投融资、城市治理、农业转移人口市民化和农村产权制度等改革,在县际边界地区培育新增长极,实现小城镇自身经济迅速增长,同时,对周边地区产生强大的辐射和带动作用,带动整个区域经济社会一体化发展。大城市、中心镇、新农村三者能实现有情发展,根本原因是在满足各自的需求中实现共赢,大城市因劳动力生产成本上升、利润率下降等,发展空间向农村转移,为农民提供更有前景的工作岗位和优质的生活服务;重点小城镇作为统筹城乡发展的节点,可为城市转移产业提高廉价劳动力、原材料和潜力巨大的消费市场。新型城镇化试点镇汤溪,具有独特的区位优势,通过基础设施和软硬环境的优化,引导企业家来创业,吸引农民进镇就业与定居,让他们就近市民化,避免背井离乡、骨肉分离、亲情缺失。党的十九届五中全会提出,要畅通国内大循环,"形成国民经济良性循环,优化供给结构,改善供给质量,提升供给体系对国内需求的适配性,形成需求牵引供给、供给创造需求的高水平动态平衡"。汤溪试点促进了消费,拓展了投资空间,提升了供给体系对需求的适配性,在提高土地产出效率、提升工业化和城镇化水平的同时,有效地化解了城乡矛盾。

三、开拓创新,实现共建共治共享,达到有生机发展

汤溪试点过程是城镇化与新农村建设相互包容、互促共进的过程,也是民众公民意识彰显的过程。政府是开发的主导,民众是开发的主体,知民情、畅民意、聚民智、凝民心,才能实现科学和谐开发。汤溪试点是二、三产业与城市空间的生产,在这一过程中,区域经济社会运行和发展的成本加大,需要进行城市治理创新。金华在汤溪设立国家级开发区金西分区拓展城市空间,一方面,开发分区派驻部门中的住建分局、国土分局、水利分局等单位与镇政府相关职能部门整合,实行"大部门"制,推行一部多责、一人多用的行政管理新模式;通过合署办公加大授权力度,实现"一站式"服务,提升行政审批效率。另一方面,通过招商引资拓展城市空间。在社会主义初级阶段,招商引资仍是各地工作的重点,资本仍是推动生产力发展的重要工具,但其逻辑是追求剩余价值,与消除两极分化、实现共同富裕的社会主义本质不一致,汤溪试点在促进经济发展的同时,妥善处理各利益主体间关

系,建立共建共治共享机制,让城乡居民共享均等化公共服务,为实现共同富裕创造条件。

首先,建立政府与民众共同参与开发的机制,共谋区域发展大局。如汤溪新型城镇化试点中要增加土地征用数量,农民对土地增值的预期加大,基于土地征用而产生的矛盾与纠纷增多。干部则充分考虑农民的权益,真情与民众交流沟通,合理确定利益分配机制,妥善处理与农民的关系,取得多方共赢的和谐发展。

其次,开通农民的利益诉求渠道,建立矛盾协调机制、利益均衡机制,推动共建共治共享。一是建立和完善村民代表会议制度、农村党员议事制度、村务监督委员会制度,促进村务公开民主管理。二是探索“多村一社区”建设模式。按照地域相近、规模适度、服务半径一般在 2 公里、涵盖 1000～2000 户的基本原则,选择相对居中、经济实力强、人口多、发展潜力大的村统一建设农村社区服务中心,实行“多村一社区”的服务模式。三是建立和完善社区工作共建机制。在加强政府与群众沟通的同时,推动城市社区专业人才、社工机构、社会组织结对交流,有效提高农村社区建设管理水平。

最后,架起群众参与发展规划和相关制度制定的桥梁。汤溪镇在发展规划和政策制定与实施的过程中,利用茶馆公开政务信息,与农民互动交流,倾听农民的心声,架起民众参与决策的桥梁。无论是总体规划还是专项规划,都有群众广泛参与提意见建议,通过政府主导、专家建议和群众参与相结合的方式,提高决策水平,让规划的修编过程成为政府、专家、群众互动的过程,由于有群众的广泛参与,符合绝大多数群众的意愿,规划与政策的执行都比较顺利,可谓群策之事无不成,群力之举无不胜。

我国城镇化进程中大量农村剩余劳动力转移到发达大城市,导致欠发达的小城镇发展滞后。新型城镇化要求大中小城市与小城镇协调发展,金华汤溪的协调方式是通过开发区建设推进城市空间拓展,通过建立共建共治共享的机制,以经济上的平等互利实现社会公平,妥善处理民主与平等的关系。汤溪新型城镇化综合改革试点,通过共商共治有效地进行社会动员,积极与群众沟通,化解矛盾,破解难题,构建利益共同体,消除对立与对抗,推动区域平稳发展。其特色是把茶馆店与互联网社交媒体的使用相结合,在平行世界里将具有共同价值观的人连接起来,共同协商,找到利益平衡适度点,推进社会沿着共同富裕方向和谐发展。

四、统筹协调，处理好当前与长远的关系，实现可持续发展

传统城镇化导致大中小城市与小城镇间发展不平衡，需要统筹协调不同城市的发展，缩小差距，化解矛盾。《国家新型城镇化规划（2014—2020年）》提出，要"增强城市群内中小城市和小城镇的人口经济集聚能力，引导人口和产业由特大城市主城区向周边和其他城镇疏散转移"。长三角城市群内的小都市区要"统筹本区域、城乡基础设施网络和信息网络建设，深化城市间分工协作和功能互补，加快一体化发展"。汤溪作为长三角城市群南翼的金义都市区边缘的小城镇，试点以来确立了"建工业城、游九峰山、逛城隍庙、品汤溪菜"的开发思路，利用自然资源、自然景观、技术和文化社会资本，顺应市场需求发展产业，形成了具有地方特色的产业体系；统筹协调，从体制机制上破解城乡分割的二元结构，推进可持续发展。其主要经验有以下几点。

一是以历史传承为首要前提，实现有根发展。资源禀赋和社会资本往往具有历史传承性，并在区域发展中起到壁垒的作用。汤溪注重对历史文化的探索和挖掘，将历史文化因素融入试点工作中，营造特色产业与文化底蕴融合的氛围，建设有地方特色的产业网络和价值链体系。如将城隍庙、陈双田纪念馆、九峰温泉和牧场、寺平古村、鸽坞塔畲族风情等旅游资源串珠成链，既避免资源禀赋和人文资源壁垒的出现，又让小镇始终具有历史人文内涵的滋养，实现有根的发展。

二是以节能环保为重要内容，实现有情发展。汤溪试点工作着力摆脱单纯追求经济增长或产业规模的传统思维，谋求产业发展与生态环保的平衡。注重环境保护，发展低碳经济，着力建设资源节约型、环境友好型小城镇，让宜居、宜业的良好生态环境成为发展的新优势，在"黄土变黄金"的发展中保护环境。同时，重视公民参与治理，政府多渠道广泛宣传，动员社会各界建言献策，提供意见建议，让民众以主人翁的姿态参与和支持试点镇建设。

三是以创新发展为根本动力，实现有生机发展。习近平总书记在2015年的中央城市工作会议上曾指出："各城市要结合资源禀赋和区位优势，明确主导产业和特色产业，强化大中小城市和小城镇产业协作协同，逐步形成横向错位发展、纵向分工协作的发展格局。"金华将处于中心城市远郊、市际边界地区的汤溪镇试点工作放在金义都市区建设、浙中"三条廊道"建设及

金华开发区建设的大格局中统筹规划布局,充分利用地理位置和自然资源优势,制定统揽全局的城镇发展战略。汤溪虽无大产业、大项目与大城市对接,且民营企业发展原动力不足,但有区位、资源、文化的优势,试点工作立足于自然禀赋、社会资本和市场需求的小镇根植性,确定旅游业和新兴产业等产业发展方向,依靠内在动力和政府政策优势,创立产业品牌,打造特色产业。

四是因地制宜,谋划长远,实现可持续发展。汤溪虽有许多独具特色的优质资源,但因区位条件偏远、底子差、基础弱、配套设施落后,要把资源转变成资本仍困难重重,需要依靠自然禀赋发展特色产业,吸引掌握一定的知识和技能、接受过城市文明熏陶的大学生和外出务工者返乡创业,把城市生活方式、城市文明植入小城镇,进而把试点小城镇培育成化解"城市病"的重要出口,解决"农村病"的重要出路,坚持以人为本,实现全面、协调、可持续发展。以汤溪为首,由汤溪、罗埠、洋埠三镇组成的金华开发区西片区抓住机遇,乘势而上,借势而为。通过"借势谋发展,蓄势强功能,造势促繁荣",不断创新机制,加快城镇化和新农村建设的步伐,实现城镇化与新农村建设互促共进、良性互动。

2019年,我国人口已达14亿人,常住人口城镇化率为60.6%,但仍有5.51亿人生活在农村。根据《中国各阶层收入统计》的数据,2019年,我国月收入1000元以下的极低收入人口有5.6亿人,这些人大部分生活在农村。缩小贫富差距是新型城镇化的重要任务,将重点镇培育成小城市是城市地理空间的延伸,目的是要化解"空间不平衡发展"战略的诸多消极影响。从汤溪新型城镇化试点看,政府是营造发展环境、提供公共服务的主体,企业是市场竞争的主体,民众是创造财富的主体,三者相辅相成,针对发展现状和资源条件,突出特色,主动作为,深化区域产业协同融合发展和城镇公共服务功能共建共享,形成了符合汤溪实际、适合在全国同类重点小城镇推广的制度体系和改革经验。汤溪试点的意义在于:通过开发区、镇与村的经济合作,政府与民众的沟通交流,实现城乡一体发展;通过建立城乡互促共进机制,推动国土空间均衡开发,化解"城市病"与"农村病",促进大中小城市和小城镇协调发展,实现城镇化与新农村建设良性互动。

第五节　整镇整治：
美丽乡村建设推进城乡一体化发展的曹宅实践①

村庄是农民生产生活的聚集地,加强村庄规划与整治,改善村民的人居环境,实现村容整洁是新农村建设的一项重要内容。金华新农村建设起步时,各乡镇都选择了几个自然禀赋较好、经济基础较优、交通较为便利的村庄作为试点,集中一定的人力、物力、财力进行了村庄整治。试点村的面貌可谓焕然一新,但条件差的村庄面貌依旧,工作只做到点上,而发展不到面上。其结果是点更亮了,面显得暗了,局部变美了,整体的差距更明显了。为了防止村庄之间的差距扩大,2005 年 8 月,金华市委决定以经济发展水平和农村建设现状均处于全市中等水平的曹宅镇为试点,在全镇范围开展村庄统一整治,即整镇整治。

曹宅镇党委政府在上级党委政府的领导下,在市区有关部门的支持下,从本镇实际出发,统筹安排,整合资源,多方筹资,加大投入,充分调动各方面的积极性,在全镇扎实开展村庄整治。通过整镇整治,各村的村容村貌都发生了显著变化。村民的生产条件、生活环境有了较大改善,农村各项社会事业的发展也取得了一定成效。2008 年,金东区在总结曹宅镇整镇整治工作经验的基础上,在全区范围开展村庄统一整治。曹宅镇整镇整治的实践与做法,对金华全市的村庄整治工作有普遍的指导意义,值得总结与思考。

一、整镇整治使曹宅镇发生了深刻变化

曹宅镇位于金华市区东 10 公里处,03 省道、杭金衢高速公路穿镇而过。全镇面积为 92 平方公里,辖 63 个行政村、4.3 万人口,是浙江省历史文化名镇。2005 年 8 月以来,在市领导高度重视、关心关注下,市区有关部门通力协作,密切配合,全镇干部群众积极参加,把整镇整治作为改善人居环境,提升镇村品位,优化发展环境,推动新农村建设的一项基础工程来抓。到 2006 年底,全镇各村面貌都发生了深刻变化,达到了水清、路平、灯明、村美。

---

① 本节发表于《当代社科视野》2008 年 7-8 月刊,第 65-68 页。

1.改变了农村落后的面貌,改善了村民的人居环境。整镇整治使全镇各村面貌焕然一新

一是进行墙体美化,还原了白墙黑瓦的乡村风貌。整镇整治前,曹宅镇农村住房中约50%是"赤膊房",其中近年新建的房子中"赤膊房"占80%以上,严重影响了村庄景观。曹宅镇把消除"赤膊房"等墙体美化工作作为整治的重点,一年来,累计完成外墙粉刷210万平方米,还投资了70万元对其中3000平方米的古旧建筑外墙按传统的徽派建筑式样进行了描绘。共拆除危旧房2120间5.3万平方米,使365幢"半拉子"房结顶"戴帽",完成新建农村住房231幢共计2.56万平方米。现全镇"赤膊房"只占4%左右。

二是实现了卫生洁化,许多昔日的垃圾村变得像城里一样干净整洁。各村都对门前屋后及路边空地的卫生死角进行了彻底的清理,全镇共清运了常年堆积的垃圾废物3500吨,消除露天粪坑265个,新建公厕10座,垃圾坑(箱)8975个。在集镇和4个管理处新建了5个垃圾中转站,构建了垃圾处理体系。各村都有保洁员,并建立了卫生保洁的长效机制,促使村民养成了良好的卫生习惯。

三是实施了道路硬化,改善了交通条件。全镇63个行政村进村道路全部得到改造和提升,村内道路得到全面改造,累计道路硬化面积达29.6万平方米。全镇新建、改建通村公路干线16公里,新增公交站点6个,58%的村有公交车通达,全镇便捷的通村交通网已经形成。这不仅方便了村民出行,还为农业生产发展、农民增收创造了条件。

四是进行村庄绿化,人居环境大为改观。在整镇整治中,村民们按镇村规划,在村际道路边以3~5米为间距统一种植了桂花树、美国松、广玉兰等大规格苗木,在门前屋后适宜绿化的路边和空地都进行了种树栽花,绿化美化了村庄环境。一年内全镇共投入绿化资金300多万元,植树80多万株,新增绿化面积7.5万平方米,建成绿化示范村3个,全镇村庄绿化率从整治前的10%提高到40%。

五是实现了路灯亮化,为村民晚间出行和开展娱乐活动提供了便利。各村在入村口、村中主要道路拐角处、村民集体活动场所都安装了路灯,全镇新安装路灯1658盏,落实人员管理路灯。路灯方便了村民的晚间走访串门和休闲娱乐。

六是整治了池塘沟渠,改善了饮用水水质,达到水体净化。在村庄整治中,全镇对73口池塘(共240亩)、20多公里河道沟渠进行了清障清淤,共清

运垃圾污泥 45 万立方米,村内河塘沟渠的水质有了明显改善。新增农村安全饮用水受益村 20 个,受益人口 1.85 万人,使全镇农村饮用水受益人口占比达到 96％。村中污水横流的状况基本消除。东京村还建起了全村生活污水集中收集处理设施,把生活污水通过管网统一收集引导到 6 个沼气池内,村民们纷纷进行厨房和厕所的改造,与城市居民一样,生活污水达标排放。

2.带动了村庄的民主政治建设、乡风文明建设和和谐村庄构建

第一,各村村庄整治相关事宜的决策和实施的过程是一个村庄民主政治建设的实践过程。整镇整治前,看到先期开展村庄整治的几个示范村村容村貌的明显改善,其余各村都派出代表向镇政府要求把他们村纳入镇里的村庄整治规划。镇政府因势利导,顺应民意向上级争取,在得到上级的支持,并在市区党委政府的统一安排下,实施整镇整治。在村庄个案的整治规划编制时,由镇政府邀请有资质有经验有水平的规划设计单位根据各村实际,注重特色,对村内的生产、生活、休闲、文化、教育、卫生等设施进行统筹规划,编制具体方案。各方案初稿编制好后在村内张榜公示,广泛听取和吸收群众的意见,对方案进行修订和完善。有的村整治方案修改了近 10 次,使村庄整治计划更适合村民的实际需要,体现了以人为本的理念,体现了"生态自然和谐、人文气息浓厚"的农居特色。在村庄整治实施过程中,镇村注重落实《村庄整治工程管理办法》有关规定,所有工程项目一律公开招投标,明确责任,落实措施,要求镇村干部及其家属不得承包本村各项整治工程,并把工程实施过程中的明细项目及时张榜公布,接受群众监督。各村都选出作风正派、办事公道、在群众中有威信的代表成立监督小组,对工程的招投标、物资采购、资金结算、工程质量检验等事项进行监督。因此,整镇整治的过程是一个很好的村庄民主建设的实践和探索过程。

第二,整镇整治密切了干群关系,树立了党和政府在村民中的威信,提高了村领导班子的凝聚力和号召力。整镇整治工作刚启动时,少数干部群众存在畏难情绪,有的村基础较差,村庄整治难度较大。镇党委政府通过大会动员、骨干培训、现场会引导等形式,进行广泛发动、教育、灌输,使镇村干部的认识加深了,思路变宽了,信心充足了。在整镇整治过程中,镇村干部工作的积极性、主动性和创造性得到有效发挥,工作作风明显改善。特别是村干部为民办实事的能力和水平得到了进一步的锻炼和提高。全镇 63 个村的党员干部捐款 100 余万元,还有 7 个村的主要领导个人垫资或以个人资产抵押贷款共计 40 余万元投入村庄整治。更多的村党员干部不计报酬,

甚至倒贴接待费为村庄公益事业无私奉献。整镇整治使全镇各村干部的威信明显提高,干群关系明显改善,班子的战斗力明显增强。

第三,整镇整治改变了村民的精神面貌,增强了村民的自信心和自豪感。随着村庄整治工作的推进,村容村貌的改变,服务设施的完善,农民的卫生意识、文明意识和生态意识在潜移默化中得到极大提高,陈规陋习逐步摒弃,良好的生活习惯逐步养成。完成整治的村个个都像过节一样,请剧团演大戏,村民们纷纷请外地的亲戚来家做客,展示自己焕然一新的美好家园。有的村民甚至自豪地说,现在曹宅农村的小伙子娶媳妇都比过去容易了。

第四,整镇整治改善了人与人之间的关系,构建了和谐村庄。过去曹宅农村因垃圾污水乱倒乱流,住房乱搭乱建引发了不少邻里纠纷。现在随着村庄生活设施的改善、村民文明卫生意识的增强,一批长期得不到解决的矛盾纠纷得到了化解,村风民风有了明显改善。据统计,整镇整治后全镇矛盾纠纷年调解数比以往减少了20%左右。

3.推进了农村社会事业发展,为农村经济发展营造了良好的环境

全镇各村在村庄整治中都非常重视公共服务设施的建设,他们根据村庄的实际布局,以配套服务设施效用最大化为原则,从活动场所、文化卫生、文物保护、社会保障四方面着手改变农村的社会风貌。一是新建、改建了一批村民活动场所。有52个村新建或改建了村活动场所,共计5820平方米。新增或改造老年活动室55个,新建村广场65个,共计1.3万平方米,新建公园12个,共计1.2万平方米。二是配套建设了大量科教文卫体育设施。共建造科普宣传橱窗63个、科普长廊25个,制作精神文明宣传广告牌1050块,新建或改建村图书阅览室35个、村卫生室32个、篮球场45个,新增健身路径等体育设施60套,创建文体示范村2个、科普示范村21个。三是注重古建筑和文物的保护与修缮。从村庄整治规划编制开始,各村都注重农村古建筑中文化的保护与挖掘。曹宅镇是省历史文化名镇,具有代表性的有近千年文化传统的龙一村、午塘头村。村中祠堂及部分古建筑渗透着村民对日常生活的记忆,展示着先人的道德人格,积淀着村庄日常的伦理。对古建筑的修缮整治,既保留了村庄历史文脉,传承了建筑文化,使村庄文化的内涵得到了较充分的彰显。整镇整治充分挖掘了一批村落文化,收集了一些名人文化,传承了村庄的民俗文化,增添了农村的文化内涵和文化气息。四是逐步建立农村社会保障制度。全镇新建、改建敬老院4个,床位100余

个,农村"五保"人员集中供养达 95％ 以上。全镇农村新型合作医疗参保率达 92％。可享受农村最低生活保障的贫困人员,做到了应保尽保。五是促进了各村经济的发展。整镇整治过程中村民们注重环境向生产力的转化。如杜宅村随着进村公路的开通,引进了长弓公司在村里建立来料加工基地,使 150 余名劳动力可在家就业。看到大黄村的环境优势,有数家企业前来投资兴业;该村是酥饼专业村,2006 年,他们把"苏香"和"黄家春莲"两个牌子做成了金华市的酥饼名牌。千人安等村依托良好的生态环境和旖旎的自然风光,吸引投资者开办了"农家乐"休闲农庄,促进了当地农民的就业和增收,推动了经济发展。

二、曹宅镇整镇整治工作的启示

建设社会主义新农村,一个很重要的任务是要建设既有利于生产力持续发展,又有利于人居的良好环境。这个良好环境既包括社会人文环境,也包括自然生态环境,从根本上说就是要改变农村的落后面貌。曹宅近两年的整镇整治,不仅改变了村容村貌和人居环境,也带动了农村民主政治建设、乡风文明建设和和谐村庄构建,推进了农村社会事业发展,为农村经济发展营造了良好的环境。金华九个县(市、区)自 2003 年以来都选点进行了村庄整治,该项工作走在前列的义乌市 2008 年完成整市整治,金东区于2008 年初启动了整区整治,其他县也将陆续开展整县整治。曹宅镇整镇整治的做法值得各地借鉴,他们的实践和探索给了我们一些启示。

1. 整镇整治须重视发挥市区镇三级党委政府的主导作用

整镇整治是由点到面全面改善农村的人居环境,由于各村的经济发展水平和村庄建设状况不同,特别是基础薄弱的村庄完成整治任务的难度较大,需要上级党委政府统筹安排,并且需要行政推动。曹宅镇完成整镇整治,党委政府的主导作用体现在三个方面。首先,市区成立了由党委副书记任组长,城乡一体化办公室及财政、交通、农林、水务、国土、规划等部门领导组成的工作领导小组,经常到村庄整治工作的一线检查指导,现场办公,形成市区部门与乡村互动的工作机制和工作态势,及时解决大量实际问题。其次,想方设法筹集资金,确保经费能及时足额到位。曹宅镇整镇整治累计各级财政投入 2000 多万元,带动村集体经济投入 1300 多万元,部门和社会力量投入近 1300 万元,村民自筹投工投劳共计 2000 多万元。以全镇 4.3 万人口平均计算,完成整镇整治任务需人均经费 1500 多元。其中政府投资和部门社会力量投入的重点,是支持那些农民急需,单凭农民和村集体力量又做不成的公益设施。最后,有关部门要指导乡村做好村庄建设规划。村庄规划是指导和规范村庄人居环境建设与治理的一项公共政策。编制规划是一项专业性很强的工作,既要从各村实际出发,有利于农民生产生活,突出村庄特色,又要从城乡一体的全局和战略高度合理确定村庄整治的整体项目,并做出相应的现状评估。村庄规划建设管理是政府的重要职能,规划要立足高起点,具有前瞻性,这单靠镇村是没法完成的。

2.整镇整治须充分发挥农民的主体作用

农民群众是村庄整治工作的建设者和直接受益者。要注重发动村民积极参与,发挥村民的自我建设、自我管理、自我监督的主体作用,变"要我整治"为"我要整治"。特别是集体经济相对薄弱的村,要千方百计盘活有效资源,积极筹措建设资金,同时,广泛发动村民以义务劳动的方式参与本村的村庄整治。对直接受益的公益设施,村民以投资投劳的方式参与,能体现其主人翁意识。曹宅镇整镇整治取得成功的事实证明,在资金筹措以政府为主这个前提下,由受益的农民提供一定的资金和劳动能提高农民参与的积极性,提高工程的质量,也有利于培养农民的参与意识,促进"管理民主"目标的实现。

3.整镇整治须部门和社会力量的支持配合

在曹宅镇整镇整治中,相关部门在项目安排、资金配套、政策扶持上都给予了重点支持,出谋划策,具体指导。城乡一体化领导小组各成员单位分别联系一个重点村或难点村,帮助解决困难和问题。市区有关单位部门支持的各类项目资金近 1000 万元。各村关心家乡建设的社会人士也纷纷为村庄整治出资出力,全镇共筹集社会各种捐助 500 多万元。部门和社会力量的支持配合是整镇整治取得成功的重要条件。

4.整镇整治须建立长效机制巩固成果

在取得经验的基础上,以县为单位适时全面展开。村庄人居环境治理不是短期行为,必须着眼于建立和完善长效管理机制。曹宅镇把整镇整治取得成功作为村庄建设和管理的新起点,落实人员搞好整治后的设施维护、卫生保洁等一系列工作。同时健全了村庄管理的体制机制,如村庄规划建设管理机制、公共设施多元化投资机制、以村民为主体的公共设施运行维护机制,为农村人居环境的持续改善提供制度保障,以巩固整镇整治的成果。

我国的农村量大面广,村庄人居环境落后,治理任务重,需要政府、农民和社会的大量投入。各地都在以县为单位统筹规划,逐步推行。各县的经济社会发展情况有较大的差距,对村庄整治各地都既要有长远目标,又要做好近期安排。金东区根据本区群众的实际承受能力和市区两级政府的财政扶持能力分析,认为在全区各村进行人居环境整治的条件已经成熟,决定于2008年开始成立由区委书记任组长、区长任副组长的村庄整治领导小组,启动"整区整治"。计划向每村投入资金 9.6 万元,另外对村民人均补助 950 元,运用政府引导、村民自主参与和社会力量配合支持的机制,进行以布局优化、道路硬化、路灯亮化、水源净化、村庄绿化、卫生洁化、住宅美化、服务强化为主要内容的全区村庄整治,以缩小城乡人居环境差距,促进城乡协调发展。

第十章　区域协同发展视角下大城小镇互促共进机制与对策^①

　　改革开放以来,我国区域发展经历了效率优先兼顾公平的非均衡发展,保证效率注重公平的统筹协调发展,进入了提质增效兼顾公平的协同发展阶段,此时,如何构建大城市与小城镇互促共进的机制来促区域协同发展呢? 长三角地区苏浙皖沪三省一市聚焦"高质量"和"一体化"这两个关键的发展问题,依据厚重的历史积淀、多样的自然资源及敢为天下先的创业精神,通过地理形态空间协同、经济形态产业协同和市场协同、社会形态治理协同等多重协同,构建协同发展机制框架,形成制度体系。 同时,通过发挥上海龙头带动和苏浙皖各扬其长的作用,加强跨区域协调互动,提升都市圈一体化水平;通过区域联动协作,城乡融合发展,发挥各地比较优势促发展方式转变,以重塑经济地理格局。 此间,面对空间上大都市与小城镇分工体系不尽合理,经济上人口产业集聚发展协同不够,治理上"大小城市病"并存等问题,进入城镇化后期的长三角,如何在多重协同视角下,依据 3D(距离、密度、分割)与合作机制架构,以特色小镇理念和方法分块改造提升开发区和工业园区,促进地方产业转型升级,推进城市发展方式转变,共建具有特色产业、美丽景观、人文底蕴、现代善治的现代化都市区呢? 相应的理论研究和实践探索都有待加强。

　　用多重协同理论探究浙江金华等地几十年来大城小镇互促共进历程,会有一些启示。 浙江通过中心城市与小城镇互促共进,走城镇化、产业现代化、社会文化多赢之路。 金华创造义乌商贸、永康五金、东阳影视文化产业等县域经济,打造特色小(城)镇,共建具有特色产业、美丽景观、人文底蕴、现代善治的现代化都市区。 2019 年,浙江城镇化率超过全国近 10 百分点,

　　① 本章部分发表于《江淮论坛》2021 年第 2 期,第 68-74 页,系浙江省社科规划一般课题"多重协同视角下大城小镇互促共进机制及对策研究——以长三角为例"(编号:20XSNH23YB)的研究成果。

达 70%，金华超过全国约 8 百分点，达 68.7%，金义都市区在区域协同理论指导下，遵循城市发展规律，着力打造高质量发展的增长极。

第一节　区域协同发展理论与我国城镇化政策演变

对大都市与小城镇协同发展问题研究，我们既要重视理论的渊源，又要关注城镇化的进程，还要有全球视野和历史思考，深入了解、深刻认识我国改革开放以来的城镇化变迁。

一、区域协同发展理论在国外城市发展中的运用

协同发展理论源自于德国物理学家哈肯 1971 年创立的协同论，该理论在区域经济学中的应用是指，一个开放的经济系统在与其他经济系统之间存在交换或贸易的情况下，通过自己内部的协同作用，自发地出现时间、空间和功能上的有序结构即区域经济系统的协同发展。其核心思想是指任何复杂的自然或社会系统，当外来能量作用达到某种临界值时，子系统间会产生协同作用，从无序变为有序，相互协作完成某一目标。协同发展理论在全球城镇化实践中的运用，表现为霍华德"田园城市"倡导的分散发展，与柯布西耶"光辉城市"倡导的集中发展的不同城市化路径协同，形成以伦敦多中心组团式田园城市、纽约小汽车导向低密度格网式城市、莫斯科单中心圈层式城市为代表的城市形态模式。克鲁格曼从空间经济学领域对协同发展理论进行了丰富，提出单中心经济体只有在人口少于某个临界值时才能达到均衡，当人口增长超过临界点，新的城市就会出现，当人口继续增长超过下一个临界值，会出现更多的新城市，如美国的城市层级体系就是随着人口增长而自发形成的。戈特曼把协同发展理论运用于城市群发展，将城市群的演化划分为城市孤立分散发展、城市弱联系、城市群雏形、城市群成熟四个阶段，成熟城市群的各城市间形成了良好协同关系，彼此有明确分工和紧密经济社会联系，共同构成有明显整体优势的有机体。西方发达国家的城市化过程也是区域与城市协同发展的过程，促城市的组团式发展与紧凑式发展有机结合，以破解空间无序蔓延的大城市病和资源使用效率低的小城市病，促使城市在经济高效、环境优美、生活宜居和社会公平的基础上可持续发展。

二、国内有关城镇化多重协同的理论研究

国内城镇化进程中协同发展理论研究主要体现在空间协同、经济协同、治理协同等方面。从空间协同看,柴攀峰等认为,协同交互作用使城市群系统形成自组织结构,由无序到有序、低级有序向高级有序演化,像长三角这样由单中心向多中心演化的城市群,可通过组团式协同向更为有序的宏观自组织结构演化。邹军等认为,城市群进入成熟阶段,共同的发展诉求、目标、价值导向逐渐形成,城市个体利益价值导向被城市群整体价值所取代,城市间的空间联系从协调向协同发展迈进。王振认为,协同发展是在一个区域大板块中各具特色和优势的不同城市,通过功能合理分工和合作共赢的协同机制,调动各地区积极性,在多个增长极和创新源带动下,缩小地区差距,实现共同繁荣。从经济协同看,王维国认为,区域协同的统一合作性、共生整合性、资源互利性使协同具备正外部性,最终形成资源整合效应。刘美平认为,区域协同能促进要素自由流动、市场融合、贸易开放,具有缩小贫富差距的社会效应。薛艳杰等认为,在区域系统演进中,当一个区域的人口集聚、产业发展、资源和环境承载力达到某个临界点时,原有的发展平衡会被打破,需要与其他区域协同建立新的平衡来实现再发展。从治理协同看,银温泉等认为,我国实行财政"包干体制"和相应的激励机制,促使地方政府为本地发展进行重复建设和地方保护。皮建才认为,在 GDP 考核的压力下,地方官员会采取以邻为壑的战略,发达地区倾向于控制市场,欠发达地区倾向于控制资源,从而形成"囚徒困境",地区间关系表现为竞争而非合作。综上,城镇化到了成熟城市群阶段,多重协同应以跨行政区的整体利益最大化为目标,研究不同层级的政府、市场和社会间如何建立良好关系,促使地区间有序竞争和协同发展。

三、多重协同理论框架与我国城镇化演化

我国的城镇化过程也是区域协同发展的过程,笔者运用多重协同和 3D(距离、密度、分割)与合作理论,以长三角地区为案例,依据区域特性特征,构建协同发展矩阵式框架,如表 10-1 所示。探讨区域城镇化如何从孤立无序走向关联有序,实现大城小镇互促共进的协同发展。

表 10-1　3D(距离、密度、分割)与合作协同发展框架结构

阶段	空间协同	经济协同(产业)	经济协同(市场)	治理协同
城市间孤立分散发展阶段	距离最远	密度最低	分割最深	合作最浅
城市间弱联系发展阶段	距离较远	密度较低	分割较深	合作较浅
城市群雏形阶段	距离较近	密度较高	分割较浅	合作较深
城市群成熟的都市区阶段	距离最近	密度最高	分割最浅	合作最深

改革开放以来,我国城镇化可分为四个阶段:一是城市间孤立分散发展阶段(1978—1996 年)。该阶段国家实施"控制大城市规模,合理发展中等城市,积极发展小城市,大力发展小城镇"方针[1],农民进小城镇务工经商,城乡分割的二元体制被打破,城镇间由孤立分散走向弱联系。二是城市间弱联系阶段(1996—2005 年)。1996 年,我国城镇化方针由"限制大城市鼓励小城镇"向"大中小城市协调发展"转变。大城市因基础设施完善、商业环境好、教文卫设施全,吸引了大量劳动力和资本。小城镇因基础设施和公共服务缺乏,对人口和企业的吸引力弱。1996—2005 年,我国小城镇占城镇人口比重减少了 6 百分点,出现"大城市挤破头,小城市无人留"的现象,城市间协调性不佳。三是城市群雏形阶段(2005—2017 年)。2005 年,我国"十一五"规划将"城市群作为推进城镇化的主体形态"纳入国家战略,形成了 19 个联系密、合作深的国家级城市群。四是城市群成熟阶段(2017 年至今)。该阶段随着我国社会主要矛盾的转化,市民对美好人居环境和生活品质需求与城市发展不平衡、管理不精细和服务不便捷的矛盾成为城市主要矛盾。国家按近距离、高密度、浅分割、深合作的要求解决该矛盾,推进城市群向注重一体化规划建设的都市区发展。

四、多重协同理论在长三角地区的实践

长三角地区的协作始于 1982 年的"以上海为中心建立长三角经济圈"探索,它几乎与改革开放同步,至今已走了 39 个年头。1992 年以来,苏浙沪

---

[1] 1978 年,我国城市规模划分为三级标准,即大城市(50 万人以上)—中等城市(20 万～50 万人)—小城市(20 万人以下)。2014 年 11 月,国发〔2014〕51 号文件《国务院关于调整城市规模划分标准的通知》将我国城市规模划分调整为五级标准,即超大城市(1000 万人以上)—特大城市(500 万～1000万人)—大城市(100 万～500 万人)—中等城市(50 万～100 万人)—小城市(50 万人以下)。2015 年以来,我国据此实施控制超大和特大城市,合理发展大城市,鼓励发展中等城市,积极发展小城市和小城镇的政策,实现大城小镇的互促共进。

14 个城市(1996 年泰州加入,2003 年台州加入,共有 16 个城市)自愿组成新的经济协调组织,每两年举行一次正式会议,开展平等协商与区域合作。2008 年,国务院关于推进长三角发展的指导意见将长三角协作范围扩大到江苏、浙江全省和上海市。2010 年,长三角城市经济协调会吸收盐城、淮安、金华、衢州、合肥、马鞍山等 6 个新会员,协调会成员增至 22 个。2013 年,吸收徐州、芜湖、滁州、淮南、丽水、温州、宿迁、连云港等 8 座城市为新会员,协调会成员扩容至 30 个。2016 年,国务院批准的《长江三角洲城市群发展规划》将长三角范围调整为苏浙皖沪三省一市的 26 个中心城市,形成"一核五圈四带"空间布局,并将其战略定位为亚太地区重要的国际门户、全球重要的现代服务业和先进制造业中心及具有较强国际竞争力的世界级城市群。城市群在上海龙头的带领下协同发展,加速提升我国的国际竞争力和经济国际化程度。长三角作为基于行政区划又超越行政区划的经济地理空间,其协同发展是一项涉及多领域、多环节的艰巨的系统工程。2019 年,国务院颁布实施《长江三角洲区域一体化发展规划纲要》,将长三角范围扩大为苏浙皖沪全域并上升为国家战略,拥有 2.2 亿总人口的新长三角区域,将以高质量一体化为目标,坚持以人为本,遵循城市发展规律和城镇化发展规律,按照城镇合理布局的空间协同,产业合理分工、市场一体化发展的经济协同,政府通力合作的治理协同,推动形成优势互补、高质量发展的区域经济布局。

第二节　长三角地区大城小镇联动发展中存在的问题及诱因

长三角城市群作为一个经济地理空间,其大城小镇联动发展的演进理路是:首先,城镇间孤立分散发展的县域城镇化,形成散布式的泛城市化格局;其次,以产业集群促使相邻城市组团发展,形成城市群雏形;最后,通过一体化规划推进城市群向大都市区迈进。在演进过程中,由于城镇间的空间、产业、市场与治理协同发展不够,出现大城市人口拥挤、资源紧张、房价高企、交通拥堵、环境污染,与中小城市承接产业转移能力弱、功能性萎缩等"大小城市病"并存问题。

一、城市间联系较弱的空间协同诱发县域城镇化的"小城市病"

1978—1996 年,长三角地区城镇化呈现出城镇间由孤立分散变为弱联系的县域城镇化特征。从空间协同机制看,县域城镇化空间演进表现为城市化的第一动力——农村剩余劳动力大量地向乡镇企业集聚,使具有区位优势的县城和中心镇规模扩大,经济集聚形成块状经济(专业化产业区)与专业市场;经济集聚作为城镇化的第二动力又刺激人口集聚,并与第一动力交互作用,使城市化率不断提高。此间,长三角南翼的浙江城市化水平由1978 年的 14%,提高到 1998 年的 36.8%,年均增长 1.14 百分点。以浙中金华为例,城市间联系较弱的空间协同机制诱发了县域城镇化,各县依据不同资源禀赋和比较优势,发展特色鲜明的块状经济,如义乌小商品、永康小五金、东阳建筑木雕、兰溪纺织等;形成以县域为单位分散式的泛城市化格局,提高了城市化率。不过,就长三角地区空间协同看,该区域虽然成立了统筹推进一体化发展的国家层面协调机构,但跨界的空间协同过程是一个不断博弈的过程,各方在博弈中会不断产生矛盾,大城小镇难以协同发展。上海与南京、苏锡常、杭州、宁波、合肥等五大都市圈的核心城市吸引人口、集聚产业能力强,规模扩张速度快;县城等小城市对人口和产业集聚能力弱,诱发了资源利用效益低、人口凝聚性差、基础设施薄弱、环境污染严重的"小城市病"。

二、城市间产业布局雷同诱发城市群经济疏密不均

21 世纪初起源于上海的"工业项目向园区集中,农民居住向中心村和小集镇集中,耕地向规模经营集中"的"三集中"政策,在苏浙皖得到仿效和推广。随着城市化战略和"三集中"政策的实施,苏浙皖在缺乏资源的条件下起步,各地基于产业链上下游的企业间合作增强,产业集群由松散走向紧密,人口和生产力布局逐渐优化,个体工商户、专业化市场、地方政府三者互动,形成特色产业群与市场群,推动孤立分散的县域城镇化向联系渐强的城市群雏形转型,不过不同地区的经济密度有别。就经济协同看,都市圈内核心区与边缘城市人口与经济集聚方式不同,但由于产业分工布局规划不清晰,各地区产业发展导向趋同,同质化竞争较普遍。各地规划定位时都聚焦高端和热点的战略性新兴产业或现代服务业,整个区域未形成合理的产业

分工体系,造成无序竞争和重复建设。由于城市间竞争力不同,核心城市与边缘城市的经济疏密不均,长三角城市群早期的核心区 16 城,21 世纪初至2014 年底人口高度集中于排首位的大城市上海,上海人口占总人口的22.02%,首位度及首位城市人口集聚度相对于 2000 年均有上升。从 2019年长三角五大都市圈相关经济指标的 3D(距离、密度、分割)分析来看,如表10-2 所示,各都市圈组团城市间距离近,核心区即首位城市辖区多、面积大、竞争力强,GDP 占比都在 50% 以上,超过人口和土地的占比。首位城市经济密度高,人均创造财富能力和区域带动力强;边缘城市的经济密度低,带动力弱。

表 10-2　2019 年长三角五大都市圈核心区相关经济指标及占比情况

都市圈		辖区数	土地总面积		常住人口		地区生产总值	
			面积/平方公里	占比/%	人口/万人	占比/%	绝对值/亿元	占比/%
杭州	杭嘉湖绍	31	35172		2328		29648	
	杭州核心区	13	16850	47.91	1036	44.51	15373	51.85
宁波	甬舟台	23	21325		1587		18437	
	宁波核心区	10	9816	46.03	854	53.80	11985	65.01
南京	宁镇扬	23	17068		1625		24007	
	南京核心区	11	6587	38.59	850	52.30	14030	58.44
苏州	苏锡常	22	17656		2208		38489	
	苏州核心区	9	8657	49.03	1075	48.70	19236	49.98
合肥	合芜马	23	21520		1433		15139	
	合肥核心区	9	11445	53.18	819	57.15	9409	62.15

资料来源:根据 2019 年苏浙皖三省统计局公布数据整理。

三、城市间地方保护与市场分割诱发制度性交易成本高企

市场协同是空间和产业协同在地理和经济上的表现形态,地方保护与市场分割是市场一体化的制度性障碍。从长三角一核五圈八个核心城市内部看(如表 10-3 所示),1978 年 8 个城市的地区生产总值为 442.78 亿元,首位城市上海以 272.81 亿元占 61.61% 的绝对优势,第二位城市南京与其相差 53.84 百分点、238.39 亿元,第三位苏州与第二位相差 0.56 百分点、2.52

亿元,其他城市间的差距也都在 5 亿元以内,GDP 最低的城市合肥在八市中占比 2.84%;到 2019 年上海地区生产总值在八市中占比降到 29.94%,第二位城市苏州与首位城市相差 14.85 百分点,第三位与第二位城市相差 3.03 百分点,其他城市相差多在 3 百分点以内,GDP 最低城市常州在八市中占比 5.81%。这表明改革开放以来,长三角地区随着劳动力、土地、技术和金融资源的市场流动加快,城市间发展差距逐渐缩小,不过由于历史形成的地方保护的制度性障碍,市场分割虽程度降低但仍然存在,城市间空间和产业协同性有待加强;各地经济规模至今仍有明显梯度差异,资源要素一体化需进一步提高。

表 10-3　长三角一核五圈 8 个核心城市 GDP 及占比变化

年份	指标名称	上海	苏州	无锡	常州	南京	合肥	杭州	宁波	合计
1978	GDP 总量/亿元	272.81	31.90	24.93	17.57	34.42	12.58	28.40	20.17	442.78
	占比/%	61.61	7.21	5.63	3.97	7.77	2.84	6.41	4.56	100
2019	GDP 总量/亿元	38155.32	19235.80	11852.32	7400.86	14030.15	9409.40	15373.05	11985.12	127442.02
	占比/%	29.94	15.09	9.30	5.81	11.01	7.38	12.06	9.41	100

资料来源:根据长三角八市统计年鉴整理。

需要强调的是,改革开放以来,我国实施分税制和“GDP 政治锦标赛”等地方分权体制,地方政府间竞争加剧,加深了市场分割,加大了地方保护力度,市场主体交易成本高企。为此,需要制定合适的竞争政策,营造良性的竞争环境,建立大尺度的区域市场统一,降低交易成本,推进长三角大城市群通过资源要素一体化,实现高质量发展。

四、政策缺乏协同和各自为政导致城市群协同治理水平较低

城市群是城市化发展到较高阶段形成的新经济地理单元,各区域和城市单元有明确的功能分工。根据《长江三角洲区域一体化发展规划纲要》,肩负引领我国区域与城乡一体化、绿色化、智慧化和国际化发展的长三角城市群,上海将打造国际经济、金融、贸易、航运和科技创新等五个中心,江苏要打造先进制造业基地,浙江要打造数字经济高地,安徽要打造科创策源地和绿色发展样板区。然而,与世界一流城市群相比,长三角城市群存在内部分工不明确、政策协同性不佳等问题。从职能分工来看,像纽约这样的世界

级城市群,各城市产业定位明晰,形成错位发展格局,纽约是金融、贸易和文化中心,费城是制造业基地,波士顿是文化名城,华盛顿是政治中心;而长三角城市群则存在空间与产业统筹布局不足,单个城市追求大而全,现状产业同质化、同构化明显,同类性质的产业园区重复建设,无序竞争。从治理协同看,大中小城市协同机制未形成,"大小城市病"并存。一方面是大城市病严重,如长三角首位城市上海,废水、废气排放量比较高,区域环境联防联控覆盖面比较窄,协同治理机制尚未建立,进城人口增加但难以市民化、房价高企、交通拥堵等大城市病未缓解。另一方面是功能性不足的小城市病显现,如浙江的温州和金华,县域经济各具特色但规模偏小,都市区的发展优势不明显,产业布局和城市建设均存在趋同和模仿问题;生产生活方式的现代化推进缓慢,资源配置使用效率低、人口集聚难、产业发展慢、就业不充分。

五、浙江都市区核心区与小城镇协同发展需要突破的问题

基于行政区划又超越行政区划的长三角南翼的浙江,由于大城与小镇未形成合理的分工体系和互促共进局面,城市间的行政隔阂比较明显,核心区与其他城镇的空间、经济与治理方面协同发展不够,"大小城市病"并存。

1. 空间协同方面的问题

由产业分工、资源共享、生态统筹、利益均衡构成的市场力量,在城市群空间协同发展中未发挥主导作用,城镇间的合作大多由政府的协调机构推动,当涉及各自核心利益冲突时,地方保护主义会抬头,相关合作议题只能浅表性实施,难以实质性推进。就大城市群来看,长三角、珠三角相比京津冀,因缺乏国家层面的高规格协调机构,协同发展成效小。就环杭州湾、温台、浙中等小城市群来看,杭州、宁波两个大城市的集聚能力强,吸引人口、集聚产业、扩张规模的速度快,温州与台州两同级别城市势均力敌,协同发展难度很大;浙中由于长期实施强县战略,形成散布式发展,中心城市辐射带动力弱,中小城市对人口和产业的集聚能力不强,欲破散促聚,实现协同发展难度较大。

2. 经济协同方面的问题

城市群内人口与经济集聚方式有别,产业分工布局不清晰且同质化竞争较普遍,城市间未形成有序的产业分工体系。如长三角城市群核心区 16

个城市,至 2014 年底首位城市上海人口占总人口的 22.02%,人口高度集中于首位城市,且城市首位度及首位城市人口集聚度相对于 2000 年均有所上升。又如浙江的都市区(如表 10-4 所示),杭州、宁波、温州等单一中心都市区,2015 年首位城市人口占比在 30% 以上,GDP 占比在 40% 以上;2016 年随着临安、奉化、洞头的撤县设区,杭州、宁波、温州三个都市区人口和经济进一步向首位城市集中,都市核心区带动力增强。金义都市区若两城市相向协同发展整合成核心区,其常住人口占总人口的比重将达 43.4%,GDP 占比近 50%,超过温州都市核心区,若不能整合成核心区,则两市各自的人口与 GDP 占比都少于 30%,难以带领浙江中西部地区发展。

表 10-4　2015 年浙江省四大都市区及核心区主要经济指标及其占比情况

都市区		辖区数	土地总面积		人口				地区生产总值	
			面积/平方公里	占比/%	常住人口/万人	占比/%	户籍人口/万人	占比/%	绝对值/亿元	占比/%
杭州	全市	13	16596	100	901.8	100	723.55	100	10053	100
	市区	9	4876	29.4	721.3	80	532.91	73.7	8723.1	86.8
宁波	全市	11	9816	100	782.5	100	586.6	100	8011.5	100
	市区	6	2462	25.1	355.13	45.4	232.1	39.6	4551.2	56.8
温州	全市	11	12061	100	911.7	100	811.21	100	4619.8	100
	市区	4	1310	10.7	312.7	34.3	165.93	20.5	1896.4	41.0
金华义乌	全市	9	10942	100	545.4	100	478.09	100	3406.5	100
	核心区	3	3154	28.8	236.65	43.4	173.26	35.0	1693.3	49.7
	金华市区	2	2049	18.7	110.77	20.3	96.10	18.9	647.3	19.0
	义乌市区	1	1105	10.1	125.88	23.1	77.16	16.1	1046	30.7

资料来源:根据 2016 年浙江统计年鉴整理。

从 2019 年浙江四大都市区相关经济指标 3D(距离、密度、分割)分析看,如表 10-5 所示,都市区组团城市间距离近,首位城市辖区多、面积大、竞争力强,GDP 占比在 50% 以上,超过人口和土地的占比(只有温州因山区面积大,核心区的面积、人口与经济总量占比偏小)。首位城市经济密度高,人均创造财富能力和区域带动力强,边缘城市的经济密度低,带动力弱。

表 10-5　2019 年浙江四大都市区相关经济指标及占比情况

都市圈		辖区数	土地总面积		常住人口		地区生产总值	
			面积/平方公里	占比/%	人口/万人	占比/%	绝对值/亿元	占比/%
杭州	杭嘉湖绍	31	35172	—	2327.7	—	29646.5	—
	杭州核心区	13	16850	47.91	1036	44.51	15373	51.85
宁波	甬舟台	23	21325	—	1586.8	—	18436.8	—
	宁波核心区	10	9816	47.03	854.2	53.8	11985	65.01
温州	温州地区	11	12065	—	930	—	6606	—
	温州核心区	4	1313	10.88	305.2	32.8	2610.5	39.5
金义	金华地区	9	10941	—	562.4	—	4559.9	—
	金义核心区	3	3158	28.86	247.4	44	2299	50.4

资料来源：根据 2020 年苏浙皖三省统计局公布数据整理。

从改革开放以来金华经济发展情况看,如表 10-6 所示,1978 年金华各县(市)的地区生产总值均在 2.8 亿元以内,第二位城市与首位城市相差 1.08 亿元,第三位与第二位相差 0.12 亿元,除磐安外,其他城市间的差距也都在 0.1 亿元以内;金华区域发展的特殊性是首位城市易位,1992 年金义都市区的首位城市由义乌取代了金华市区,到 2019 年义乌地区生产总值已达 1421.14 亿元,占比 31.16％,最低城市磐安仅 115.44 亿元,占比 2.53％,第二位城市金华市区与首位城市相差 500 多亿元,第三位与第二位城市相差 239 亿元,其他城市相差多在几十亿元。城市间经济规模呈现明显的梯度差异,义乌与其他城市差距呈拉大趋势,地区发展不平衡、不协同问题显现,促进要素自由流动、市场融合、贸易开放、贫富差距缩小的机制尚未形成。

表 10-6　金华各县(市)GDP 变化及占都市区 GDP 比重

年份	指标名称	金华全市	金义核心区	金华市区	义乌	兰溪	东阳	永康	浦江	武义	磐安
1978	GDP 总量/亿元	9.8482	4.0045	2.7236	1.2809	1.6361	1.5115	0.9643	0.6352	0.8067	0.2899
	占比/%	100	40.7	27.7	13.1	16.6	15.3	9.8	6.4	8.2	2.9
2019	GDP 总量/亿元	4559.91	2299	877.9	1421.14	385.69	638.45	629.56	230.16	237.41	115.44
	占比/%	100	50.41	19.25	31.16	8.46	14.01	13.81	5.05	5.73	2.53

资料来源：根据金华市统计年鉴整理。

3. 治理协同方面的问题

"大小城市病"防范机制未形成。一方面是大都市区的大城市病严重,如长三角地区的上海,废水、废气排放量比较高,区域环境联防联控覆盖面比较窄,协同治理机制尚未建立;进城人口增加但难以市民化、房价高企、交通拥堵的"大城市病"未缓解。另一方面是小都市区的集聚能力不强,如金义都市区,县域经济各具特色但规模偏小,都市区的发展定位、优势、特色不明显,产业布局和城市建设均存在趋同和模仿问题;散布式分布的小城市,生产生活方式的现代化推进缓慢,资源配置使用效率低、人口集聚难、产业发展慢、就业不充分等"小城市病"显现。

第三节 健全多重协同机制,
推进大城小镇互促共进的对策建议

进入城市群成熟阶段的长三角地区,各地通过构筑"协同发展廊道",在大城小镇互促共进的探索中形成了区域协同发展新模式。对此,我们要坚持以人为本的发展理念和人民城市为人民的发展思想,依据 3D(距离、密度、分割)与合作理论框架,发挥多重协同机制的作用,对大城小镇协同发展提出以下对策建议。

一、建立近距离空间协同机制,以此优化都市区和小城镇布局

在城市群空间范围和城镇体系结构中,深化都市核心区与边缘中小城市间的分工协作,完善交通通信等基础设施建设,缩短时空距离;实现贸易自由化、降低关税税率、实现通关便利化,缩短非物理距离,达到空间形态优化。通过构筑"综合交通廊道",把组团城市和中心镇串起来,优化城市群"群集",建设高质量一体化发展的大都市圈,建设全域同城化生活圈,实现包容性增长,让居民拥有分享城市化成果的均等机会——在最能发挥自己潜力的地方获得就业机会和同质的公共服务,积累财富和储蓄。就五大都市圈协调联动看,要推动上海与苏锡常都市圈联动,构建上海大都市圈;加强南京都市圈与合肥都市圈协同发展,打造东中部区域协调发展的典范;推动杭州都市圈与宁波都市圈紧密对接、分工协作,实现杭绍甬一体化。就各

省市内部协同来看,要对接都市圈建设卫星城镇,做美新农村和小城镇,提高资源使用效率,降低生活成本,减轻环境污染。总之,各地要依据《长江三角洲城市群发展规划》这一上位规划制订自身规划,用城乡融合发展促进空间格局优化的特色小镇创建理念,推进供给侧结构性改革,推进城市群内部合理布局,促大城小镇互促共进,实现近距离空间协同和持续发展。

二、形成高密度产业协同机制,通过经济协同做强核心区和组团城市

长三角一体化领导小组要根据苏浙皖沪比较优势,制定产业总体发展战略和产业指导目录,发挥各地的比较优势,协调跨地区产业基地布局和产业政策,避免产业布局雷同,推进产业转型升级,提高都市区人口密度和经济密度。上海围绕"五个中心"建设和有国际影响力的服务、制造、购物、文化"四大品牌"创建,谋划产业升级提升区域服务功能;江苏发挥制造业发达、科教资源丰富、开放程度高的优势,打造科技产业创新中心和具有国际竞争力的先进制造业基地;浙江发挥数字经济领先、生态环境优美、民营经济发达的优势,打造全国数字经济创新高地和绿色发展标杆;安徽发挥创新活跃强劲、制造特色鲜明、内陆腹地广阔的优势,打造具有重要影响力的科技创新策源地和新兴产业聚集区。合肥、南京、苏锡常、杭州、宁波等五大都市圈,要识别各自的比较优势,将其作为提高都市圈生产率的关键依据,坚持错位发展,加快整合重组,形成产业协同格局;都市圈各组团城市要衔接好产业政策,有效避免产业同构和重复建设,要发挥各自的比较优势,延伸产业链,提升价值链,扩大产业规模,优化产业结构,提升空间效率;长三角4条发展带上27个中心城市要构筑高密度产业发展"协同廊道",集聚创新要素,促经济发展由要素驱动、投资驱动向创新驱动转换,使经济产出、生产效率在同样的劳动投入、土地利用和资本积累条件下得到更快增长,使城市发展方式由粗放蔓延向集约紧凑转变,做强核心区和组团城市提升中心城市首位度。

三、建立浅分割市场协同机制,以此提高要素使用效率,推动经济高效发展

建立浅分割市场协同机制的目的是建设统一开放的市场体系,让市场这只"看不见的手"在资源配置中起决定性作用,以降低交易成本。为此,要

理顺市场与政府的关系,让日趋一体化的市场协同机制促进要素自由流动,市场融合,贸易开放;同时,提升政府这只"看得见的手"的引导能力,减少政府履行职能时出现错位、越位、缺位现象。长三角城市群建立浅分割市场协同机制需要中央政府推进简政放权,实行统一的市场监管标准;建设统一开放的市场体系,建立人口与资源要素自由流动的协同机制,以高效配置资源,促进区域市场深度融合。鉴于此,既要打破权力分散的地方政府干预市场活动的"行政区经济",破除因追求本地利益最大化实行地方保护主义而对区域一体化所造成的阻碍,打破阻碍要素自由流动的壁垒,推进长三角区域间要素顺畅流动,资源优势互补,基础设施共享和地区市场共建,降低市场分割和交易成本;又要破除中央政府相关部门对"行政区经济"的不当干预,通过财政、金融、研发创新、全球人才引进等政策创新,形成保护竞争而不保护竞争者、废除妨碍统一市场的规定、鼓励企业用合法的收购兼并手段实现市场一体化等竞争政策,破除行政主体设置的各种有形和无形的行政壁垒;还要以企业为主体推动创新资源跨区域配置,建设技术转移的协同创新网络,提高要素使用效率,推动经济高效发展。

四、推进城际政策协同,建设智慧城市群,提升现代化治理水平

真正由市场来决定资源配置,需要政府遵循市场规律,以高质量一体化发展为目标,发挥政策协同作用,提升治理的现代化水平。各级政府应明确苏浙皖沪和五大都市圈的功能定位,深化区域合作,推进城际政策协同,提升城市管理的数字化和智慧化水平。政府与政府间、政府与市场间、政府与社会组织间,要在由市场分割引发的价格扭曲、产业趋同和重复建设等错综复杂的利益博弈中,磋商解决利益分配不均和公共资源空间配置失衡问题,通过智慧城市群的治理协同建立合理的分配机制以共享协同红利,推进公共服务均等化。长三角一体化建设领导小组要着力推进从数字化经智能化向智慧化的治理创新,在体制机制软环境营造上,统一协调建设跨地区、跨部门的信息共享平台,开展交互协同办公,有效整合各地方政府的政务信息,通过"放管服""最多跑一次""一网通办""无见面审批"等改革的集成推进,形成制度创新的叠加效应,以协同的方式进行城市群治理,避免不同地区在法律法规上出现矛盾和冲突;着力破解城乡二元社会结构,实现城乡居民基本公共权益的平等化,防止城乡矛盾和失衡;根据政府间信息互补性要

求建设信息共享平台,促进各政府部门的会商与联动,进行制度相容、程序规范的依法治理。在发展硬环境建设上,要通过贯穿全域的"交通廊道"和"生态廊道"构筑,促进生产生活和生态环境协调发展,使绿色治理与绿色发展目标相适应,做美城市群"群网",破解"城市病",为区域与城乡治理协同奠基。

第四节　金华通过完善区域协同发展体制机制,推进都市区同城化的探索

习近平同志在浙江工作时曾指出,金华"以组团式城市群为主要形态的浙中中心城市已形成雏形,但要真正把金华建成中心城市,任务还相当艰巨"。因此,要"积极探索和把握城市群发展的规律,以体制创新来解决多个行政主体共建城市群过程中的矛盾和问题,以机制创新来探索城市群建设的有效载体和举措,创造性地开展工作"。如今的浙中城市群,城市个体利益价值导向已逐渐被都市区共建的整体价值所取代,城市间空间、经济、治理的联系由协调向协同发展迈进。金华在区域协同发展的机制与路径探索过程中,积累了丰富的可资借鉴的经验,其中比较突出的有两方面:一是注重制度继承与创新的结合。如从浙中城市群向金义都市区转型发展中,强调政策支持体系的前后配合,在继承中创新,在创新中继承,促进空间、产业与市场协同发展的政策保持连续性。二是注重不同政策的调节功能配合。如在制定一系列壮大企业、壮大主导产业、提升区域竞争力的政策时,注重公共服务和治理能力提升的配套政策,使它们的功能相互配合,形成矢量合力。促进区域协同发展的政策支持体系,需要一系列具体措施才能落地,当前金华正通过构筑"三条廊道",打响九场硬仗来推进相关工作,通过做优核心区、做强组团城市、做实中心镇和小城市、做美新农村和小城镇,推进大城小镇互促共进和全域同城化发展。

一、完善区域协同发展机制体制

(一)出台构筑"交通廊道"政策促空间协同

通过构筑"交通廊道",优化城市群"群集",建设同城化生活圈,实现大

城小镇互促共进的包容性增长。就城际交通的互联互通来看,无论国家级大城市群,还是省域小城市群,同城化生活要求改善城际交通基础设施和交通组织管理,实现内部高铁、地铁、公共交通的有效衔接,空港、海港、陆港一体化,打通断头路,实现城市间公交"一卡通"。金华作为长三角边缘的中心城市,要以创建国际著名的商贸中心城市、人文＋自然景观的诗画花园城市、新兴智造城市建设为目标,通过构筑"综合交通廊道",把 4 个组团城市和 33 个中心镇串起来,打造"同心圆",做强都市核心区和组团城市,优化城市群"群集",建设长三角南翼次级中心城市和浙江省第四大都市区,在全国大城市第二方队中争先进位,让 705 万金华人拥有分享城市化成果的均等机会——在最能发挥自己潜力的地方获得就业机会,积累财富和储蓄,并获得同质的公共服务,促进全域同城化的包容性增长。

(二)出台构筑"科创廊道"政策促经济协同

通过构筑"科创廊道",做强城市群"群核",让核心区与小城镇在互促共进中高效集约增长。"科创廊道"是金义都市区的核心,2020 年金义科创廊道的地区生产总值占全市生产总值的 51％,常住人口占全市 47％,核心作用凸显。金华把"科创廊道"作为破"散"促"聚"的突破口,对内通过廊道构筑,打破县域行政壁垒,促进县域经济向都市区经济转型,防止陷入"囚徒困境";对外对接 G60 科创走廊,与上海杭州对接,建设浙大金华研究院,推进产学研一体化发展;对接之江实验室和阿里达摩院,促金义科创廊道融入杭州城西科创大走廊;通过科技转化对接带动产业协同、交通协同对接和城市生活衔接。廊道集聚创新要素,促经济发展动能由要素驱动、投资驱动向创新驱动转换,使经济产出、生产效率在同样的劳动投入、土地利用和资本积累条件下得到更快增长,使城市发展方式由粗放蔓延向集约紧凑转变。金华将根据自身特点,认真培育新能源与智能网联汽车、光电子、生物医药、智能装备、时尚产业、康养产业、商贸物流等具有独特比较优势和竞争优势的产业,特别是加强与杭州联动,打造数字科技、数字贸易、数字产业和数字金融中心,争取增强全球影响力,在科技创新和自由贸易港建设领域凸显自身优势。

(三)实施环境立市战略促治理协同

实施环境立市战略,促进人文环境和生态环境协调发展,使绿色治理与绿色发展目标相适应,让都市区在大城小镇的互促共进中实现可持续增长。一方面,在体制机制软环境上,政府通过提供优质的个性化服务,打造不可流动的高品质营商环境,吸引人才、资本、技术、服务等要素汇聚金华来创新创业;特别是着力培育和壮大企业家队伍,培育和发挥以企业家为核心的独特的资源配置能力。同时,破解城乡二元社会结构,实现城乡居民基本公共权益的平等化,防止城乡矛盾和失衡;通过宅基地所有权、资格权、使用权三权分置,农村集体经营性建设用地入市等改革,赋予和保障农民的基本公共权益,使农民的各项权益明晰化、财产化和可流动、可交易。另一方面,通过构筑东起磐安、西至兰溪,贯穿全域,总长 396 公里的"生态廊道",用好山好水好风光做美城市群"群网",为破"散"促"聚"奠基,为都市区共建营造良好的硬环境。

二、加快推进金华—义乌都市区共建共融共享共赢对策建议^①

加快推进金义都市区共建共融共享共赢(简称"四共")发展,是面向未来打造浙中都市经济圈,推进区域一体化发展体制机制创新的需要;是优化浙中城市群空间布局,促进各组团城市分工合作,推进生产要素融合和产业对接协作,实现基础设施、公共服务和生态环保一体化的需要;是实现都市区优势互补,带动浙江中西部地区,以至浙闽赣皖四省九方经济协作区协调发展的需要。加快推进金义都市区"四共"发展意义重大,应进一步强化认同、创新机制、统筹规划、稳步推进,实现区域一体化发展的目标升级。

(一)同心同向:强化金义都市区"四共"发展的思想认同

1. 共建都市区是主动融入国家战略的迫切之需

从国家层面看,随着"一带一路"倡议和长江经济带发展战略的深入实施,金义都市区作为新丝绸之路和 21 世纪海上丝绸之路的"丝路枢纽",需要积极融入国际区域合作,发挥国际商贸名城和重要陆港城市的功能,通过谋划建设"义甬舟"开放大通道和扩展延伸"义新欧"班列线路等举措,

---

① 该部分系金华市委政研室重大招标委托课题"加快推进金华—义乌都市区共建共融共享共赢对策研究"(201601)研究成果,经市委书记批示,由市委政研室印发全市领导干部参阅。课题负责人:章胜峰(执笔),课题组成员:朱建春、陈晨、陆昇、曾特清、潘赛、卢翠丹、刘辰、周松强、严恋。

构筑陆海双向开放高地，引导企业"走出去"，加强与丝路沿线国家的贸易与投资，主动融入全球产业分工体系，深度参与国际竞争。作为长江三角洲城市群26个节点城市之一，金义都市区需要主动抓住国家构建"沪杭金发展带"的机遇，加快推进交通、通信等基础设施的对接，促进人才、资金、信息、技术等资源要素的自由流动，主动融入长三角，努力提升都市化水平。

2. 共建都市区是优化浙江城市空间布局的必然之举

从浙江省层面看，《浙江省城镇体系规划（2011—2020）》将浙中城市群、金义都市区作为全省三大城市群、四大都市区之一，进行重点培育。但金义都市区在城市规模、经济水平和发育程度上均落后于杭、宁、温等都市区，在浙江经济版图上出现了中部塌陷，影响区域的协调发展。更为严重的是，金华市本级首位度和城市能级低、集聚辐射能力弱，难以发挥核心引领作用。如2015年，金华市区生产总值仅占全市总量的19%，与杭州（86.8%）、宁波（56.8%）、温州（41%）相比，差距悬殊。但是，若将金义聚合成为都市核心区，其地区GDP总值在全市的占比则达到49.7%，与杭州、宁波相比，核心区相对实力差距不显著，且还略强于温州。因此，需要推进金华市区与义乌聚合发展，做强都市核心区，使金义都市区在激烈的国内外竞争中占据有利地位，带领浙江中西部地区赶超崛起，优化浙江省的城市空间布局。

3. 共建都市区是开创金华发展新时代的必由之路

从金华自身看，自1978年改革开放至今，金华的城市化演进理路首先是以各自为战的块状经济和自发形成的专业市场推进县域城镇化；其次是以竞争有余、合作不足的松散型产业集群推进城市群建设，实现区域的城市化发展；最后是向注重区域一体化规划、逐步实现基础设施和公共服务同城化的都市区推进，实现城市的区域化布局。此间，金华的城市化率由6.6%提高到64.5%，进入了深度城市化阶段。三大产业结构由51.0∶28.3∶20.7变为4.1∶45.2∶50.7，区域经济发展的主动力由第一产业让位于第三产业。都市区内分县（市）的经济总量占比，金华市区由27.7%（第一）降至19%（第二），义乌由13%（第四）升到30.7%（第一）。2015年的人均GDP（即创造财富的能力）比值（金华市＝1），义乌（1.90）是金华市区（0.95）的两倍。义乌引领都市区集聚发展的动能越来越大。

各县级城市主体作为理性的"经济人",均会为追求自身的福利和效用最大化,而采取非合作博弈,阻碍要素跨区域流动,形成地方壁垒。加上长期实施强县战略,八婺大地上的县市,同城化认知度低,人们对县域的认同感强于地区,呈现了"散布式"发展,"散"成为金华发展的"阿喀琉斯之踵"。再加上金华市区"首位度"不高,各县市融入金华的获益不大,难以从区域统筹中解决资源瓶颈等问题,都市区共建的共识难以达成。近几年来在金义都市新区建设中出现的市本级热、义乌冷、其他县市看热闹的状况,表明通过建设新区形成共建都市区的成效并不理想。如何在实际工作中使广大民众在内心深处真心实意地赞同、支持并主动参与都市区建设,是一大难题。随着浙中地区以杭金衢—金丽温—东永—义东永—疏港高速公路环线闭合圈层的形成,金义都市区初显了同心圆形发展圈带。如今,要开创金华发展的新时代,还得在打造浙中同心圆、聚合金义主轴线的进程中有破题的新招。

(二)同频共振:明确金义都市区"四共"发展的思路、策略与阶段性任务

总体思路是以赶超崛起、走在前列为目标,围绕土地、劳动力、资金和政府的激励机制等领域,在空间布局和产业发展、基础设施和公共服务提供、社会和环境管理等方面制订一个全面深化改革的方案,推进组团式都市区"四共"发展。着力打造丝路枢纽、商贸之都、智造强市、文化名城,加快建成国际商贸物流中心和全省重要高新技术产业基地,形成全省发展新的重要增长极,实现一体化发展。

具体策略是以"四共"为基本遵循,以提升核心区能级和首位度、共建都市区"同心圆"为重点,通过金义一体化的示范带动,推进县域经济向都市区经济转型,推进八婺共同体建设,达到人与自然共生共长。通过共建共融促使都市区布局优化和体制机制完善,发挥市场在资源配置中的决定作用,优化配置人口、土地、资本等资源要素,使经济产出、生产效率和居民福利在同样的劳动投入、土地利用和资本积累条件下,能增长得更快。通过共享共赢使金华人拥有分享城市化成果的均等机会——即在最能发挥自己潜力的地方获得就业机会,积累财富和储蓄,在都市区内的城乡各地均能获得同质的公共服务,增强包容性。通过共生共长使都市区建设与浙中地区的自然环境和资源条件相适应,改善都市环境、平衡用地用水矛盾和节约使用自然资源,实现都市区可持续发展。为此,金华要更加自觉,义乌要更加主动,其他县市要积极融入,使都市区朝着目标同向、措施一体、作用互补、利益相连的路子前行,真正实现"创新、协调、绿色、开放、共享"发展。

阶段性任务:(1)2016—2020年,金义同城化发展要有重大突破,浙中同心圆交通与基础设施一体化基本成型。对接"十三五"规划,以都市新区建设为抓手,通过交通等基础设施建设和教育、医疗、养老、环保等公共服务一体化政策的逐步实施,首先,推进金华市区与义乌同城化聚合发展。其次,沿着浙中同心圆完善高速公路、区域快速路和城际交通干路建设,加快城际轨道交通和快速公交建设来构筑复合型通勤圈,确保最远两地点对点之间通勤距离在1小时以内,即整个同心圆一圈的通行时间少于2小时。最后,发挥地级市立法的引领和推动作用,通过都市区在城乡建设管理、环境保护等方面的立法,强化规划实施的刚性,提高统筹发展力度。

(2)2020—2030年,实现都市区发展规划、产业布局、基础设施、公共服务和生态环保五个一体化。参照北京、上海、杭州、宁波等都市区的做法,运用法治思维和法治方式推进都市区建设,在提升都市核心区城市功能的同时,除浦江、磐安、兰溪外,在整个同心圆上撤县(市)建区建成大都市经济圈,推进都市区同城共享。

(3)2030—2040年,金义都市区在制度创新、科技进步、产业升级、绿色发展方面走在全省前列,各项考核指标在全省排名第四甚至更高,成为名副其实的第四大都市区。

(三)机制驱动:创新金义都市区"四共"发展的体制机制

1.立足县政突出问题,加快金义都市区"四共"发展的顶层制度设计

突破县级行政区划利益藩篱,应是都市区"四共"发展顶层制度设计的关键。由于长期实施强县战略,以及省管县财政体制和相关机制的影响,浙中地区经济、社会和生态环保诸方面的协调不够,区域合作水平不高。行政区划是都市区一体化发展的制度瓶颈,而由职能虚化的地级市动员各县级行政主体来推进跨行政区划的合作,这是金义都市区"四共"发展面临的主要难题。强县弱市(地级)、条块分割、恶性竞争,导致了金义都市区产业一

体化布局,区域性基础设施共建、环境治理和社会事业的均衡化发展等工作因政府间协调不畅而进展缓慢。因此,需要通过顶层制度设计,建立健全跨区域产业分工合作、生态环保联防联治、基础设施和公共服务共建共享的体制机制,构建区域发展共同体,形成都市区融合发展的格局。

2.借鉴长三角成功经验,建立都市区(城市群)跨区域协调发展机制

金华作为长三角城市群的26个节点城市之一,在都市区"四共"发展中可借鉴长江三角洲的区域合作模式,建立由决策层、协调层、执行层组成的都市区(城市群)合作机制构架。首先,浙江省要参照长江三角洲区域合作的做法,统一构建都市区(城市群)跨区域协调发展机制,对四大都市区进行分类指导,着重对跨区域合作的重大问题进行统筹决策、协调推进、考核督查落实。其次,金华市级构建一个相应的都市区协作机制,决策层由市县两级党政主要领导组成共建领导小组,决策部署发展方向、原则目标与重大问题;协调层由常务副职和分管副职组成,落实决策层的部署,推进都市区重大合作事项和相应专项合作事项;执行层为共建领导小组办公室及交通、资源、信息、科技、环保、人社、产业协作等专业委员会,共建办主任由市委常委担任,各专委会主任由副秘书长或行业局长兼任,成员包括下属各县(市、区)的分管副主任和行业局长,具体落实都市区一体化工作。

3.结合中央政策取向,突破固化的县级利益藩篱

找到各县(市、区)的共同利益是实现金义都市区"四共"发展的根本途径。当前八婺各方容易获得认可的共同利益,可能是以合作共赢为核心构建八婺命运共同体(即打造同心圆,绘好"八骏图"),以八婺共同体利益去突破固化的县级利益藩篱遇到的阻力可能会小一些。十八届三中全会《中共中央关于全面深化改革若干重大问题的决定》(下称《决定》)第19条曾提出,"对于跨区域且对其他地区影响较大的公共服务,中央通过转移支付承担一部分地方事权支出责任"。鉴于中央可以承担一部分原本由地方承担的区域性共同项目的支付,作为财政省管县的浙江在都市区培育过程中要进行相应的财税体制改革,从制度层面设立专项资金用于相应的项目建设。这样可促使都市区或县在争取和建设省级以上项目时,不要只从自身的行政区域考虑问题,而要有大胸怀和大格局,能兼顾各方利益。《决定》第13条还提出,"打破行政主导和部门分割,建立主要由市场决定技术创新项目和经费分配、评价成果的机制",科技体制改革将成为破除利益藩篱的催

化剂。基于此,"金义科创走廊"建设应坚持市场导向的创新项目和经费分配,根据都市区产业结构和发展需求,引导各县(市、区)共建"科创走廊",合力引进大院名所和创新平台,加快科技企业孵化,提升科技成果转化率。诸如此类的体制机制创新可为打破县级行政区划利益藩篱提供制度基础。

4.以金义都市新区建设为突破口,探索跨区域协调发展的制度模式

由金东和义乌西南 8 镇组成的新区,规划总面积达 305 平方公里,是金义都市区的核心组成部分,是"四共"发展的先行区。金义合力建新区犹如男婚女嫁育新人,将新区作为金义一体化发展的节点城区加以建设,有利于促进金华与义乌双向聚合发展成核心区,提高核心区的首位度与能级;有利于打破行政区划束缚,突破体制机制障碍,为推动都市区一体化发展找到现实突破口;有利于探索建立和完善以经济合作为纽带的跨区域城市发展协调机制,实现跨区域城镇规划一体化、交通与基础设施建设一体化、产业与市场一体化、公共服务与生态环保一体化。

鉴于近几年来新区建设的效果不理想,金义都市区"四共"建设领导小组应建立合作机制构架,统筹谋划都市区规划建设和管理工作,完善新区建设的体制机制。一方面,强化新区管委会职能,赋权管委会统筹推进金华市区与义乌聚合发展,将金义主轴线聚合成都市核心区,使其成为带动浙江中西部崛起的联结带、支撑点和增长极;另一方面,在新区的示范带动下,打造"同心圆",拓宽加密延伸复合交通圈,以优化都市区的空间布局,探索跨区域协调发展的制度模式。

(四)重点突破:统筹解决金义都市区"四共"发展的系列问题

1.加快编制都市区"四共"发展规划

金义都市区"四共"发展规划是区域中长期发展的重要纲领性文件,必须具备综合性、前瞻性和战略性,对都市区发展中存在的突出问题提出一揽子解决方案。金义都市区要实现"四共"发展,须将其上升为省级战略,从浙江省层面统筹各方资源,打破行政壁垒,为都市区一体化发展营造良好的体制环境。规划要依据都市区经济发展过程中形成的义乌、金华市区、永康、东阳"方形四足"的鼎状格局,明确金兰、义东浦、永武、横磐四个组团城市的功能定位、产业分工、城市布局、设施配套、综合交通体系等方面的重大问

题,为都市区一体化发展提供财政政策、投资政策、项目设计等方面的具体措施。

2.破除要素市场化配置的体制机制障碍

在浙江中西部、长三角沪杭金发展带和浙闽赣皖四省九方经济协作区,坚持市场导向原则,处理好市场主导和政府引导的关系,破除限制人才、资金、技术、产权等生产要素自由流动和优化配置的体制机制障碍,充分发挥市场对要素配置的决定性作用,让要素向能够产出更大效益的地方流动。在金义都市区范围内建立市级统筹、县域协同合作的资源配置机制,更好地发挥政府的作用,通过资源的对接、转化、整合,促进用地指标、排污指标及资金、人才、物资、信息等资源要素跨区域配置、有偿让渡使用,提高资源利用的集约化水平。

3.加强产业对接协作,避免产业同构化、同质化发展

长期以来县域块状经济的发展造成区划分割,各县市产业结构相对独立、自成体系,城市之间产业关联度不高,都市区内部合作性不强,产业链建设不完善,除永康、武义与缙云形成了五金产业集聚雏形外,金华的新兴产业集聚区、义乌的商贸业集聚区、东阳的特色产业都没有与周边城市形成联动效应,各组团城市产业区块各自为政,产业组织链式不强,协同创新不够,没有成为与都市区有机共生的"功能区块",再加上产业结构的趋同发展(金华各县市之间产业结构的相似系数全部在 0.9 以上,其中金华市区与义乌的相似系数高达 0.9972),减缓了一体化步伐,难以形成实质意义上的都市圈。因此,要以都市区"四共"发展规划编制为契机,着力将金义都市区打造成带动浙江中西部和浙闽赣皖边区发展的龙头区域,提高其辐射带动作用,形成区域间产业合理布局和上下游联动机制,避免产业同构化、同质化发展。

4.合理界定各城市的功能定位,促进都市区组团式分工合作

重点做好以下几方面工作:一是加快金华市区与义乌的双向聚合发展,最终形成婺城、金东、义乌三个区。进入 21 世纪,金义主轴线的发展重心日益向义乌倾斜,都市区可从经济实力强、引领作用大且国内外知名度高的角度考虑命名为义乌市,也可从兼顾义乌经济实力逐年增强、金华市区日益变弱的发展现状的角度考虑命名为义金市,还可仍然尊重区域发展历史的角度考虑命名为金义市或金华市(如 1929 年,国民政府铁道部调查,兰溪商业

年交易额为 1289 万块银圆,金华为 437 万块银圆,义乌为 78 万块银圆,民间有大大兰溪县、小小金华府之称,但没有说要迁府到兰溪,因此,都市区具体名称可由八婺协商确定)。鉴于 2015 年义乌在整个都市区 GDP 占比达 30.7%,远高于金华市区(占比为 19%),都市区的"四共"发展,义乌应起经济引领作用,金华起行政牵头作用,其他县市起配合作用。金华市区与义乌之间基础设施、公共服务及其他政策要率先逐渐统一,为整个都市区的同城化探路。二是围绕浙中同心圆,明确各组团城市的功能定位、发展方向和个性特征,消除跨行政区划的分割,突破行政区划利益固化的藩篱,沿同心圆统一分配用地指标,优化空间布局,实现城市间功能互补、扬长避短。圆圈外实力日趋变弱的兰溪(GDP 占比由 1978 年的 16.6% 降到 2015 年的 8.4%)、浦江(GDP 占比由 1978 年的 6.4% 降到 2015 年的 5.8%)、磐安(GDP 占比由 1978 年的 2.9% 降到 2014 年的 2.3%),可分别与圆圈上地缘相连、实力较强的金华市区、义乌、东阳组团推进都市化。圆圈上的永康(GDP 占比由 1978 年的 9.8% 上升到 2015 年的 14.2%)与武义(GDP 占比由 1978 年的 8.2% 降到 2015 年的 6.0%),可沿着"永武缙五金产业带"组团集聚极化。三是都市区要按丝路枢纽和长三角南翼中心城市的定位构建区域基础设施与广域交通体系,促进城市分工协作,构建完善的城市等级体系,提高区域一体化水平。四是通过"金义科创走廊"建设,推进区域科技创新协作,构建区域人才和科技高地。

5.着力推进基础设施一体化和公共服务均衡化

金义都市区基础设施与公共服务提供滞后表现为,综合交通网络还不够完善,城市基础设施共建共享难,公共服务设施供给不均衡。国内外经验启示我们,综合交通设施的先行是都市区要素自由流动的前提。金义都市区要加强内外交通联系,致力于建设全国性综合交通枢纽。重点规划建设铁路、城际轨道、高速公路等交通路网,推进交通的一体化管理,着力节省通勤成本、缩短通勤时间、改善出行方式、提高通勤效率,实现都市区的同城效应。当前,要转变基础设施和公共服务不能共享的"一亩三分地"观念,通过共建都市区"同心圆"来打破行政区划分割,到 2030 年,基本实现都市区基础设施一体化、公共服务均等化。

(五)借力发力:争取金义都市区"四共"发展的省级支持

1. 由省委省政府统筹推进金义都市区、浙中城市群、浙江中西部地区发展规划

建议由一位省领导牵头成立浙江省推进金义都市区暨浙江中西部地区协同发展领导小组,浙江省委、省政府有关部门及金、丽、衢、绍作为领导小组组成单位,下设办公室,负责浙江中西部地区协同发展的日常工作。在省级层面明确四地的战略定位,加快推进金义都市区、浙中城市群、浙江中西部地区及沪杭金发展带规划的编制与实施。一方面,把金义都市区"四共"发展纳入长三角和浙江省的发展规划,不能把金华与义乌分割成两个中等城市,而应将其有效整合成金义大都市的核心区。另一方面,由省政府职能部门牵头编制浙江中西部地区发展规划。

2. 从省级层面加快推动金义都市区建设,将新区率先建成金义一体化先行区,带动八婺共同体建设

金义都市新区建设不仅是规划与体制问题,更是政策和推进问题,需要省级层面给予更大的统筹、支持和保障,需要上升为省级战略。新区要率先建成都市区一体化发展的先行区,率先打破行政区划束缚,率先探索建立以经济合作为纽带、进行跨区域协调发展、合理开发资源、有效实施规划的体制机制,进而推动八婺共同体的建设。

3. 从省级层面研究和制定加快推进金义都市区一体化发展的政策体系

在省级层面加强政策体系研究,提出建立健全加快金义都市区一体化发展的有约束力、权威性的区域政策体系,包括财政政策、投资政策和重大项目安排等。就财政政策来看,为了把金义都市区培育成为促进浙江中西部地区发展、带动浙闽赣皖边区发展的龙头,浙江省可考虑在金义都市区范围内进行省管县和各县分灶吃饭的财税体制改革试点。一是按照"财权与事权相统一"的原则培育都市区,赋予都市区更大的财税自主权,探索建立都市区内转移支付制度,消除内部功能、产业、资本优化配置的制度障碍,积累经验,为全省四大都市区的财税制度改革探路。二是消除原有财税政策引起的行政壁垒、市场分割、重复建设、恶性竞争导致的资本、技术、人才的低效使用,探索建立"存量不变、增量分层"的财税体制,打破县级政府对产业转移和资本流动的体制约束。

4.建议省政府向国务院申请批准在金华建立惠及浙闽赣皖四省的联合自由贸易区

设立自由贸易区是国家的战略布局,建设和发展自贸区不仅要考虑国家重点开发开放或综合配套改革试验区的基础条件,还要符合国家区域发展总体战略和对外开放顶层设计的要求。金华乃至浙江省均不能单独要求设立自由贸易区,但鉴于义乌自2008年开始作为国际贸易综合改革试点,金义都市新区已经设立了综合保税区,省政府可考虑向国务院申请批准在金华建立浙闽赣皖边区的自由贸易区,或将其作为上海自由贸易区组成部分的飞地,以此整合"金义综保区"和"义乌试点"相关政策,使"市场采购、保税加工、保税仓储、保税贸易、保税服务"等政策惠及浙闽赣皖四省。

5.将金义都市区建设成"两富""两美"示范区

从省级层面进一步明确,统筹解决人才、土地、资金、科技、产业发展问题,推动金义都市区率先建成物质富裕、精神富有,美丽金华、美好生活示范区。通过示范区建设,探索生态文明建设的有效路径,促进人口、资源、环境协调发展,实现环境的可持续性,建立有效的激励机制,进行环境政策和完善相关配套部门的改革,使都市区绿色治理与其绿色发展目标相匹配。

参考文献

[1]阿尔弗雷德·马歇尔.经济学原理[M].宇琦,译.长沙:湖南文艺出版社,2012.

[2]阿瑟·刘易斯.经济增长理论[M].梁小民,译.上海:上海三联书店,上海人民出版社,1994.

[3]埃比尼泽·霍华德.明日的田园城市[M].金经元,译.北京:商印书馆,2010.

[4]柴攀峰,黄中伟.基于协同发展的长三角城市群空间格局研究[J].经济地理,2014(6):75-79.

[5]车俊.全面参与全域推进长三角高质量一体化发展[N].学习时报,2019-08-02(1).

[6]车俊.着力提高发展质量 全面振兴实体经济[J].今日浙江,2016(24)14-17.

[7]陈建军,杨书林,黄洁.城市群驱动产业整合与全球价值链攀升研究——以长三角地区为例[J].华东师范大学学报(哲学社会科学版),2019(5):90-98.

[8]陈剑平.特色小镇融合发展[N].浙江日报,2016-03-09(6).

[9]陈一新.全面启动金义都市新区规划建设[N].金华日报,2012-03-16(1).

[10]陈宇峰,黄冠.以特色小镇布局供给侧结构性改革的浙江实践[J].中共浙江省委党校学报,2016(5):28-32.

[11]党国英,吴文媛.土地规划管理改革:权利调整与法制构建[J].法学研究,2014(5):57-75.

[12]杜文平,阚茗馨.论中国走绿色城市化之路[J].今日南国(理论创新版),2008(2):35.

[13]法雷尔,杨至德,等.伦敦城市构型形成与发展[M].武汉:华中科技大学出版社,2010.

[14]范恒山,陶良虎.中国城市化进程[M].北京:人民出版社,2009:57-64.

[15]费孝通.乡土中国[M].北京:北京出版集团公司北京出版社,2011.

[16]付晓东,蒋雅伟.基于根植性视角的我国特色小镇发展模式探讨[J].中国软科学,2017(8):102-111.

[17]傅刚.纽约启示录[J].北京规划建设,2006(4):7-16.

[18]葛慧君.推进浙中城市群"金义主轴线"建设[J].政策瞭望,2007(4):16-19.

[19]顾朝林.城市群研究进展与展望[J].地理研究,2011(5):771-784.

[20]顾朝林.中国城镇体系——历史·现状·展望[M].北京:商务印书馆,1992.

[21]郭亮.地根政治——制度转轨期的S镇农村地权研究(1998—2009)[D].武汉:华中科技大学,2010.

[22]国务院发展研究中心和世界银行联合课题组.中国:推进高效、包容、可持续的城镇化[J].管理世界,2014(4):5-41.

[23]何百林.将佛堂古镇打造成义乌新名片[N].金华日报,2010-09-27(2).

[24]洪铁城.特色小镇的有与无——从横店影视城说起[J].中华民居,2017(6):24-27.

[25]华生.新土改:土地制度改革焦点难点辨析[M].北京:东方出版社,2015.

[26]黄先海.长三角一体化与浙江的战略选择[N].浙江日报,2019-07-09(8).

[27]黄勇.推进"县域经济"向"都市区经济"转型[N].浙江日报,2013-07-26(14).

[28]纪良纲,田学斌,赵培红.以创新改革开放统领雄安新区建设发展[J].财经智库,2017(3):24-36.

[29]贾康.中国新型城镇化进程中土地制度改革的新思路[J].经济纵横,2015(5):1-10.

[30]李克强.协调推进城镇化是实现现代化的重大战略选择[J].行政管理改革,2012(11):4-10.

[31]李珀榕.中国城镇化建设模式研究报告[M].北京:国家行政学院出版社,2013:73-90.

[32]李珀榕.中国城镇化建设模式研究报告[M].北京:国家行政学院出版

社,2013.

[33]林建华,李琳.西部大开发 20 年西部地区绿色发展的历史进程、存在问题和未来路径[J].陕西师范大学学报(哲学社会科学版),2019(4):76-88.

[34]林毅夫.繁荣的求索 发展中经济如何崛起[M].北京:北京大学出版社,2012.

[35]刘美平.论中国特色城乡协同发展理论——兼评刘易斯二元结构理论[J].马克思主义研究,2008(12):71-74.

[36]刘士林.关于我国城镇化问题的若干思考[J].学术界,2013(3):5-13.

[37]刘士林,刘新静.中国城市群发展报告 2014[M].上海:东方出版中心,2014.

[38]刘亭,庞亚君.走出浙江特色新型城市化道路[J].今日浙江,2018(6):28-31.

[39]楼洪豪.大都市连绵区边缘带与核心区的空间关联度研究——以金华市为例[J].城市发展研究,2007(5):45-51.

[40]陆杰华,韩承明.论小城镇与我国的城镇化发展道路[J].中国特色社会主义研究,2013(1):98-104.

[41]陆学艺.遵循社会建设原则积极稳妥推进城镇化[J].北京工业大学学报(社会科学版),2013(5):1-3.

[42]皮建才.中国地方政府间竞争下的区域市场整合[J].经济研究,2008(3):115-124.

[43]仇保兴."共生"理念与生态城市[J].城市发展研究,2013(8):2-3.

[44]仇保兴.简论我国健康城镇化的几类底线[J].城市规划,2014(1):9-15.

[45]仇保兴.科学规划,认真践行新型城镇化战略[J].规划师,2010(7):20-27.

[46]仇保兴.深度城镇化——"十三五"期间增强我国经济活力和可持续发展能力的重要策略[J].城市发展研究,2015(7):1-7.

[47]仇保兴.智慧城市的创新和发展[J].今日浙江,2013(4):23-25.

[48]秦诗立.特色小镇不可"小而全"[N].浙江日报,2016-12-01(9).

[49]染本凡.我国新型城镇化的社会主义属性与品质提升途径研究[J].江淮论坛,2014(4):81-86.

[50]阮仪三,孙萌.我国历史街区保护与规划的若干问题研究[J].城市规

划,2001(10):2-9.

[51]沈清基.智慧生态城市规划建设基本理论探讨[J].城市规划学刊,2013
(5):19-21.

[52]盛世豪,张伟明.特色小镇:一种产业空间组织形式[J].浙江社会科学,
2016(3):36-38.

[53]盛世豪.着力推进长三角更高质量一体化发展[N].浙江日报,2019-01-
15(8).

[54]宋国恺.论严格控制特大城市人口规模的根本出路——兼论陆学艺小
城镇与新农村建设思想[J].北京工业大学学报(社会科学版),2014
(5):1-6.

[55]苏斯彬,张旭亮.浙江特色小镇在新型城镇化中的实践模式探析[J].宏
观经济管理,2016(10):73-75.

[56]藤田昌久,保罗·R.克鲁格曼,安东尼·J.维纳布尔斯.空间经济
学——城市、区域与国际贸易[M].梁琦,主译.北京:中国人民大学出
版社,2012.

[57]王国平.与城市领导谈城市[M].北京:人民出版社,2016.

[58]王静华.地方根植性与产业集群衰退[J].当代财经,2007(3):82-95.

[59]王维国.协调发展的理论与方法研究[M].北京:中国财政经济出版
社,2000.

[60]王小章.费孝通小城镇研究之"辩证"——兼谈当下中心镇建设要注意
的几个问题[J].探索与争鸣,2012(9):44-48.

[61]王振.2015长三角地区经济发展报告[M].上海:上海社会科学院出版
社,2015.

[62]王振坡,薛珂,张颖,等.我国特色小镇发展进路分析[J].学习与实践,
2017(4):23-30.

[63]王志章.知识城市:中国城市转型的路径选择[M].北京:人民出版
社,2012.

[64]魏南枝,黄平.法国的绿色城市化与可持续发展[J].欧洲研究,2015
(5):118.

[65]温家宝.关于发展社会事业和改善民生的几个问题[J].求是,2010(7):
3-16.

[66]吴良镛.营造21世纪"人间新天堂"——上海及周边地区空间发展的启

示[J].港口经济,2002(6):4-8.

[67]吴学安.宅基地三权分置亟需法律规范[N].中华工商时报,2018-01-31
（3）.

[68]习近平.大力发展循环经济建设资源节约型环境友好型社会[J].管理
世界,2005(7):1-4.

[69]习近平.干在实处走在前列——推进浙江新发展的思考与实践[M].北
京:中共中央党校出版社,2006.

[70]习近平.关于社会主义经济建设论述摘编[M].北京:中央文献出版
社,2017.

[71]习近平.国家中长期经济社会发展战略若干重大问题[J].求是,2020
(21):7.

[72]习近平.生态兴则文明兴——推进生态建设打造"绿色浙江"[J].求是,
2003(13):42-44.

[73]习近平.十八大以来重要文献选编（上）[M].北京:中央文献出版
社,2014.

[74]习近平.谈治国理政[M].北京:外文出版社,2014.

[75]习近平.在深入推动长江经济带发展座谈会上的讲话[J]求是,2019
(17):9-10,14.

[76]习近平.之江新语[M].杭州:浙江人民出版社,2013.

[77]向俊波,谢惠芳.新城建设:从伦敦、巴黎到北京——多中心下的同与异
[J].城市问题,2005(3):12-14.

[78]新玉言.国外城镇化:比较研究与经验启示[M].北京:国家行政学院出
版社,2013.

[79]新玉言.新型城镇化:理论发展与前景透析[M].北京:国家行政学院出
版社,2013.

[80]新玉言.新型城镇化:模式分析与实践路径[M].北京:国家行政学院出
版社,2013.

[81]徐现祥.李郇.市场一体化与区域协调发展[J].经济研究,2005(12).

[82]徐振强.中国的智慧城市建设与智慧雄安的有效创新[J].区域经济评
论,2017(4):69-74.

[83]许涤新.当代中国的人口[M].北京:中国社会科学出版社,1988.

[84]薛艳杰,王振.长三角城市群协同发展研究[J].社会科学,2016(5):

50-58.

[85]姚晓娜.生态文明建设中的绿色城市化思考——基于深层生态学的视角[J].南京工业大学学报(社会科学版),2015(1):40.

[86]易淼.新时代长江经济带绿色发展的问题缘起与实践理路[J].中国高校社会科学,2020(4):98-105.

[87]银温泉,才婉茹.我国地方市场分割的成因和治理[J].经济研究,2001(6):3-12.

[88]于长明,吴唯佳,于涛方.特大城市地区土地利用形态:伦敦巴黎纽约东京与北京比较[J].城市规划,2012(5):8-12.

[89]俞可平.治理与善治[M].北京:科学文献出版社,2000.

[90]袁方成,靳永广.土地城镇化的现状与未来——以新型城镇化为背景[J].武汉大学学报(哲学社会科学版),2017(6):120-131.

[91]曾江,慈锋.新型城镇化背景下特色小镇建设[J].宏观经济管理,2016(12):51-56.

[92]张解放.建设金义大都市核心区　实现浙中崛起[R].金华市政协六届二次会议提案,2012.

[93]张蔚文.政府与创建特色小镇:定位、到位与补位[J].浙江社会科学,2016(3):43-45.

[95]张晓山,等.中国农村经济形势分析与预测[M].北京:中国时代经济出版社,2008.

[94]张晓山,等.中国农村经济形势分析与预测[M].北京:中国时代经济出版社,2008.

[96]章胜峰.打造田园智城新区建设区域高质量发展载体[N].中国社会科学报,2020-08-12(5).

[97]章胜峰.金华中心镇培育的实践与探索[J].金华职业技术学院学报,2012(2):34-38.

[98]章胜峰.权益均衡与品质提升:新型城镇化及浙江金华实践[J].生产力研究,2018(7):59-63.

[99]章胜峰.如何举全市之力推进金义都市新区建设[R].金华市政府重大招标课题,2012.

[100]章胜峰.县域经济向都市区经济转型的金华实践研究[J].金华职业技术学院学报,2018(2):27-32.

[101] 章胜峰.新型城镇化背景下的金义都市新区建设研究报告[C].打造田园智城撬动浙中崛起论文集,2012.

[102] 郑明媚,车娜.中国中东部小镇发展研究——以广东省和湖北省为例[M].广州:南方日报出版社,2017.

[103] 钟韵,胡晓华.粤港澳大湾区的构建与制度创新:理论基础与实施机制[J].经济学家,2017(12):50-57.

[104] 周干峙.高密集连绵网络状大都市区的新形态:珠江三角洲地区城市化结构[J].城市发展研究,2003(2):10-11.

[105] 周其仁.城乡中国[M].北京:中信出版社,2017.

[106] 周其仁.工业化朝前 城镇化滞后[N].学习时报,2015-03-09(6).

[107] 周一星.关于明确我国城镇概念和城镇人口统计口径的建议[J].城市规划,1986(3):10-15.

[108] 卓勇良.弥漫式泛城市化格局初步分析[J].浙江学刊,2011(6):160-166.

[109] 邹军,姚秀利,侯冰婕."双新"背景下我国城市群空间协同发展研究——以长三角城市群为例[J].城市规划,2015(4):9-14.

后 记

我们这代人平生所经历的最重要的事是中国的城镇化。由于条件的局限,人只能在特定的区域内感受城镇化的历程。我于 1988 年从浙江师范大学毕业后,分配到丽水师范专科学校马列主义教研室从事中国特色社会主义理论的教学,1993 年调到金华县委党校工作,长期担任办公室主任,历经三任校长。为提高党校师资和校舍等资源的使用效率,我协助他们建起了从函授中专、大专、本科、研究生班的办学体系,同时还创办了数年列金华市区营业额第二的旅行社,其间我感受到以资源配置和利益分配为研究对象的经济学的力量。

2001 年因区划调整,县委党校成建制并入金华市委党校,我从事了数年的函授教育和信息中心的管理工作,探索出"政策促动、利益驱动、处室联动、上下齐动"的函授招生模式,实施信息资料工作的"万千百十"工程,即每年进行"万条信息收集、千篇市情研究文章编辑、百堂视频课录制、十期参考文摘编写",两项工作均作为全省党校系统先进典型做大会交流。2010 年,党校成立市情研究中心,校长希望我能组织教研人员和主体班次学员,围绕市委中心工作开展主题调研,向市领导提供咨政报告,发挥党校的智库作用。我 2000 年评上的是政治学副高职称,2010 年决定运用经济学的研究方法,以金华的城市化为对象,进行城市群都市区建设研究。2012 年,金华市委第六次党代会做出规划建设金义都市新区的战略部署,市政府研究室进行重大课题招标,我带领课题组参与竞标接受委托完成了课题研究;2016年,金华市委第七次党代会召开前,市委政研室就金义都市区共建共融共享共赢对策研究进行重大课题招标,我带领课题组参与竞标接受委托完成了课题研究,两项研究成果均得到市委书记的肯定性批示,被印发供广大领导干部学习,产生了较好效果。其间,我与市情研究中心诸位同仁组织学员有针对性地开展主题调研,每学期开展六个环节的工作,即聚焦中心定主题、结合实际出题目、文献梳理奠基础、课题设计定框架、深入基层搞调研、咨询决策做文章,基本做到围绕党委政府的中心工作,重大节点有声音、重大问题亮观点、重大时段搭平台,10多年来共完成100多篇咨政报告,多数咨政报告获得市领导的肯定性批示。

科斯曾说,做学问要把自己的生命放进去才算是真的做学问。科斯的理论给我影响最深的是其关于商品市场和思想市场的论述。在商品市场中,科斯认为政府有能力且动机纯正地进行管制。其原因是,在商品市场中,买卖双方信息常常不对称,消费者往往缺乏选择能力,一些厂商则常常会利用这一点作弊,并会运用垄断力量来损害消费者的利益。而政府的管制,可防止败德厂商做出有损公众利益的事。在现代市场经济社会,政府对商品市场的管制和规制,显得必要且必须,因而在西方各国盛行。在思想市场中,科斯认为如果政府试图管制思想市场,抑或是无效的,抑或动机不良,因而即使政府实现了预期的管制目标,也不受人们欢迎。即使思想市场的管制者是知识分子——也是一个"思想生产者"——出身,也于事无补。因为,从经济学来分析,自利和自尊往往使那些思想市场管制者"夸大他本人在市场中的重要性",结果,自利和自尊的混合,使他们自以为别人都应该受到管制,而自己却不应该受到管制。一个根本性的问题是:谁来管制思想市场的管制者? 这是一个不可忽略和绕不过去的问题,却往往被人们忽视了。

江山代有才人出,各领风骚三五年。习近平总书记指出:"只有立足于时代去解决特定的时代问题,才能推动这个时代的社会进步;只有立足于时代去倾听这些特定的时代声音,才能吹响促进社会和谐的时代号角。"金华自1991年提出在浙江中部培育以金华市区为中心的小城市群集群发展思路以来,经过2006年聚合金义主轴线,2012年规划建设金义都市新区,到2016年打造同心圆、共建都市区等战略的实施,历届市委市政府,立足于特定时代解决特定问题,推动社会进步,促进社会和谐。习近平同志在浙江工作时曾指出,金华"以组团式城市群为主要形态的浙中中心城市已形成雏形,但要真正把金华建成中心城市,任务还相当艰巨"。将浙中城市群建设成"带动金华乃至浙江中西部地区经济社会发展的增长极","不仅是金华的大事,也是优化全省城市空间的大事"。"要充分借鉴国外城市群发展的经验,积极探索和把握城市群发展的规律,以体制创新来解决多个行政主体共建城市群过程中的矛盾与问题,以机制创新来探索城市群建设的有效载体和举措,创造性地开展工作。"深耕金华的历届市委市政府牢记总书记的嘱托,一以贯之地推进城市群都市区建设。金华城市化历程是国家协同发展战略在地方生动实践的典型案例,当前金华一方面积极主动融入长三角高质量一体化发展,另一方面不断优化生产生活生态空间布局,补齐综合实力、核心区首位度、实体经济、科技创新和开放型经济等五大短板,进而提升都市区整体品质。金义都市区要共建、共融、共享、共赢(简称"四共")发展,需要处理好相互间的关系。"四共"的前提与基础是达成共识,即以赶超崛起、走在前列为圆心,打造同心圆。"四共"的手段与方法是共建共融,即形成新的增长方式,更加注重协调发展,更多依靠提高生产率和创新能力,实现高质量增长,把都市区建成区域与城乡发展差距小、非均衡协调发展的共同富裕地区。"四共"的方向与目标是共享、共赢,即让705万金华人公平地分享城市化和经济增长的成果,增加获得感和成长感;能作为多元利益主体参与区域公共治理,推进社会治理体系和治理能力现代化。"四共"的成效与结果是共生共长,即更加强调环境的可持续性,执行环境政策和完善相关配套部门的改革,建立有效的激励机制,使区域绿色治理与其绿色发展目标相匹配。

本书是我10多年来主持完成的浙江省社科规划一般课题、浙江省社联研究课题、浙江省党校系统研究中心课题、金华市委市政府重大招标课题共11项课题的研究成果,是对以论文、咨政报告形式存在的研究成果的创新、修正和体系化。感谢浙江大学副校长、教育部长江学者特聘教授黄先海先生抽暇审阅了本书初稿,给予指导并欣然作序,感谢《江淮论坛》副主编张亨明研究员,浙江大学马良华教授,中共浙江省委党校王祖强教授、王立军研究员,浙江师范大学经济研究所首任所长张明龙教授、段文奇教授、郑小碧教授,对本书给予的指导与修改。本书撰写过程中得到课题组成员的大力支持,特别是黄梓桢、童欢星同志的精心编校,深表谢意。

由于水平有限,书中难免存在不妥或错误之处,敬请学术界同仁和广大读者不吝指教。

章胜峰

2021年3月于中共金华市委党校

图书在版编目（CIP）数据

区域协同发展机制与路径研究：以金义都市区为例／章胜峰著. —— 杭州：浙江大学出版社，2021.7
ISBN 978-7-308-21523-7

Ⅰ.①区… Ⅱ.①章… Ⅲ.①区域经济发展－协调发展－研究－金华 Ⅳ.①F127.553

中国版本图书馆 CIP 数据核字(2021)第 121380 号

区域协同发展机制与路径研究
—— 以金义都市区为例

章胜峰　著

策　　划	吴伟伟	
责任编辑	杨　茜	
责任校对	许艺涛	
封面设计	周　灵	
出版发行	浙江大学出版社	
	（杭州市天目山路 148 号　邮政编码 310007）	
	（网址：http://www.zjupress.com）	
排　　版	浙江时代出版服务有限公司	
印　　刷	广东虎彩云印刷有限公司绍兴分公司	
开　　本	710mm×1000mm　1/16	
印　　张	16.25	
字　　数	266 千	
版 印 次	2021 年 7 月第 1 版　2021 年 7 月第 1 次印刷	
书　　号	ISBN 978-7-308-21523-7	
定　　价	68.00 元	